权威·前沿·原创

皮书系列为
“十二五”“十三五”国家重点图书出版规划项目

邮轮绿皮书

GREEN BOOK OF CRUISE INDUSTRY

中国邮轮产业发展报告（2018）

ANNUAL REPORT ON CHINA'S CRUISE INDUSTRY (2018)

顾　问／钱永昌
主　编／汪　泓
副主编／叶欣梁　史健勇　苏　平
郑炜航　王友农　邱　羚

社会科学文献出版社
SOCIAL SCIENCES ACADEMIC PRESS (CHINA)

图书在版编目（CIP）数据

中国邮轮产业发展报告．2018／汪泓主编．--北京：
社会科学文献出版社，2018.10
（邮轮绿皮书）
ISBN 978-7-5201-3622-8

Ⅰ．①中… Ⅱ．①汪… Ⅲ．①旅游船-产业发展-研究报告-中国-2018 Ⅳ．①F426.474

中国版本图书馆 CIP 数据核字（2018）第 232272 号

邮轮绿皮书
中国邮轮产业发展报告（2018）

主　　编／汪　泓
副 主 编／叶欣梁　史健勇　苏　平　郑炜航　王友农　邱　羚

出 版 人／谢寿光
项目统筹／郑庆寰
责任编辑／陈　颖

出　　版／社会科学文献出版社·皮书出版分社（010）59367127
地址：北京市北三环中路甲 29 号院华龙大厦　邮编：100029
网址：www.ssap.com.cn
发　　行／市场营销中心（010）59367081　59367018
印　　装／三河市龙林印务有限公司

规　　格／开　本：787mm×1092mm　1/16
印　张：18.5　字　数：276 千字
版　　次／2018 年 10 月第 1 版　2018 年 10 月第 1 次印刷
书　　号／ISBN 978-7-5201-3622-8
定　　价／99.00 元

皮书序列号／PSN G-2014-419-1/1

邮轮绿皮书编委会

邮轮绿皮书编撰人员

（以出现先后为序）

总　报　告	（以出现先后为序） 汪　泓　史健勇　梅俊青　叶欣梁　王友农 邱　羚　李　霞　胡　田　陈　珂　金佳雯
品质旅游专稿	史健勇　邱　羚　叶欣梁　苏　平　沈邵军 梅俊青　王友农
专题报告	邱　羚　齐林恺　吴明远　吴喜艳　刘道非 黄　璜　孙晓东　倪荣鑫　侯雅婷　叶欣梁 汪雪婷　王亚男　罗玉杰　杨　刚　孙瑞红 顾京军　高艳辉　陈　丞　秦欣磊　闫国东 刘双双　王　微　沈文璐　沈　静
附　　录	叶欣梁　梅俊青　陈　珂　孙瑞红　邹　琳 刘　笑

主要编辑者简介

汪　泓　上海交通大学企业管理博士、复旦大学应用经济学博士后，现任中共宝山区委书记，上海国际邮轮经济研究院研究员，上海交通大学博士生导师、教授，享受国务院颁发的特殊津贴，上海市第十、十一、十二、十四届人大代表，新世纪千百万人才工程国家级人选。

汪泓教授长期担任教育部高等学校工商管理专业教学指导委员会副主任委员，曾任教育部高等学校管理科学与工程专业教学指导委员会副主任委员。目前为教育部新世纪优秀人才支持计划资助学者，曙光学者和曙光跟踪学者，上海市领军人才，上海市优秀学术带头人。

汪泓教授率先主动对接国内外邮轮产业大发展，创新性开拓“旅游管理”专业教学内涵，在全国最早开设“邮轮经济”本科和硕士研究生专业并担任学科带头人；由其领衔的“政产学研用五位一体培养国际邮轮紧缺人才创新实践”项目获得2014年国家级教学成果二等奖、上海市教学成果特等奖；注重科研成果直接向生产力转化和推广，很多成果已直接转化为邮轮公司和政府决策依据。先后主持国家社会科学基金、国家软科学重大项目、国家发改委重大项目6项以及省部级课题30余项，出版专著和发表论文70余部（篇），多篇被EI、ISTP收录，30余项研究成果分别获得上海市政府决策咨询研究成果一等奖、上海市科技进步二等奖、上海市邓小平理论研究和宣传优秀成果奖、上海市哲学社会科学内部探讨优秀成果奖、上海市教学成果一等奖、上海市教育科研成果一等奖等各类省部级奖项。

曾任中华全国总工会执委、全国妇联代表、上海工程技术大学校长、上海市总工会副主席、上海企业管理协会副会长、上海创意产业协会副会长、上海市科学与艺术协会副理事长、上海国际邮轮经济研究中心主任等职务。

摘　要

《中国邮轮产业发展报告（2018）》是由上海国际邮轮经济研究院组织国内外邮轮业内专家学者，根据国际邮轮产业发展最新状况进行编写的年度研究报告，是社会科学文献出版社"皮书系列"的重要组成部分。本年度"邮轮绿皮书"是该系列出版物的第5本，由总报告、品质旅游专稿：共同价值与政府治理、产业篇、政策建议篇、附录等五部分组成，较之前版本内容体系更加丰富完善。本书首先通过总报告分析了2017～2018年国内外邮轮产业发展环境、发展形势、战略路径以及未来趋势，通过十大热点介绍中国邮轮产业最新发展动态。为顺应我国经济由高速增长转向高质量发展的趋势，本书新增"品质旅游专稿：共同价值与政府治理"专题，探讨我国邮轮旅游品质发展模式和路径、邮轮旅游高质量发展机制以及邮轮旅游市场培育和规范体系，以更好提升中国邮轮市场发展质量。本书设产业篇、政策建议篇，呈现新时代背景下我国邮轮产业经济全貌，并基于产业发展出现的问题进行分析，提出相应对策建议。

总报告在回顾2017～2018年我国邮轮产业发展成果与问题的基础上对2018年的发展做了系统预测。分报告主要围绕邮轮经济高品质发展、邮轮产业结构升级优化以及政策建议等方面展开论述。产业篇主要围绕邮轮旅游一体化与长三角区域旅游一体化、全球邮轮经济圈发展模式、"绿洲级"豪华邮轮设计与建造、互联网背景下全球邮轮经济动态信息系统等问题进行深入分析。政策建议篇主要从邮轮口岸诚信体系建设、邮轮港大数据建设、邮轮人才信息库建设等方面提出建设性建议，明确在邮轮产业发展过程中各方主体需要承担的责任和义务，完善各环节管理机制，以保障我国邮轮产业的稳健发展。

2018 年，中国邮轮市场规模增速放缓，邮轮市场进入调整期，但基于中国稳健的经济发展、人民消费水平的提升、旅游业繁荣发展等因素，中国邮轮市场依然充满着发展活力和巨大发展潜力。在中国邮轮市场发展中，邮轮产业政策体系不断健全、邮轮市场培育体系逐步完善，并强化邮轮市场治理体系建设，为中国邮轮产业健康发展提供坚实基础。总体看，我国邮轮产业发展机遇与挑战并存，为促进我国邮轮产业进一步深入发展，现阶段应加大我国邮轮旅游市场培育的投入力度、推动我国邮轮旅游市场竞争有序发展、为邮轮入境旅游发展创造良好的条件以及争取有利于邮轮新航线开发等方面的政策。在未来发展中，中国邮轮产业链将加速延伸，邮轮市场保持高质量发展方向，邮轮经济贡献度将显著提升，增强在世界邮轮经济版图的影响，国际邮轮母港力争跻身全球排名前三，国际影响力、竞争力、品牌力跻身国际一流水平。

本书的出版是政府、行业、学界、研究机构和企业通力合作的成果，得到了各方的指导和支持，特别感谢上海吴淞口投资（集团）有限公司对本书出版的大力支持！

序

2018 年是贯彻党的十九大精神的开局之年，是改革开放 40 周年，是决胜全面建成小康社会、实施“十三五”规划承上启下的关键一年，更是我国邮轮产业链加速延伸的重要一年。进入新时代，我国经济已由高速增长阶段转向高质量发展阶段，正处在转变发展方式、优化经济结构、转换增长动力的攻关期，为中国邮轮经济健康发展提供了良好的发展环境、新的发展机遇和动力。

经过 12 年快速发展，我国邮轮市场已经改变世界邮轮旅游版图，国际邮轮公司将最新、最好的邮轮投放中国市场，成为推动世界邮轮旅游市场增长极，成为向世界传递中国文化、生活方式和了解中国的重要方面。为充分发挥邮轮旅游市场的优势和提升邮轮旅游所带来的经济效应，我国沿海各地已经开始实现由邮轮旅游向邮轮产业的转变，启动了邮轮全产业链的战略发展阶段，延伸邮轮产业链，推进国产邮轮设计建造和本土邮轮船队建设，完善邮轮产业配套，不断提升邮轮经济效应和社会效应。我国邮轮产业 12 年的发展，使得中国邮轮产业在全球邮轮产业中的经济贡献不断凸显，已成为引领全球邮轮经济持续健康发展的重要引擎，为世界邮轮产业提供更强有力的发展。

在我国邮轮产业快速发展的过程中，也必然出现不少新的问题和挑战。在邮轮设计建造方面：虽具有船舶建造优势，但邮轮设计建造依然存在较大困难，尚未形成完善的产业配套体系，国产化率较低；邮轮港口建设方面：随着我国邮轮市场进入调整期，在邮轮港口纷纷投资扩建的同时，邮轮市场规模有所降低，使邮轮港口空置率有所增长，盈利能力较低；邮轮分销渠道方面：呈现“窄而长”的局面，分销商数量相对较少，缺乏完善的邮轮船票管理平台，邮轮公司直销模式发展较为缓慢，外资邮轮旅行社参与中国市场分销存在障碍；邮轮航线发展方面：公海游航线、近海航线、“多点挂靠”航线等尚存在政策瓶颈；邮轮产业集聚发展方面：集聚度较低，产业要素较为匮乏，产业集群效应不明显。

为更好反映中国邮轮产业发展的最新形势和趋势，对中国邮轮市场做系统深度的研判，著名邮轮经济研究机构——上海国际邮轮经济研究院牵头组织编写“邮轮绿皮书”。该报告是根据邮轮产业发展最新状况进行编写的年度研究报告，作为目前最具权威的邮轮经济研究著作，受到国内外旅游学术界和国际邮轮旅游业界的高度关注，并给予了高度评价和肯定，其研究成果将成为政府和企业制定邮轮产业发展政策和规划的重要理论依据。有幸作为“邮轮绿皮书”的编写顾问，在此，我对于“邮轮绿皮书”所取得的成绩，甚感欣慰。

2018 版“邮轮绿皮书”在以往版本基础上，基于中国邮轮市场发展的最新趋势，新增“品质旅游专稿：共同价值与政府治理”专题，探讨中国邮轮旅游品质发展模式和路径、全域背景下邮轮旅游高质量发展机制以及中国邮轮旅游市场培育和规范体系，为更好推动中国邮轮市场高质量发展提供参考。

在此，我对“邮轮绿皮书”背后坚持辛勤付出的编者及工作人员，表示由衷的感谢，对一直默默关注、关心并给予邮轮产业发展支持的朋友们表示诚挚谢意。希望各位同仁再接再厉，再创佳绩，为更好实现中国邮轮产业的快速高质量发展做出更大的努力，提供更好更新的思路和模式，奉献智慧力量。同时，我更加希望，我能和所有从业者一起加入中国本土邮轮产业建设的实践中去，为人民提供更加舒适、便捷、愉快的邮轮服务，更好满足人民对美好生活的需求和向往，为振兴中国本土邮轮产业努力奋进，贡献力量！

交通运输部原部长

中国交通运输协会原会长

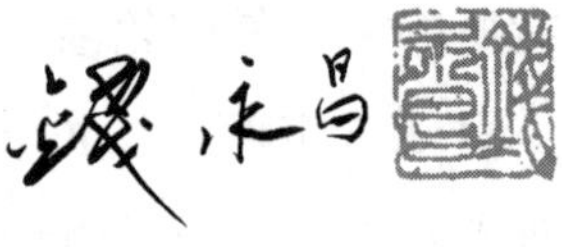

二〇一八年十月六日

目　录

Ⅰ　总报告

Ⅱ　品质旅游专稿：共同价值与政府治理

Ⅲ 产业篇

Ⅳ 政策建议篇

Ⅴ 附录

皮书数据库阅读**使用指南**

总 报 告

General Reports

G.1

2017 ~2018年世界邮轮产业发展研究：强劲需求刺激产业持续高增长

汪 泓　史健勇　梅俊青*

摘　要： 2018年，全球经济增长速度明显得到提升，为邮轮产业发展提供了良好的基础。2018年邮轮将继续保持积极的发展态势，将有2690万人次乘坐邮轮，2025年有望达到3760万人次。邮轮市场集中度依然较高，2017年热门旅游目的地占比分别为加勒比地区35.4%、地中海地区15.8%。邮轮建造大型化和巨型化趋势较为明显，新造邮轮基本在10万总吨以上，2026年之前共有91艘在建邮轮。纵观全球邮轮产业发展形势，北美虽然在全球邮轮市场占有的份额有所降低，但优

* 汪泓，博士，中共宝山区委书记，教授，博士生导师，研究方向：邮轮经济；史健勇，博士，上海工程技术大学党委副书记，教授，研究方向：邮轮经济；梅俊青，硕士，上海吴淞口国际邮轮港，研究方向：邮轮经济。

势在较长的时间内仍会得到保持，并因邮轮企业总部和邮轮母港经济而产生较大的经济贡献。欧洲邮轮市场较北美有更强的增长性，使其能够在邮轮全产业链发展中具有强有力的地位和发展潜力。亚太由于其良好的经济发展形势和相对稳定的国际环境，具有较强的邮轮市场发展潜力。在未来的发展中，亚太地区将在保持高速增长趋势的过程中，出现波动式增长，其中中国邮轮市场具备良好的发展基础条件，拥有良好的发展前景。

关键词： 邮轮产业链　新兴市场　经济贡献　市场前景

一　全球邮轮产业发展环境分析

（一）世界经济稳步复苏，经济增长趋强

过往的2017年，全球经济发展趋势向好，逐步实现经济危机过后的深度调整，经济增长速度明显得到提升，增长预期也得到提升。其中发达国家经济体、新兴市场以及发展中国家经济体经济均得到良好的增长，保持良好发展势头。

由2018年世界经济形势与展望研究报告可以看出，2017年世界经济实现3%的增长速度，这是近七年来增速最高的一年。纵观全球经济发展增长形势，2017年有2/3以上国家的经济增长速度超过2016年的增长速度，经济增长速度保持良好发展成为一种普遍现象。根据国际货币基金组织（IMF）发布的数据，2017年世界经济增速达到3.6%，是近10年来增长速度最快的一年。从两者发布的数据来看，虽然增长速度有一定的差异，但均表明世界经济有良好的发展势头，国际贸易的增长速度有较为显

著的提升，并且有效推动了世界制造业的发展。其中中国作为世界最大的发展中国家，提出的“一带一路”以及“国际产能合作”等方面的倡议，对于扩大国际合作空间和领域的拓展具有重要的推动作用。在全球经济发展板块中，南亚以及东亚是全球经济发展增速最快和发展最具潜力、最具发展活力的区域。在2017年，南亚以及东亚国民生产总值（GDP）的增长速度达到6%，增速明显高于全球其他区域。在全球经济体中，中国作为世界第二大经济体，对世界经济的贡献占全球的1/3。亚洲区域经济的发展与中国良好的经济增长态势、个人消费能力的提升、出口额总量的提升以及宏观经济发展政策较为宽松有着重要的关系，2018年以及2019年，亚洲区域经济发展将保持良好增长态势，发展较为稳健，增速将分别有望达到5.8%和5.9%。

（二）全球经济发展面临多种风险

2017年，全球经济发展各种风险并未得到根本解决，并且有一定的积累。虽然在短期内有一定的改善，但依然面临着金融环境恶化、国际贸易政策变化以及地缘政治关系紧张等不良情况，如欧洲以及日本等发达经济体的量宽政策以及负利率依然使得资产泡沫产生，美联储缩表政策以及加息政策等都可能打破资产泡沫的风险。世界经济发展主要有债务总量提升、保护主义抬头等问题，经济失衡导致一系列发展问题，如地缘政治冲突问题、传统与非传统安全等问题凸显，依然存在经济增长后劲乏力的问题。在全球范围内，经济增长动力不足、经济治理不及时以及发展不平衡的三大问题都没有得到很好的解决，尤其是传统经济对世界经济的拉动能力降低，虽然新兴科技不断出现，但依然未形成良好的经济增长点。

2018年，全球经济和区域经济依然保持良好发展态势。《2018年世界经济形势与展望》数据表明，世界经济增速在2018年以及2019年将基本稳定在3%。东亚地区经济增长在2018年和2019年将有望达到5.7%和5.6%。自2018年1月开始，美国实施了大规模减税行动，将在一定程度上促进美国经济的增长。从全球经济发展来看，在适度的通货膨胀率以及低利率的基础上，个人消费依然是推动经济增长的重要力量。2018 年，中国与美国之间出现了贸易争端，2018 年 6 月 15 日，美国政府公布了对中国加征关税的商品清单，对某些商品加征 25% 的关税，部分商品加征关税将在 2018 年 7 月 6 日开始实行，中国方面立即做出回应，这将对我国形成通缩效应，使得居民消费需求和购买力下降。

（三）全球旅游市场规模和经济贡献持续增长

2017 年，全球旅游总人次快速增长，达到 118.8 亿人次，同比增长 6.8%，为全球人口规模的 1.6 倍。预计 2018 年全球旅游人次将达到 126.7 亿人次，增速将有所放缓，增速为 6.7%，是全球人口规模的 1.7 倍。2017 年，全球旅游总收入达 5.3 万亿美元，同比增长 6%，相当于全球 GDP 的 6.7%，预计 2018 年全球旅游总收入将达到 5.6 万亿美元。

全球旅游业增长速度连续七年超过经济增长速度，且其增长速度（4.6%）比其他行业都快，包括制造业（4.2%），零售和批发业（3.4%），农业、林业和渔业（2.6%）及金融服务业（2.5%），并且比世界整体经济增长速度（3%）快一半以上。

表 1　2017 ~ 2018 年全球旅游业发展形势情况

项目	年份		估计	预测
	2015	2016	2017E	2018F
全球旅游总人次（亿人次）	104.5	111.2	118.8	126.7
全球旅游人次占人口规模的比例	1.4	1.5	1.6	1.7
全球旅游总收入（万亿美元）	4.9	5.0	5.3	5.6
全球旅游总收入相当于 GDP 的比重	6.6%	6.7%	6.7%	6.8%
全球旅游人次增长率	6.2%	6.4%	6.8%	6.7%
全球旅游总收入增长率	-4.2%	2.6%	6.0%	5.9%
全球 GDP 增长率	-5.5%	3.1%	3.5%	3.6%
全球旅游总收入增长率	-4.2%	2.6%	4.3%	5.9%

资料来源：《世界旅游经济趋势报告（2018）》。

表2　2018全球旅游各大板块占全球份额预测

项目	亚太	美洲	欧洲	中东	非洲
2018年旅游总人次份额	68.0%	15.1%	14.3%	1.4%	1.2%
2018年旅游总收入份额	34.0%	31.0%	30.1%	2.9%	2.0%

资料来源：《世界旅游经济趋势报告（2018）》。

总体而言，2017年，欧洲、美洲和亚太市场占据全球旅游总人次的97.3%，旅游总收入占世界总量的95%。其中，欧洲地区旅游总人次为17.69亿人次，比上年增长2.1%；旅游总收入达1.63万亿美元，比上年增长1.1%。预计2018年欧洲地区旅游总人次和总收入将分别达到18.06亿人次和1.67万亿美元，旅游总人次增长率将与2017年持平，旅游总收入增长率将比2017年高出1.5个百分点，达到2.6%。2017年亚太地区旅游总人次达79.14亿人次，比上年增长9.4%；旅游总收入达1.74万亿美元，比上年增长6.9%。预计2018年亚太地区旅游总人次和总收入将分别达到86.17亿人次和1.89万亿美元；与2017年相比，亚太地区旅游总人次增速有所放缓，将为8.9%，低于2017年0.5个百分点，旅游总收入增长率将比2017年高出1.7个百分点，达到8.6%。2017年美洲地区旅游总人次达18.75亿人次，比上年增长1.9%；旅游总收入达1.62万亿美元，比上年增长4.9%。2018年，预计美洲地区旅游总人次和总收入将分别达到19.17亿人次和1.73万亿美元；其中旅游总人次增长率将达到2.2%，比2017年增速有所提升，旅游总收入增长率将比2017年高出1.3个百分点，达到6.2%。

表3　世界区域性旅游市场发展情况及预测

项目	欧洲		亚太		美洲	
	2017E	2018F	2017E	2018F	2017E	2018F
旅游总人次(亿人次)	17.69	18.06	79.14	86.17	18.75	19.17
旅游总人次增长率(%)	2.1	2.1	9.4	8.9	1.9	2.2
旅游总收入	1.63	1.67	1.74	1.89	1.62	1.73
旅游总收入增长率(%)	1.1	2.6	6.9	8.6	4.9	6.2

资料来源：《世界旅游经济趋势报告（2018）》。

从全球各大板块旅游总人次和旅游总收入在全球所占份额看，欧洲板块比例持续下降，市场份额从15.6%下降到14.9%，旅游总收入份额从32.0%下降到31%；美洲地区旅游人次占比有所回落，占比为15.8%，旅游总收入上升到31%；亚太地区市场份额增长1.6%，旅游市场总收入份额从32.3%增长到33.1%，增长了0.8%。中东板块地区市场份额下降0.1%，非洲地区份额变化较小。

2017年，亚太地区旅游总人次达79.14亿人次，比上年增长9.4%；旅游总收入达1.74万亿美元，比上年增长6.9%。2018年，亚太地区旅游总人次和总收入预计将分别达到86.17亿人次和1.89万亿美元；与2017年相比，亚太地区旅游总人次增速有所放缓，将为8.9%，低于2017年0.8个增长点，旅游总收入增长率将比2017年高出1.7个百分点，达到8.6%。

表4　2017年全球旅游总人次和旅游总收入排名前十的国家

排名	国家	旅游总人次(亿人次)	国家	旅游总收入(千亿美元)
1	中国	45.3	美国	10.3
2	印度	15.4	中国	6.8
3	美国	12.5	德国	3.8
4	日本	3.2	英国	2.5
5	法国	2.8	日本	2.3
6	印尼	2.6	法国	2.0
7	西班牙	2.0	印度	1.9
8	巴西	1.8	意大利	1.7
9	德国	1.7	墨西哥	1.4
10	英国	1.6	西班牙	1.3

资料来源：《世界旅游经济趋势报告（2018）》。

2017年，在全球旅游排名前10国家中，美国的旅游接待总人次达12.5亿人次，全球排名第3位；其旅游总收入达10.3千亿美元，全球排名第1位。巴西旅游接待总人次为1.8亿人次，全球排名第8位；墨西哥旅游总收入达1.4千亿美元，全球排名第9位。

全球旅游排名前10国家中，亚太国家所占数量仅次于欧洲国家数量。2017年，中国、印度、日本和印度尼西亚旅游总人次分别达到45.3亿人次、15.4亿人次、3.2亿人次和2.6亿人次，在国家旅游接待人次排名中分别排名为第1、2、4和第6位。在旅游总收入方面，中国、日本和印度三个国家的旅游总收入分别排名为第2、5和第7位，成为增长速度最快的国家。

二 全球邮轮市场发展形势

（一）全球邮轮市场规模增长较快

邮轮经济极大地带动了地区经济的发展，对地区旅游业的贡献越来越明显。全球邮轮市场规模保持稳健增长，2017年，全球邮轮市场规模达到2580万人次，比2016年的2470万人次增长了4.5%。2007~2017年，世界邮轮市场需求量由1567万人次增长到2580万人次，10年间增长了64.6%。根据国际邮轮协会统计数据，国际邮轮协会（CLIA）发布的最新报告显示，2018年邮轮将保持积极的发展态势，预计将有2690万人次乘坐邮轮，相比2017年的2580万人次有所增长。在30多年的时间里，邮轮行业一直在蓬勃发展。强劲的全球市场增长催生了新的资源和目的地的出现，推动力一开始是北美需求，然后是来自欧洲的需求不断增长，最近是澳大利亚和中国等新兴市场。在未来的10年里，世界邮轮市场持续增长的态势不会变化，预计2025年全球邮轮市场规模将达到3760万人次，邮轮旅游产品将更多地成为众多出游者的刚需产品。

根据邮轮运力床位天数分布，2017年热门旅游目的地分别为：加勒比地区占比为35.4%、地中海地区占比为15.8%、除地中海以外的欧洲其他地区占比为14.6%、亚洲地区占比为10.4%、澳大利亚/新西兰/太平洋地区占比为6.0%、阿拉斯加地区占比为4.3%，以及南美地区占比为2.1%。

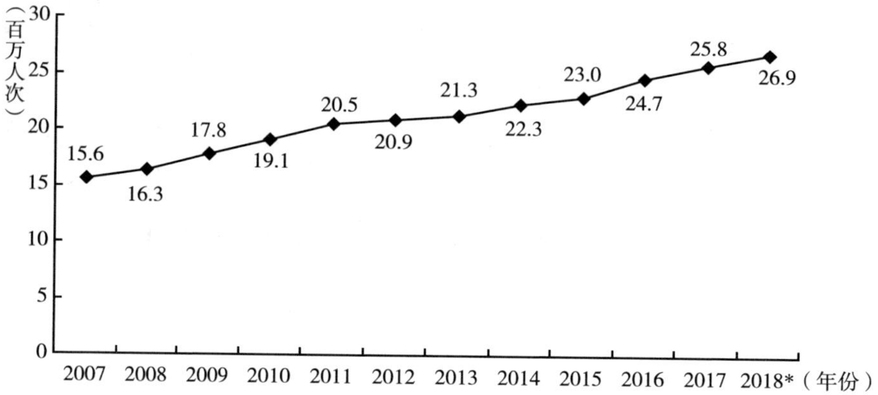

图 1　全球邮轮市场规模发展情况

资料来源：Cruise Lines International Association。

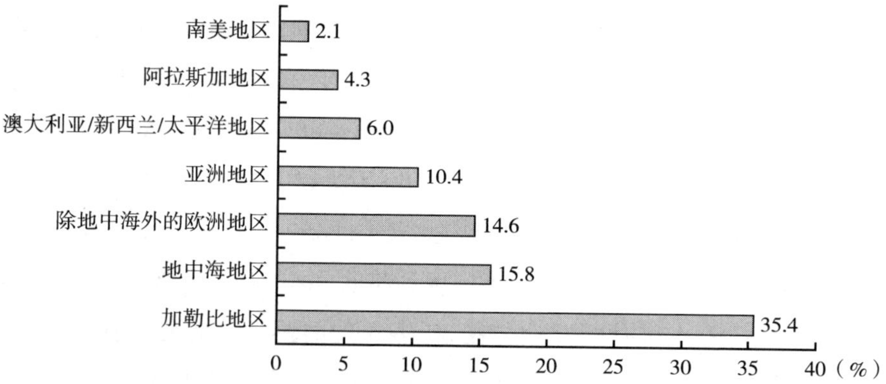

图 2　2017 年全球邮轮旅游目的地分布

资料来源：Cruise Lines International Association。

加勒比地区是世界邮轮旅游最为发达的地区，也是最为重要的邮轮旅游目的地，从邮轮游客与非邮轮游客对比中可以看出，加勒比海地区是最受游客欢迎的旅游目的地。另外，墨西哥、阿拉斯加、加拿大、欧洲、夏威夷、百慕大等国家或地区，邮轮游客相比于非邮轮游客，对这些邮轮旅游目的地的偏好更强。

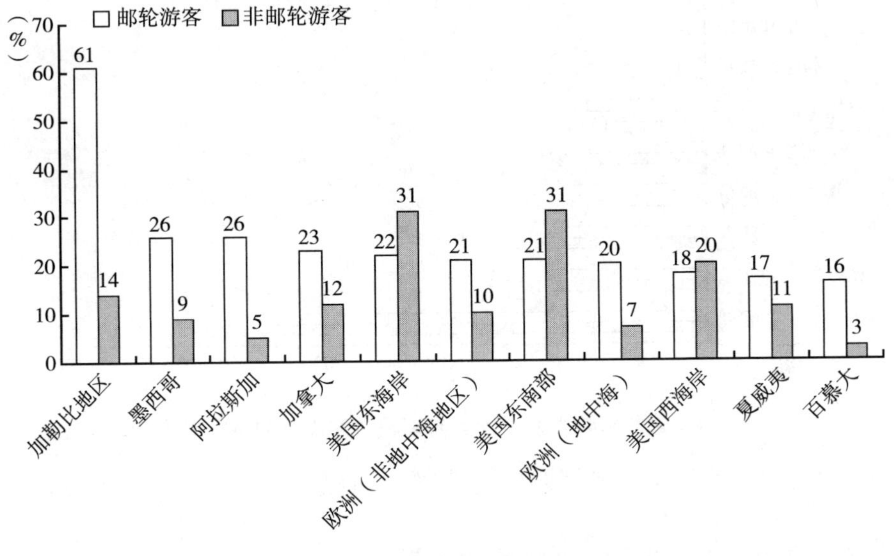

图3　世界邮轮游客眼中最佳目的地

资料来源：Cruise Lines International Association（2017）。

（二）全球邮轮旅游消费行为最新变化

1. 结伴而行成为邮轮旅游显著特点

乘坐邮轮的旅客及其朋友、合作伙伴/同伴或孩子旅行的可能性比陆地游客结伴出游可能性高40%。2017年与2016年相比，更多的旅行者愿意花时间陪伴家人度假。在团队中体验邮轮是最好的。邮轮游客在与其他人一起旅行时表现出了很高的满意度。从有组织的团体到朋友、家人、儿童、合作伙伴和配偶，团体旅行比独自旅行时更有趣，那些真正喜欢和别人一起旅行的邮轮游客使得2017年成为邮轮游客们的“友谊年”。邮轮游客携带配偶（+9%）、18岁以下儿童（+7%）和朋友（+6%）的可能性比非邮轮游客更高。超过3/4（78%）的邮轮游客与他们的配偶一起旅行，近1/3（32%）与他们的孩子一起旅行，近1/4（22%）与朋友一起旅行。

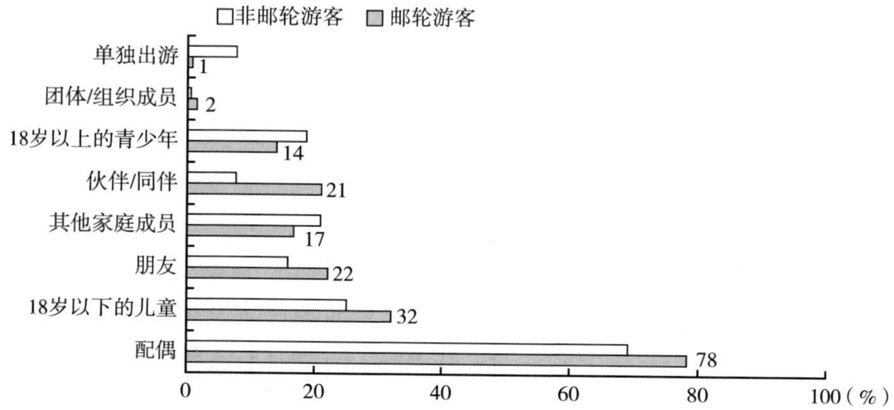

图 4　国际邮轮游客出行与非邮轮游客出行的特征对比

资料来源：Cruise Lines International Association。

2. 游客收入水平直接影响邮轮产品选择

收入对邮轮旅游影响方面。将邮轮视为度假选项中较好的一种时，收入扮演角色并不大，66% 收入不到 10 万美元的人愿意选择邮轮而非陆上旅行，而收入超过 20 万美元的人也只有 70% 愿意采用邮轮出行。邮轮游客对其首选度假方式的忠诚度依然很高，超过一半的邮轮游客（58%）认为邮轮是最好的度假方式，这种看法仍然保持不变。他们对河轮（81%）和海轮（73%）的满意度最高，其次是陆上酒店和度假区（62%）。10 人中有 9 人表示他们“可能或肯定会”再次乘邮轮出行。无论收入高低，每一个人都能够享受邮轮。最青睐邮轮的旅行者（75%）收入在 15 万 ~ 20 万美元之间。

虽然较高收入有利于较长时间的邮轮航行，但从旅行者最后一次邮轮旅行的统计来看，6 ~ 8 天行程迄今为止最受欢迎，这样的行程安排在收入低于 10 万美元的乘客中占 57%，而在收入高于 20 万美元的乘客中占 43%。高收入游客最有可能参加短暂的 3 天游览（12%）和长达 16 天的游览（5%）。从图 6 可以看出，6 ~ 8 天是各层次收入群体选择最多的航程，年收入在 10 万美元以下，有 57% 的游客选择 6 ~ 8 天航线产品，年收

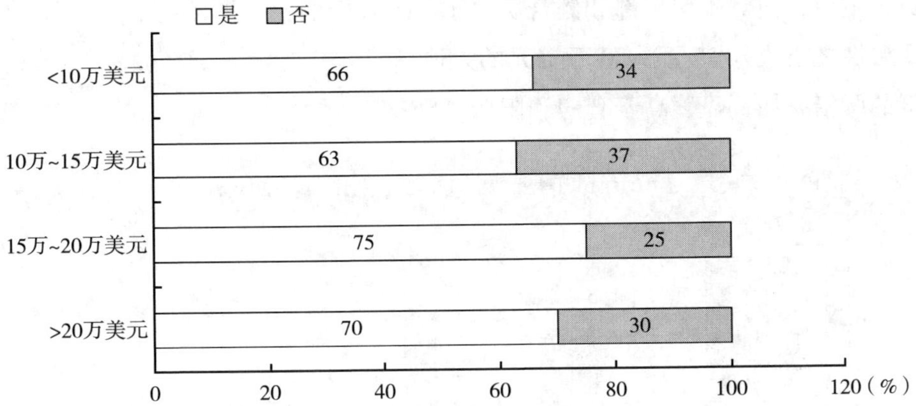

图5　不同收入阶层游客是否选择邮轮旅游情况

资料来源：Cruise Lines International Association。

入在20万美元以上的游客选择6~8天航线产品所占的比例略低，另外选择3~5天航线产品及9~15天航线产品的游客约占各个收入层次群体的20%左右。

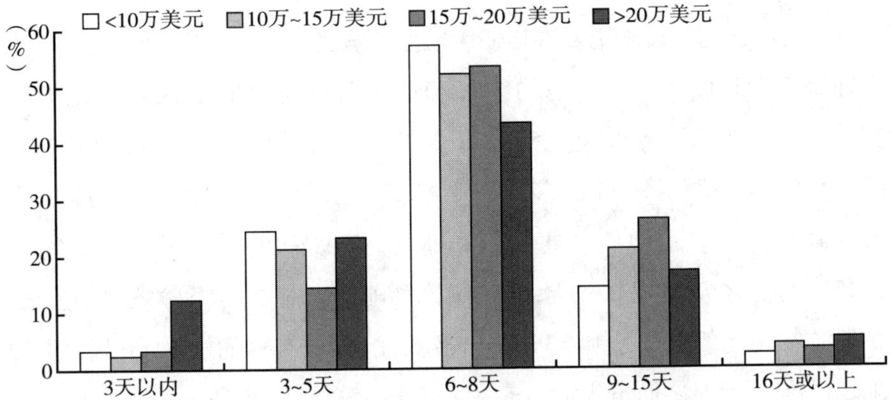

图6　不同收入阶层游客选择邮轮航线情况

资料来源：Cruise Lines International Association。

收入较高的邮轮游客更有可能乘坐高级邮轮、豪华邮轮和河轮。套房和阳台是所有邮轮游客都认为最重要的设施，但温泉和沙龙对高收入旅客来说更为重要，而健康俱乐部和健身房对于收入较低的旅客来说更重要。名厨的重要性之于收入 15 万 ~20 万美元的人群（63%）为收入更高或收入更低人群的两倍有加，显著高于套房和阳台（56%）。

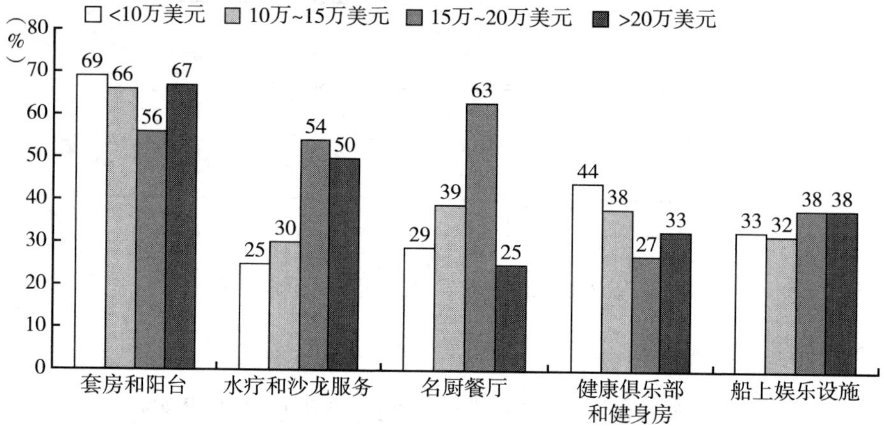

图 7　不同收入阶层游客最关注的邮轮设施

资料来源：Cruise Lines International Association。

3. 游客所认为的设施重要性与使用性存在偏差

在服务设施使用方面，平均约有 41% 的邮轮游客表示他们对儿童服务感兴趣，包括保姆服务以及儿童和青少年节目，但只有 13% 的人报告他们实际使用了这些服务。有很多服务和活动也出人意料地大受欢迎。只有 23% 的邮轮游客表示他们想要赌场和赌博，24% 的游客想要船上购物和免税，25% 的游客希望提供游泳池和按摩浴缸，26% 的游客关注特色餐厅，32% 的游客关注船上娱乐和 33% 的游客关注名人/有名的娱乐节目。但 70% 的邮轮游客实际上参加了表演、音乐和喜剧表演，大约是表达此类兴趣的人的两倍。事实上，船上娱乐是整个邮轮上最常用的功能。其他的设施也比预料的更受欢迎。近一半的游客（49%）表示，他们会去船上赌场/赌博（+26%超过愿望），48% 在船上购物（+24%），58% 在游泳池和按摩池（+33%）游泳或放松，45% 在特色餐饮（+19%）用餐。

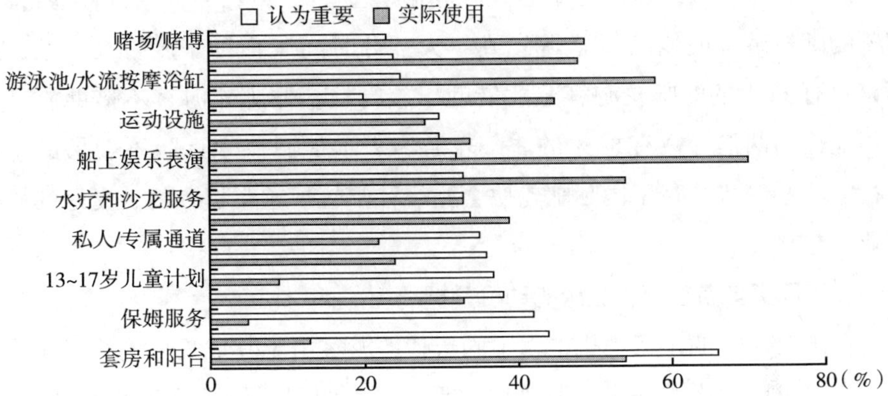

图8　游客在设施方面认为重要与实际使用的对比情况

资料来源：Cruise Lines International Association。

4. 邮轮旅客对旅行社的满意度有所提高

相比非邮轮旅客，邮轮旅客对旅行社的满意度更高，邮轮游客对旅行社的周到满意度达到71%，而非邮轮游客满意度为58%，对旅行社知识的满意度为72%，而非邮轮游客的满意度为57%。总体而言，邮轮游客对旅行社的满意度为68%，而非邮轮游客的满意度为55%。

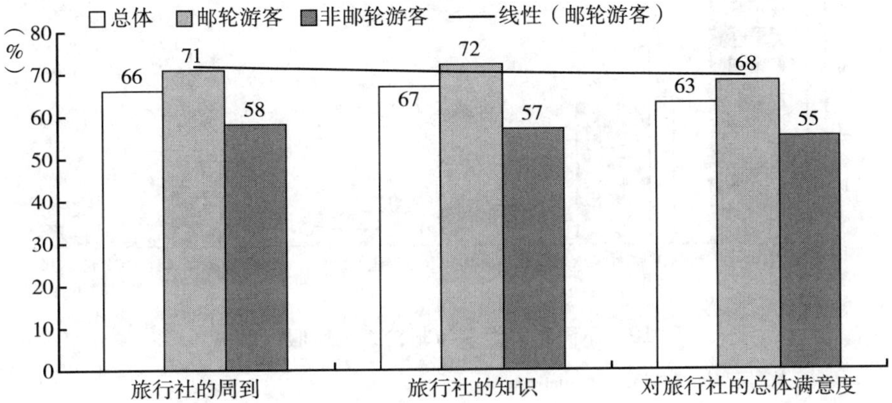

图9　邮轮游客与非邮轮游客对旅行社满意度对比

资料来源：Cruise Lines International Association。

总体而言，较之非邮轮游客，邮轮游客显然更愿意寻求旅行社的帮助。37%的邮轮游客说他们“总是”或“大部分时间”借助于旅行社，相比之下，只有12%的非邮轮游客愿意借助于旅行社。非邮轮游客不借助旅行社的可能性为两倍，只有34%的非邮轮游客表示他们“永远”不会借助于旅行社。这些趋势解释了国际邮轮协会旅行社邮轮展望中提到的、良好的旅行社业务趋势。

5. 不同类型游客邮轮旅游的动机分析

在邮轮游客的出行动机中，不同年代的游客由于其成长环境等方面的影响，有着不同的出游动机。但总体来看，扩大眼界，增长见识和追求放松，消除生活压力是最为主要的出行动机，这也与邮轮旅游的休闲度假特征有着直接的关系。游客可以了解不同国家和地区的风土人情和地域文化，在旅行的过程中暂时忘却烦恼而放松身心。其他的动机主要包括获取更多的知识、追求邮轮旅游浪漫性和通过邮轮旅游实现家庭团聚，以及在邮轮旅游的过程中体验高品质的服务。

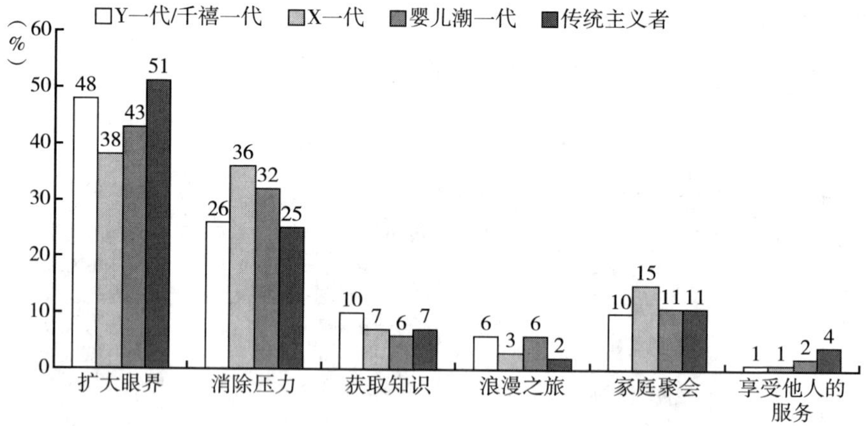

图10 不同年龄组参与邮轮旅游度假的理由

资料来源：Cruise Lines International Association。

不同性别游客对邮轮旅游出游动机也有不同，但基本与邮轮旅游产品的特性有着显著的关联性。男性游客相较于女性游客，更加偏重理性，较为注重通过邮轮旅游所实现的知识获取，开阔眼界。女性游客更加偏重于感性，较为看重通过邮轮旅游减轻压力，追求浪漫生活，实现家庭成员的团聚，以及可以更好享受他人的服务。在选择邮轮旅游的动机方面，追求扩大眼界的男性占比为45%，女性占比为43%；在消除压力方面，女性占比较男性较高，女性达到32%，男性为29%，女性更加追求身心放松；在获取知识方面，男性占比8%，女性占比7%，可以看出参与邮轮旅游更加追求娱乐性；在家庭聚会方面，邮轮较为适合家庭式旅游，而且女性更加注重家庭旅游，女性占比为12%，男性占比为11%。

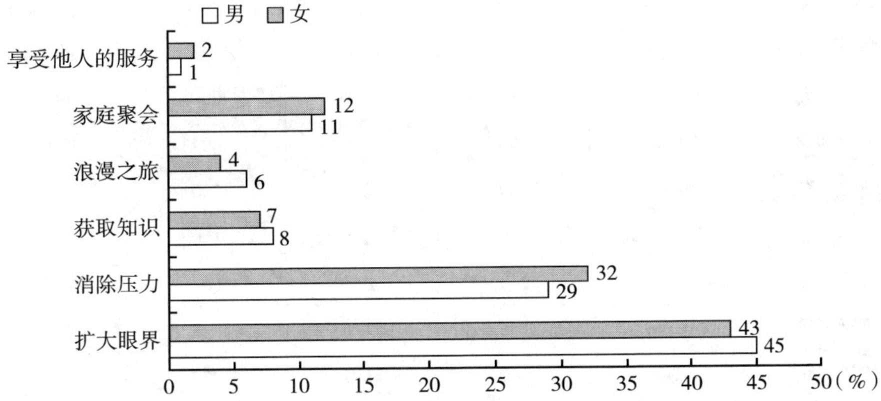

图11　不同性别选择邮轮旅游度假的理由

资料来源：Cruise Lines International Association。

（三）全球邮轮市场运力供给保持持续增长态势

从全球船舶建造来看，根据英国克拉克松研究公司统计数据，截至2018年3月底，全球造船企业持有船舶订单量共计3047艘、2.006亿载重吨，以载重吨计，同比增长2.7%。2016年，全球造船企业持有订单量基本保持在2.4亿载重吨左右，但整体呈逐步下降趋势，2017年手持订单量继续锐减，2018年后有所上升。2017年全球邮轮数量为449艘，2018年将有

27 艘海洋邮轮、内河游轮及极地邮轮下水，2016 年全球邮轮市场新增投入邮轮共计 26 艘，其中 9 艘海洋邮轮，17 艘内河邮轮。邮轮建造订单排到 2026 年，2026 年之前共有 91 艘在建邮轮，订单总价 580 亿美元，总建造吨位 23.92 万总吨。2019 年将是交付船只最多的一年，全年将有 24 艘新船交付使用。

表 5　2018 年全球市场新造邮轮情况

邮轮公司	邮轮名称	建造成本（百万美元）	吨位（万总吨）	乘客量（人）	目标市场
嘉年华邮轮	地平线号	780	13.5	4000	欧洲/加勒比
皇家加勒比	海洋交响号	1300	22.7	5400	欧洲/加勒比
地中海邮轮	海景号	950	15.4	4140	欧洲
途易邮轮	mein schiff 1	625	11.0	2900	欧洲
世邦邮轮	ovation	350	4.0	604	全球
诺唯真游轮	Bliss	1100	16.4	4200	阿拉斯加
庞洛邮轮	Le Clamplian	110	0.1	180	全球
海达路德	Roald Amundsen	220	0.2	600	欧洲
星凝邮轮	Ecliplc	175	1.65	228	全球
精致邮轮	Edge	900	11.7	2900	加勒比
荷美邮轮	Nieuw Statendam	520	9.9	2660	加勒比
爱达邮轮	AIDInova	950	18.39	5000	欧洲
Mystic 邮船	World Explorer	100	0.93	200	全球

资料来源：Cruise Lines International Association。

邮轮大型化和巨型化趋势较为明显，新造邮轮基本在 10 万总吨以上，皇家加勒比游轮旗下拥有 4 艘 22 万吨级绿洲级巨型邮轮，分别是海洋绿洲号、海洋魅力号、海洋和悦号、海洋交响号，标准载客量在 5400 人以上，最大载客量在 6200 人以上，堪称“移动的海上城市”，对于丰富邮轮设施空间、提升邮轮旅游体验具有重要的硬件基础。

表 6 皇家加勒比游轮巨型邮轮情况

邮轮公司	邮轮名称	下水时间(年)	总吨位(万)	标准载客量	最大载客量
皇家加勒比	海洋绿洲号	2009	22.5	5492	6296
皇家加勒比	海洋魅力号	2010	22.5	5492	6296
皇家加勒比	海洋和悦号	2016	22.7	5492	6360
皇家加勒比	海洋交响号	2018	23.0	5494	6780

资料来源：皇家加勒比游轮公司。

当前世界上最大的邮轮为“海洋交响（Symphony of the Seas）号”，总吨位达到23万总吨，客房数量达到2775间，标准载客量达到5494人，最大载客量达到6780人，船员数量达到2175人。2018年6月，皇家加勒比国际游轮在上海公布旗下专为中国市场量身定制的邮轮“海洋光谱号”，将于2019年6月6日开启上海首航，其总吨位达到16.8万总吨，标准载客量达到4246人，最大载客量达到5622人。

表 7 海洋光谱号基本参数

船名	总吨位	标准载客量	最大载客量	船员数	造价
海洋光谱号	16.8万	4246人	5622人	1551人	12.5亿美元
甲板总数	客层甲板	总宽度	总长度	航速	客房数
16	14	41米	348米	22节	2137间

资料来源：皇家加勒比游轮公司。

皇家加勒比游轮“海洋光谱号”将于2019年6～12月部署上海邮轮母港，12月将部署香港邮轮母港；“海洋量子号”将于2019年1～5月布局上海邮轮母港，5～10月布局天津邮轮母港；“海洋航行者号”2019年4～8月将布局香港和深圳母港。2018年6月，MSC地中海邮轮集团与STX法国造船厂签署建造第五艘“传奇”级邮轮订单，该邮轮将在2023年交付。地中海邮轮“辉煌号”在2018年5月18日开启上海母港首航，吨位为13.8万总吨，最大载客数为4363人，船员数量为1370人。地中海邮轮“荣耀号”吨位为17.1万总吨，最大载客量为5714人，将于2019年3月在英国南安普顿邮轮港正式命名下水，并将于2020年春季部署中国市场，该船是地中海目前宣布部署中国母港的吨位最大的邮轮。

（四）国际邮轮产业经济贡献不断提升

邮轮产业链涵盖范围较广，具备产业链长和经济带动性强的特性，不仅涉及高垄断、高附加值的研发设计建造环节，邮轮日常运营管理、邮轮公司运营管理、供应链管理等环节，而且涉及附加值较低但涵盖范围广泛的服务业部门。尤其是邮轮建造业是国际邮轮产业产生经济贡献的重要组成部分，也是行业垄断性极高的产业环节，一直被欧洲市场高度垄断，为欧洲邮轮产业发展提供良好的基础。美国是全球最为重要的邮轮市场，也是邮轮产业的重要获利者，产业贡献主要包含邮轮燃料、机械设备、食品、饮料等货物和行政支持、广告宣传、邮轮票务分销、运输等服务的购买。在欧洲，除了邮轮公司运营所带来的货物和服务的购买外，还有更为重要的是邮轮的建造和维修。欧洲是全球最为重要的邮轮修造基地，占有全球市场的绝对份额，成为邮轮产业发展的重要力量，为欧洲贡献的经济产出处于较高的水平。2017年，欧洲地区邮轮市场的总产值贡献为500.9亿美元，给39.49万人提供了工作岗位，他们支付的员工工资为11.25亿美元。美国的总产值贡献为493.7亿美元，创造了40.06万个工作岗位，支付了20.82亿美元的员工工资。

2017年，作为邮轮运营和邮轮建造的集聚地，在欧洲市场运营的邮轮数量达到212艘，其中仅有75艘邮轮为非欧洲地区邮轮公司所属。欧洲邮轮数量较多和产品供给品质化程度较高，使得更多的游客从欧洲出发乘坐邮轮，2017年欧洲母港邮轮游客量达到650万人次。大量的游客消费和邮轮维保以及更多的邮轮公司选择在欧洲船厂建造邮轮，这使得欧洲邮轮产业的经济贡献得到大幅度提升，2017年，欧洲邮轮产业经济贡献达到479亿欧元，其中邮轮公司在欧洲造船厂的花费达到56亿欧元，比2015年增长了22.4%，并且到2021年，欧洲船厂将为邮轮公司建造66艘新型邮轮，总价值达到294亿欧元。邮轮市场的快速发展提供了更多的就业机会，2017年，欧洲邮轮产业新提供的就业岗位达到4.3万个，使得邮轮从业人员总数达到40.3万人，由邮轮游客和船员所产生的经济贡献达到197亿欧元。

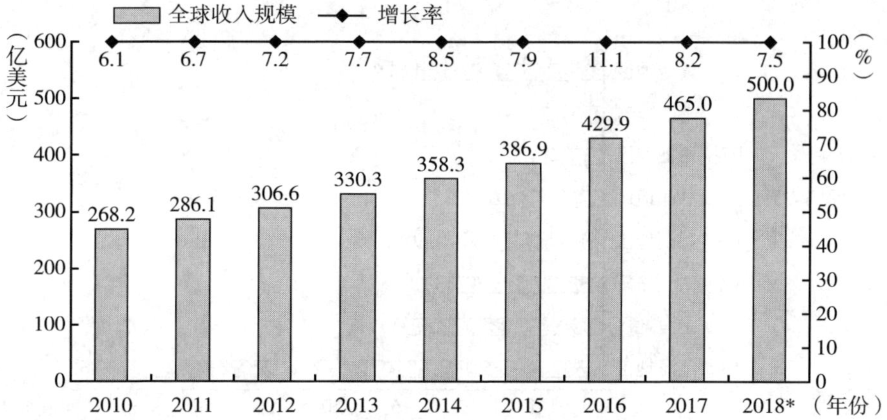

图12　全球邮轮市场收入规模状况

资料来源：Cruise Lines International Association。

2017年，全球邮轮市场收入方面，加勒比海地区依然占据全球第一，占比为35.6%，加勒比海地区堪称世界首选邮轮旅游胜地，是全球邮轮市场最具吸引力的区域，主要涵盖东加勒比海地区、南加勒比海地区、西加勒比海地区以及巴哈马群岛等四大部分。其中东加勒比航线航期基本在七天以上，航线涵盖的岛屿众多，主要有美属维尔京群岛、英属维尔京群岛、圣马丁、安提瓜、瓜德罗普和马提尼克岛等。地中海地区占比为15.5%，位居第二，地中海作为陆间海，航行地区较为平静，沿岸海岸线曲折，岛屿众多，周围环绕着众多的国家，邮轮旅游航线设计主要特色鲜明。地中海是欧洲邮轮之行的最佳选择区域，邮轮航线主要涵盖西地中海地区、东地中海地区，吸引着全球众多的游客前往地中海进行邮轮旅游。欧洲（除地中海地区）邮轮市场收入以占比11.5%，位居第三。亚洲邮轮市场收入占比为10.9%，位居第四，亚洲是快速发展的新兴邮轮市场，特别是随着中国和印度收入水平的提高及人口总数的增加，良好的邮轮市场发展前景，吸引着越来越多的国际邮轮公司在亚洲开发新航线。东南亚地区邮轮最常造访的地点是马来西亚、新加坡、泰国等，东北亚地区在邮轮业界被称为远东地区，主要由中、日、韩三国构成，是亚洲邮轮市场最为繁荣的区域。

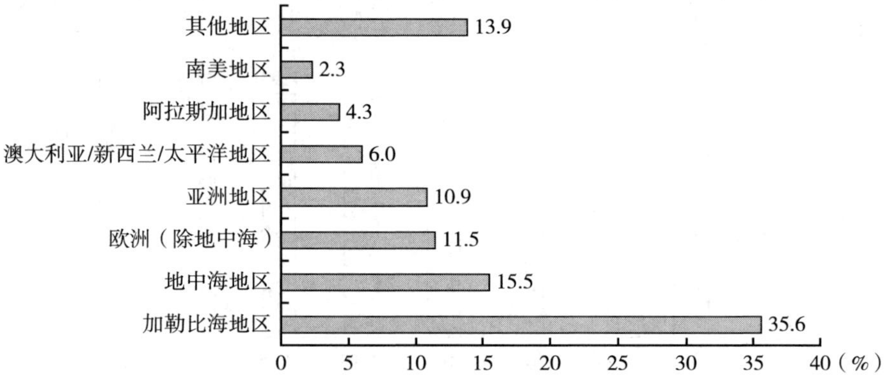

图 13　2017 年全球邮轮区域市场收入占比分布

资料来源：必达咨询。

2017 年，从全球邮轮区域市场收入同比增长率变化情况来看，加勒比海地区增长率为 6%，而地中海地区处于下降的趋势，邮轮市场的增长率为 -11.9%，除地中海之外的欧洲地区增长率为 7.4%，亚洲邮轮市场作为全球最为重要的新兴邮轮市场，市场收入的增长率居全球首位，达到 23%，澳大利亚/新西兰/太平洋地区增长率为 2.6%，阿拉斯加地区增长率为 6.8%，南美地区也呈现下降趋势，下降了 5.3%，世界其他地区的增长率为 6.5%。

（五）邮轮船只升级翻新更加频繁，助推邮轮维修业发展

按照船级社的规定和邮轮公司的惯例，豪华邮轮需要每 5 年进船坞做特检，并且每隔 2～3 年做一次内部翻新。目前在欧洲邮轮修造方面使用的材料，有相当一部分来自中国，中国在材料方面已经具备了一定的基础。在全球范围内，每年有 50 艘邮轮要进行定期坞修，80～100 艘要做内部翻新。目前大多数邮轮坞修集中在美洲和欧洲的船厂，中国船厂在邮轮修造方面的

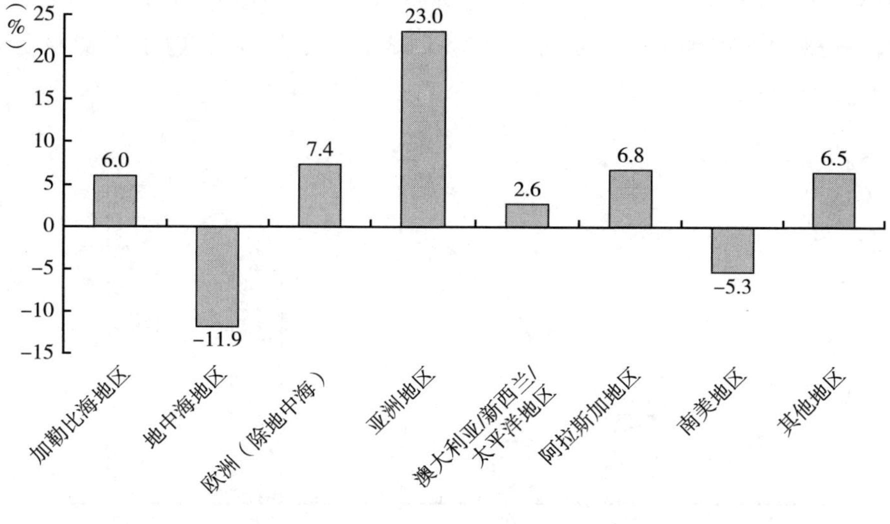

图 14　2017 年全球邮轮区域市场收入同比增长率变化情况

资料来源：必达咨询。

机会还较为有限，未来潜力较大。各大邮轮公司都在对自己旗下的船只进行翻新修整，譬如皇家加勒比公司就将投资 1 亿美元，花费六个星期的时间对海洋水手号（Mariner of the seas）进行翻新，歌诗达邮轮公司更新 Costa Magica 号邮轮上的 SPA 和健身设施，同时增加桑拿房、海水浴池和温泉区。

三　亚洲邮轮产业发展形势分析

（一）亚洲市场充满活力，具备较强的发展潜力

根据国际邮轮协会数据，2017 年亚洲邮轮市场规模达到 424 万人，比 2016 年的 310 万人增长了 36. 7%，而 2017 年全球邮轮市场规模增长率仅为 4. 4%，亚洲市场增长速度是全球的 8. 34 倍。这与亚洲良好的经济基础有着直接的关系，根据《2017 亚洲经济前瞻指数》报告，2017 年亚洲经济的前瞻指数达到 84. 1，比 2016 年提升 38. 7 点，表明 2017 年亚洲经济增长缓中

趋稳。亚洲经济在全球经济总量的份额不断上升，根据世界银行的数据统计，亚洲 GDP 占到全球总量的比重达到 33.84%，高于北美的 27.95% 以及欧洲的 21.37%。

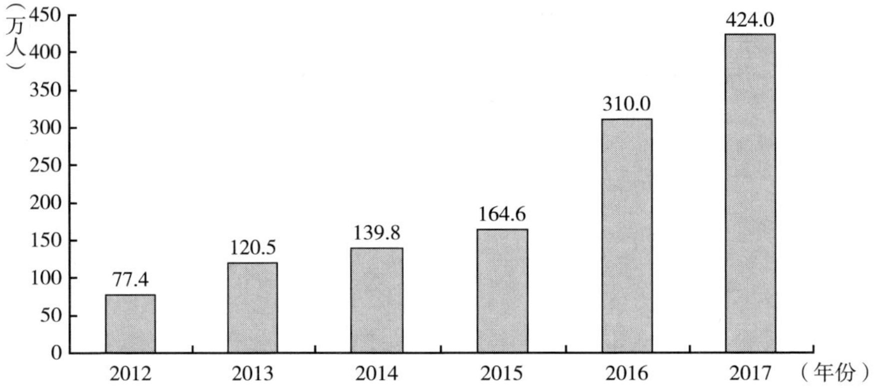

图 15　亚洲邮轮市场客源量变化

资料来源：Cruise Lines International Association。

从客源分布来看，中国占比 67.8%，为亚洲第一，中国台湾占比 7.6%，新加坡占比 6.4%，日本占 7.0%，中国香港占 3.6%，印度占 3.9%，马来西亚占 0.9%，印度尼西亚占 0.8%，韩国占 0.9%，菲律宾占 0.5%，泰国占 0.3%，越南占 0.1%。2017 年，中国保持亚洲最大邮轮客源市场，依然引领亚洲邮轮市场发展，成为亚洲最为重要的邮轮市场。

根据国际邮轮协会数据统计，2017 年，亚洲邮轮市场运力 66 艘邮轮，邮轮品牌达到 35 个，2016 年为 31 个，增长 4 大邮轮品牌；2017 年，亚洲邮轮港口靠泊量将达到 7196 艘次，2016 年为 5500 艘次，同比增长 30.8%。在邮轮类型方面，在 66 艘邮轮中，中型邮轮的数量增长幅度较大，增加 5 艘，中型邮轮数量占到 26 艘，占比 40%，巨型邮轮增加 3 艘。亚洲主要邮轮公司为大洋洲邮轮、丽晶七海邮轮、赫伯罗特航运公司、荷美邮轮、爱达邮轮、精钻邮轮、世邦邮轮、猎户座探险邮轮、银海邮轮、水晶邮轮、精致邮轮、风之星邮轮、银海游轮探险、庞洛邮轮、公主邮轮、皇家加勒比游轮、歌诗达邮轮、阿苏卡邮轮、丽星邮轮等。

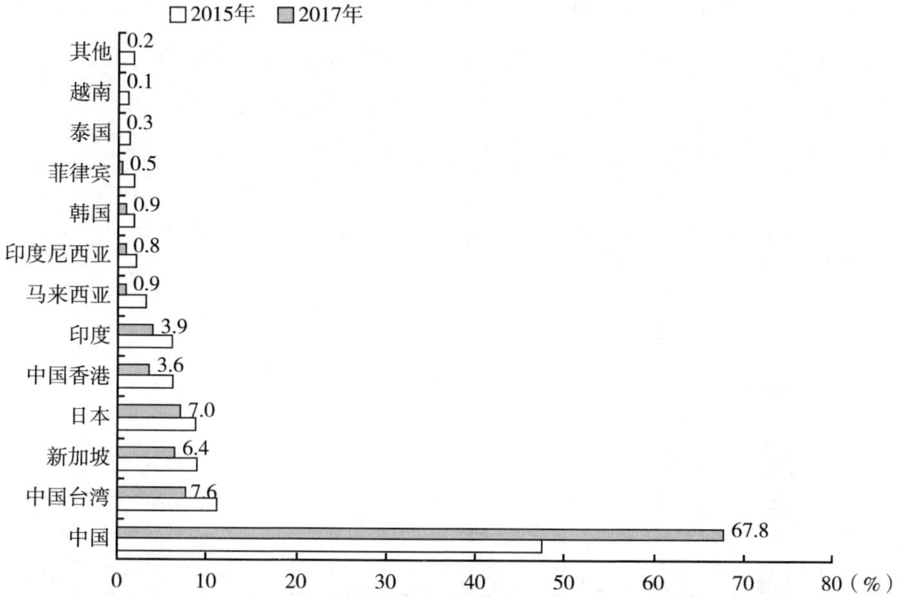

图16　亚洲邮轮市场客源地变化

资料来源：Cruise Lines International Association。

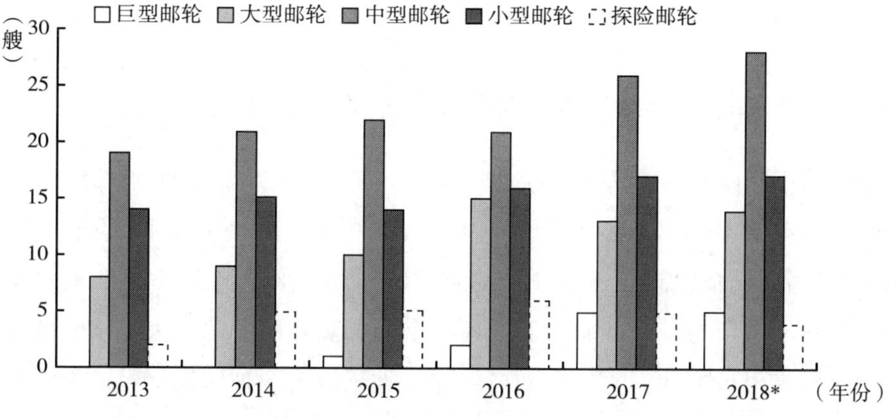

图17　亚洲邮轮市场邮轮类型变化

资料来源：Cruise Lines International Association。

2017年，4~6晚短航线依然是主力航线，占到总量的52%，而2016年为48%，同比增长4个百分点；2~3晚的产品占比31%，2016年占比为

32%，下降1个百分点，因此2～6晚的产品依然占有绝对比例，总占比达到83%。虽然不少邮轮公司尝试开发7天6晚甚至更长的航线，但6晚以下的航线依然是最重要的组成部分，7晚的产品仅占4%，比2016年的6%下降2个百分点，8晚以上的产品总占比仅为15%。

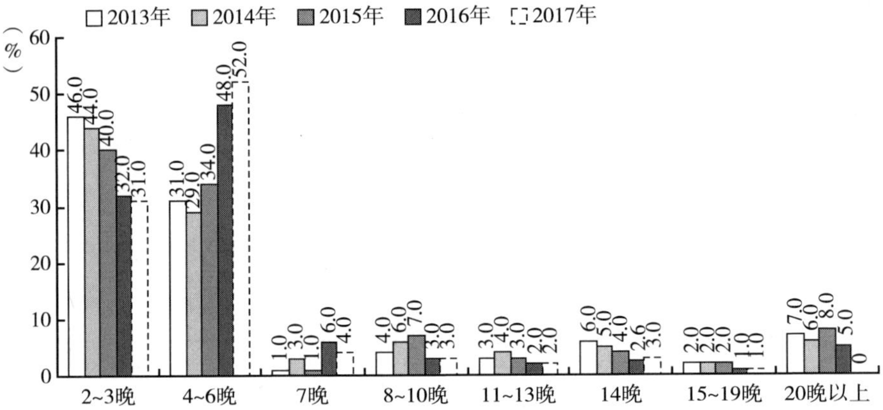

图18　2017年亚洲邮轮市场产品变化

资料来源：Cruise Lines International Association。

（二）邮轮旅游对东北亚地区的经济贡献逐步凸显

根据国际邮轮协会发布的数据，2016年，整个北亚地区的邮轮旅游直接经济贡献包含32.3亿美元的直接支出、15.1亿美元增值服务支出和23697个全职/兼职岗位，员工工资补偿共计7.54亿美元。对于东北亚各国，批发零售贸易、其他服务和政府及金融和商业服务等三大经济领域成为邮轮旅游支出最主要的直接受益者。这三大领域占全地区直接经济影响的近72%，包括23.4亿美元的直接支出、11.8亿美元增值和19252个全职/兼职岗位（员工工资补偿共计59440万美元）。直接受益的公司及其员工的支出也带来了间接的、诱导的经济贡献。由此，这些影响蔓延到每一个经济体的企业和消费者领域。这些影响包含39.8亿美元产出、17.2亿美元增值和27934个全职/兼职岗位（员工工资补偿共计74960万美元）。较之直接贡献，间接、诱导的经济贡献更加多元化。制造业、金融和商业服务及农业为受益前三的领域。这三大领域占全地区直接经济影响的近79%，包括31.6亿美元产出、12.2亿美元增值和19893个全职/兼职岗位（员工工资补偿共计49110万美元）。综合考虑直接、间接和诱导的经济贡献，东北亚三个经济体的邮轮旅游总经济贡献达到72.1亿美元产出、32.3亿美元增值和51631个全职/兼职岗位（员工工资补偿共计15亿美元）。

表8　2016年邮轮旅游对东北亚三国经济的贡献

领域	产出（百万美元）	增值（百万美元）	补偿（百万美元）	就业人数（人）
日本				
直接	1197.4	642.7	455.4	8669
间接和诱导	961.3	499.8	287.4	6055
总计	2158.74	1142.50	742.75	14724
韩国				
直接	199.8	106.0	76.2	1835
间接和诱导	185.3	101.0	55.7	1302
总计	385.07	206.99	131.98	3137
中国				
直接	1831.5	764.9	222.8	13193
间接和诱导	2835.4	1116.5	406.5	20577
总计	4666.9	1881.4	629.3	33770
北亚地区（总计）				
直接	3228.6	1513.6	754.5	23697
间接和诱导	3982.1	1717.3	749.6	27934
总计	7210.7	3230.9	1504.1	51631

资料来源：Cruise Lines International Association。

从三个方面分析邮轮旅游产生的直接支出：邮轮公司、邮轮乘客以及邮轮船员的支出。为了保证邮轮正常运营，邮轮公司通常会在停靠港口时采购各种食物和服务，包括饮食、酒店用品、船用燃料和公用设施。此外，邮轮公司为了保证其在北亚地区的邮轮业务也需要购买各种服务，具体包括旅行社的佣金、广告和促销支出及其他专业、商业服务的费用。乘客购买的产品通常包括邮轮旅游前后假期、岸上观光时购买的纪念品和其他零售商品；船员购买的产品包括类似的物品和服务，后者更加关注零售商品。

在乘客支出方面，用支出率（每名乘客的平均支出）乘以乘客访港量得到按类别和目的地分类的中转、过境和过夜乘客的总支出预测结果。2016年各港口的乘客支出为平均每天295美元，整个北亚地区的邮轮乘客的总支出达到21亿美元。中转乘客的支出总计12.4亿美元。中转乘客每一访港日平均支出556美元。其中住宿、交通和岸上观光支出占中转乘客总支出的55%。交通支出包括前往港口城市的国内交通费用及在港口城市的当地交通费用。过境和过夜乘客的总支出达到85420万美元。过境和过夜乘客每一访港日平均支出175美元。因此，2016年，过夜乘客的支出占总乘客支出的41%，过夜乘客的访港量占总乘客访港量的69%。

表9　2016年北亚地区邮轮游客支出情况

支出类别	乘客支出(百万美元)			
	中转	过境/过夜	总计	份额(%)
乘客访港天数	2233073	4884790	7117863	
住宿	371.55	0	371.55	17.7
岸上参观	132.66	224.68	357.34	17.0
饮食	121.75	138.41	260.16	12.4
当地手工艺品和纪念品	23.23	163.85	187.08	8.9
交通运输(不含航空机票)	181.31	0	181.31	8.6
衣物	58.81	58.74	117.55	5.6
出租车/地面交通	45.29	56.01	101.30	4.8
手表和珠宝	67.53	26.50	94.03	4.5
娱乐场所/夜总会/赌场	25.24	9.30	34.54	1.6
其他购物	214.95	176.72	391.67	18.7
总计	1242.32	854.21	2096.53	
平均每日支出	556.33	174.87	294.54	

资料来源：Cruise Lines International Association。

相同的，按港口和支出类别统计的船员支出数据也来自于船员调查。将支出率乘以船员访港量，得到按目的地和类别统计的船员支出预测。在整个北亚地区全部2964512名随船访港的邮轮船员中，预计43%的船员上岸参观目的地城市，船员总访港人次为1259930。饮食和衣物这两个类别占北亚邮轮港口船员支出总额的37%。2016年，各邮轮目的地的每一访港日船员平均支出约为87美元。

在邮轮公司的支出方面，船舶保养、燃料和旅行社佣金占国际邮轮协会成员单位在北亚地区总支出的52%。船舶保养是最主要的运营支出，共计30840万美元，占邮轮公司总支出的30%。随后是燃料支出，共计11850万美元。邮轮公司的旅行社佣金支出为10310万美元。北亚各邮轮港口还有10300万美元的其他管理支出。

表10　2016年邮轮公司在北亚地区的支出

类别	支出（百万美元）	份额（%）
船舶保养	308.4	30.2
燃料	118.5	11.6
旅行社佣金	103.1	10.1
管理支出	103.0	10.1
饮食	96.8	9.5
其他运营支出	96.8	9.5
港口费	82.7	8.1
广告和促销	81.8	8.0
旅游	31.7	3.1
总计	1022.8	

资料来源：Cruise Lines International Association。

在间接贡献方面，受益于邮轮旅游的各经济领域的广度。批发和零售贸易受益于高水平的直接支出（96230万美元）。这一领域也是就业和就业补偿的最大受益者，共创造了9315个岗位，实现了30170万美元的雇员工资补偿。位列其后的则是其他服务和政府部门，直接开支69390万美元，创造了6682个全职和兼职岗位，实现了11780万美元的雇员工资补偿。金融和商业服务领域包括各种各样的服务，从广告公司、旅行社、律师到顾问和其他专业服务机构。该领域受益于67950万美元的直接支出，雇佣人数3255人。这些人力的工资补偿总额近17500万美元。

表11 2016年北亚区邮轮旅游对不同领域直接贡献

单位：百万美元

领域	支出	增值	补偿	就业人数(人)
农业	0	0	0	0
制造业	523.7	152.8	88.5	2156
建筑业	0	0	0	0
批发零售贸易	962.3	604.2	301.7	9315
交通运输	369.3	181.7	71.5	2289
金融和商业服务	679.5	291.2	174.9	3255
其他服务和政府部门	693.9	283.6	117.8	6682
总计	3228.6	1513.6	754.5	23697

资料来源：Cruise Lines International Association。

在间接经济贡献和诱导经济贡献方面，间接和诱导的贡献来自于北亚经济体各个领域内的活动。由此，总计32亿美元的邮轮旅游直接支出新创造了39.8亿美元的产出、17.2亿美元的增值及74960万美元的工资补偿和27934个全职/兼职岗位。其中近75%的受益来自于直接受益企业发生的间接支出，25%来自于直接受益人员发生的家庭支出。但制造业、金融和商业服务业及农业三大领域的间接和诱导受益占了整个北亚地区经济受益的近79%。

表12 2016年北亚区邮轮旅游对不同领域间接和诱导贡献

单位：百万美元

领域	支出	增值	补偿	就业人数(人)
制造业	1835.8	495.9	188.6	7507
金融和商业服务	724.5	487.6	204.0	5196
批发零售贸易	258.4	125.3	75.7	1419
其他服务和政府部门	356.4	295.9	142.7	5675

续表

领域	支出	增值	补偿	就业人数(人)
农业	599.6	235.5	98.5	7190
交通运输	182.7	65.0	32.3	657
建筑业	24.7	12.1	7.8	290
总计	3982.1	1717.3	749.6	27934

资料来源：Cruise Lines International Association。

综合直接、间接和诱导贡献，2016 年邮轮旅游在北亚地区共创造了 72.1 亿美元的商品和服务总产出。这一产出规模又创造了 51631 个全职和兼职的就业需求。而这样的就业规模带来了 32.3 亿美元的增值。从事这些工作的工人工资总额达到 15 亿美元。

在日本邮轮旅游中，乘客到访日本目的港后的平均支出为 83384 日元，而船员的目的港访港平均支出为 5488 日元。近 46% 的乘客支出为零售购物和岸上观光，58% 的船员支出为购买饮食和零售购物支出。

表 13　按类别统计的到访日本乘客和船员平均支出

单位：日元

项目	消费人群	
	乘客	船员
零售购物	21599.9	1570.4
岸上参观	16394.1	201.2
饮食	13601.4	1596.5
交通运输	8421.6	186.0
住宿	4270.6	0
娱乐	1160.4	14.1
其他	17936.1	1919.4
合计	83384.1	5487.5

资料来源：Cruise Lines International Association。

综合来看，批发和零售贸易及其他服务和政府领域占中国邮轮旅游直接经济贡献的近 51%。乘客和船员的岸上住宿、交通运输和零售商品消费及邮轮公司支出的港口费对这些领域产生了重大的影响。金融和商业服务领域占贡献总量的22%。

表14　2016年中国邮轮旅游的直接经济贡献

单位：百万元

领域	支出	增值	补偿	就业人数(人)
农业	0	0	0	0
制造业	1461. 7	294. 6	103. 0	935
建筑业	0	0	0	0
批发零售贸易	3073. 2	1955. 2	512. 6	4266
交通运输	1752. 3	816. 2	203. 6	1485
金融和商业服务	2714. 7	758. 6	315. 5	2262
其他服务和政府部门	3158. 9	1254. 3	345. 1	4245
总计	12160. 8	5078. 8	1479. 7	13193

四　世界邮轮产业发展趋势分析

（一）全球邮轮市场高集中度特征将逐步弱化

在过往的多年中，高集聚是全球邮轮市场发展最为显著的特征，使得美国和欧洲成为世界邮轮市场的中心。在全球邮轮市场规模居全球首位的美国，邮轮市场的繁荣有力地促进了邮轮母港的建设和发展，成为全球邮轮母港的集聚地，其中世界邮轮之都迈阿密就位于佛罗里达州。全球最大的三个邮轮母港迈阿密、卡纳维拉尔港、埃弗格雷斯港均位于佛罗里达州，位于欧洲地区的巴塞罗那也是世界著名邮轮母港。世界著名邮轮市场主要分布于北美的加勒比海区域、阿拉斯加、墨西哥西海岸以及欧洲地区地中海海域，邮轮市场最为繁荣的是加勒比海和地中海区域。世界主要邮轮市场被几大邮轮巨头垄断，占据全球邮轮市场绝对份额。全球邮轮游客来源区域较为集中。现代化邮轮旅游起源于经济发达、水域条件良好、海洋文化较为成熟的北美地区，北美地区的邮轮旅游已经有50多年的发展历程，市场培育了大量的邮轮公司，使得北美地区成为全球邮轮旅游最为发达和最具活力的市场区域。近年来美国游客量占据全球邮轮乘客总数量50%左右，英国和德国占15%左右，澳大利亚、意大利和加拿大合计占12%左右。全球邮轮市场的集中度较高，全球90%左右的邮轮乘客来自以下10个国家，美国、德国、英国、澳大利亚、意大利、加拿大、中国、法国、西班牙、挪威。

阿拉斯加是皇家加勒比邮轮目的地的一大热点，平均经停航线数显著高于其他12个区域，达到41条，在邮轮港口数量上以18个位居第六，却拥有748条总停航线数。巴哈马群岛平均经停航线数显著高于其他11个区域，是大北美地区最受欢迎邮轮旅游目的地，平均港口经停航线达到25条。

（二）亚洲邮轮市场增长依然具有良好潜力

全球选择豪华邮轮出游的乘客人数不断攀升，近20年来世界邮轮产业年度游客复合增长率约为6.55%。其中亚洲地区邮轮市场快速成长，中国市场成为推动亚太邮轮市场增长最重要的支撑力之一，为全球邮轮旅游的未来发展注入新动力，推动在发展模式和路径方面的持续创新。

全球邮轮市场的高速发展主要得益于亚洲邮轮市场的发展，亚洲地区成为推动世界邮轮市场持续增长的新兴力量，并具备良好的发展潜力和机遇。随着亚洲地区经济发展水平的不断提升，中产阶级队伍开始不断壮大，对邮轮旅游产品的需求更加旺盛，推动邮轮旅游产品从弹性较大逐步向生活刚需转变。亚洲地区同时拥有着丰富的旅游资源以及许多天然的优良海港，南太平洋沿岸港口的不断兴建为发展邮轮旅游提供了物质基础，加之相关国家的政策鼓励，使得亚洲发展邮轮旅游有了强大的支撑动力和保障。在亚洲地区对世界旅游业发展的贡献不断提升的过程中，其对邮轮旅游市场的促进和拉动能力也将不断提升，根据权威预计，2020年左右亚洲在全球旅游市场规模将达到近30%，对世界邮轮产业发展的影响力不断提升。亚洲邮轮市场的持续繁荣发展，推动邮轮港口设施的加快完善，邮轮港口服务能力的不断提升，邮轮港服务的更加规范化、标准化，都不断提升邮轮游客的体验。邮轮港口与邮轮服务的良好衔接，进一步提升了游客的体验度，更加显示出邮轮旅游产品的真正魅力，促进邮轮产品复购率的提升。

（三）全球邮轮建造市场供不应求局面更加明显

市场对新型邮轮的需求越来越大，并且需要制造更多具有新能源的邮轮，以推进邮轮绿色化发展。豪华邮轮的市场需求在不断扩大，一直保持着8%～9%的增幅。各大邮轮公司也纷纷投入建造新的豪华邮轮以推动邮轮市场的持续增长，提升邮轮旅游产品的需求刚性。全球邮轮建造订单显示，2018～2027年10年间目前已经明确的共有99艘邮轮在建或拟建，平均每年建造豪华邮轮10艘，其中2018～2022年5年间共有81艘，平均每年建造20艘。根据豪华邮轮的分类，载客量在5000人以上的称为巨型邮轮，载客量在3000～5000人的称为大型邮轮，载客量在1000～3000人的称为中型邮轮，载客量在200～1000人的称为小型邮轮。从目前全球邮轮市场建造订单来看，未来10年将新建的巨型邮轮达到17艘，占比为17%，大型邮轮22艘，占比为22%，中型邮轮达到15艘，占比为15%，小型邮轮为45艘，占比为46%。随着邮轮建造市场的蓬勃发展，新型邮轮的市场吸引力和竞争力不断提升，为更好地提升旧船的吸引力，邮轮公司对邮轮翻新更加频繁。邮轮翻新业务具有较高的市场价值和发展潜力，豪华邮轮通常每5～8年进行一次翻新、改造，以满足游客的需求。2018年全球邮轮总数将达310艘，其中一半以上船龄超过15年，各大邮轮公司邮轮将进入翻修常态期。每艘大型豪华邮轮翻修改造成本在1000万～5000万美元，主要是内装工程翻修。全球邮轮翻修业务主要集中于迈阿密、欧洲、巴哈马以及新加坡等地区。随着中国本土邮轮翻修能力的增强，国外船东更倾向于使用成本低、周期短、方式灵活的中国总包公司及配套产品。

为推进本土邮轮的发展，发挥中国在造船业方面的经验优势和技术优势，为中国参与全球邮轮设计建造提供强有力的支撑，并且打造民族邮轮品牌，上海外高桥造船厂拟建2＋4艘13.35万吨Vista级邮轮，招商重工承接的4＋6艘极地探险邮轮已经开建，厦船重工拟建1＋2艘7.5万吨邮轮、舟山常石拟建3万吨小型邮轮、广船国际布局建造7万吨以下邮轮、武船重工宣布进入10万吨级邮轮市场。在邮轮建造市场快速发展的同时，对豪华型邮轮客滚船需求量也不断提升。未来10年内，全球船舶市场约有1000艘高端客滚船的建造需求，中船集团下属广船国际已承接4个系列13艘豪华客滚船建造项目，金陵船厂已承接6＋6艘豪华客滚船建造项目，中航威海已承接2＋2＋4＋1艘豪华客滚船建造项目，厦船重工已签订1＋1艘6.3万吨豪华邮轮型客滚船建造项目，2018年9月，厦船重工为维京客轮承建的首制2800客邮轮型客滚船（488A船）开工建造。

（四）全球邮轮市场消费需求多样化趋势明显

结伴而行成为邮轮旅游显著特点，乘坐邮轮的旅客与其朋友、合作伙伴/同伴或孩子旅行的可能性比陆地游客结伴出游的可能性高40%。从有组织的团体到朋友、家人、儿童、合作伙伴和配偶，团体旅行比独自旅行更有趣。收入较高的邮轮游客更有可能乘坐高级邮轮、豪华邮轮和河轮。套房和阳台是所有邮轮游客都认为最重要的设施，但温泉和沙龙对高收入旅客来说更为重要，而健康俱乐部和健身房对于收入较低的旅客来说更重要，船上娱乐是整个邮轮上最常用的功能。相比非邮轮旅客，邮轮旅客对旅行社的满意度更高，总体而言，较之非邮轮游客，邮轮游客显然更愿意寻求旅行社的帮助。这些趋势解释了国际邮轮协会旅行社邮轮展望中提到的、良好的旅行社业务趋势。邮轮游客对其首选度假方式的忠诚度依然很高，超过一半的邮轮游客（58%）认为邮轮是最好的度假方式，这种看法在未来几年将仍然保持不变。在邮轮度假市场上，收入并不是门槛，虽然较高的收入有利于较长时间的邮轮航行，但从旅行者最后一次邮轮旅行的统计来看，6～8天行程迄今为止最受欢迎。

参考文献

汪泓等：《邮轮绿皮书：中国邮轮产业发展报告（2017）》，社会科学文献出版社，2017，第 11 页。

汪泓等：《邮轮绿皮书：中国邮轮产业发展报告（2016）》，社会科学文献出版社，2016，第 10 页。

汪泓等：《邮轮绿皮书：中国邮轮产业发展报告（2015）》，社会科学文献出版社，2015，第 10 页。

汪泓等：《邮轮绿皮书：中国邮轮产业发展报告（2014）》，社会科学文献出版社，2014，第 10 页。

孙瑞红、叶欣梁、徐虹：《中国邮轮市场的价格形成机制与"低价困境"研究》，《旅游学刊》2016 年第 11 期，第 107～116 页。

叶欣梁、梅俊青：《中国邮轮经济运行分析与发展预测（2018）》，上海交通大学出版社，2018 年 8 月。

蔡晓霞、牛亚菲：《中国邮轮旅游竞争潜力测度》，《地理科学进展》2010 年第 10 期，第 1273～1278 页。

吴慧、王道平、张茜、张志东：《基于云模型的国际邮轮港口竞争力评价与比较研究》，《中国软科学》2015 年第 2 期，第 166～174 页。

孙晓东：《中国邮轮旅游业：新常态与新趋势》，《旅游学刊》2015 年第 1 期，第 10～12 页。

李霞、曲洪建：《邮轮旅游网络关注度的时空特征和影响因素——基于百度指数的研究》，《统计与信息论坛》2016 年第 4 期，第 101～106 页。

G.2

2017～2018年中国邮轮产业发展研究：行稳、质优、势好

汪 泓　叶欣梁　史健勇*

摘　要： 当前，我国处于全面建成小康社会决胜阶段和中国特色社会主义进入新时代的关键时期，人民对美好生活的需求更加强烈。中国邮轮市场已经改变世界邮轮旅游版图，成为向世界传递中国文化、生活方式和推进旅游外交的重要方面。为提升邮轮旅游所带来的经济效应，各地延伸邮轮产业链，不断提升邮轮经济效应和社会效应。在中国邮轮市场发展中，邮轮产业政策体系不断健全，为邮轮产业的发展提供良好的营商环境。经过十余年的发展，中国邮轮市场得到了迅猛的扩展，游客对邮轮旅游的认知度不断提升，但也存在诸多问题，如邮轮港口空置率较高、盈利能力较低，分销渠道呈现"窄而长"的特点、直销模式发展较为缓慢，公海游航线、近海航线、"多点挂靠"航线等尚存在政策瓶颈，邮轮产业集聚度较低等。尽管2018年邮轮市场规模有所缩小，但中国邮轮市场依然充满着发展活力和巨大的发展潜力。在未来的发展中，中国邮轮市场保持高质量发展方向，有望成为全球最大的邮轮客源市场，将拥有

* 汪泓，博士，中共宝山区委书记，教授，博士生导师，研究方向：邮轮经济；叶欣梁，博士，上海工程技术大学副教授，上海国际邮轮经济研究中心副主任，上海吴淞口国际邮轮港副总经理，研究方向：邮轮经济；史健勇，博士，上海工程技术大学党委副书记，教授，研究方向：邮轮经济。

全球排名前三的国际邮轮母港，国际影响力、竞争力、品牌力位于国际一流水平。

关键词： 新时代 邮轮经济 高质量 新动能

一 中国邮轮产业发展环境分析

（一）宏观经济发展企稳向好，高质量发展实现良好开局

当前，中国经济发展处于由高速增长向高质量发展阶段，总体来看处于稳中趋好的增长态势，改革开放和供给侧结构性改革不断深化，经济结构不断得到优化，主要经济指标保持良好发展趋势，经济实力显著增强，经济发展更加充满活力，对全球经济发展的贡献度持续提升。2017 年，我国国内生产总值（GDP）达到 82.71 万亿元，同比增长 6.9%，全年人均 GDP 达到 5.966 万元，同比增长 6.3%。其中第三产业发展势头良好，增加值达到 42.7 万亿元，同比增长 8%，第三产业增加值占全国 GDP 总量比重有所提升，达到 51.6%，超过半数贡献。全年最终消费额对全国 GDP 总量增长的贡献率处于较高的水平，接近 60%。国内贸易保持良好的发展势头，2017 年全国社会消费品零售总额达到 36.62 万亿元，同比增长 10.2%，其中城镇消费品零售额达到 31.42 万亿元，同比增长 10%，商品零售额达到 32.6 万亿元，同比增长 10.2%。对外经济保持良好的增长态势，2017 年货物进出口总额达到 27.79 万亿元，同比增长 14%，“一带一路”建设效应明显，沿线国家进出口总额达到 7.37 万亿元，同比增长 17.8%。

（二）居民消费能力增长，推动邮轮市场规模增长

邮轮旅游市场发展与居民的购买力提升有着直接的关系，消费能力的提升将有效促进市场规模的扩大。2017 年我国人均可支配收入为 2.59 万元，增长幅度较为明显，其中位数达到 2.24 万元，同比增长 7.3%，其中城镇居民

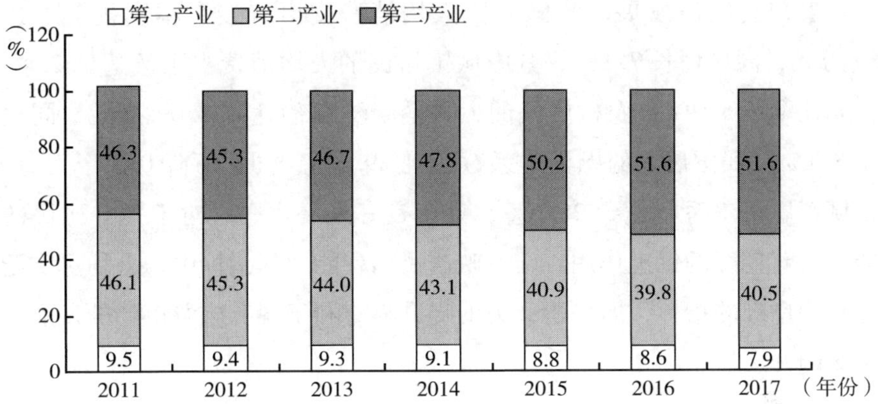

图1　2011~2017年第三产业占GDP比重变化情况

资料来源：国家统计局统计公报。

人均可支配收入的中位数达到3.38万元，同比增长7.2%。2017年，我国城镇居民人均可支配收入达到3.63万元，同比增长8.3%，去除价格变动因素的影响，实际增长了6.5%。农村居民的人均可支配收入达到1.34万元，同比增长8.6%。根据全国居民五等分收入分组的划分，在人均可支配收入方面，中等收入组人群和高收入组人群分别为2.24万元和6.49万元。

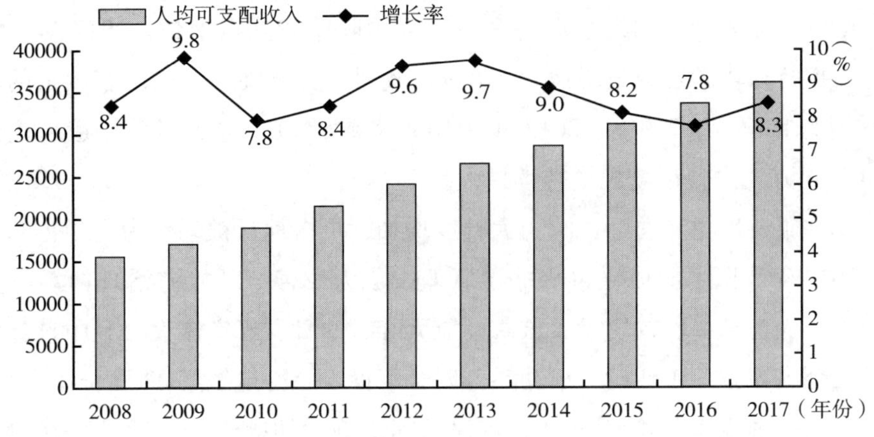

图2　我国城镇居民人均可支配收入变化情况

资料来源：国家统计局统计公报。

随着社会经济发展，我国居民人均消费支出有较大幅度提升，达到1.83万元，同比增长7.1%，其中城镇居民的人均消费支出额达到2.44万元，同比增长5.9%，农村居民的人均消费支出额达到1.09万元，同比增长了8.1%。我国居民的恩格尔系数达到29.3%，同比下降0.8个百分点，其中城镇恩格尔系数达到28.6%，处于良好发展水平，对于提升居民的消费能力有着良好的促进作用。在反映居民消费能力的指标中，人均可支配收入是较为良好的指标，居民购买力的提升将有利于现有旅游市场的发展和潜在市场的开发。

（三）旅游业健康发展，为邮轮旅游提供良好基础

旅游已经成为人们重要的生活方式，2017年，我国国内游客规模达到50亿人次，同比增长12.8%，人均出游已达3.7次，国内旅游收入45661亿元，同比增长15.9%，旅游成为衡量现代生活水平的重要指标，成为人民幸福生活的刚需。出境旅游市场规模达到1.31亿人次，消费额度达到1152.9亿元，具有出境旅游经营资质的旅行社数量达到4442家。在入境旅游发展方面，2017年，全球国际旅游呈现持续增长态势，新兴经济体国家持续发力。全球接待的入境游客总量为13.22亿人次，同比增长7%。其中，欧洲、亚太、美洲继续保持全球三大国际旅游热点地位。2017年，亚太地区接待入境游客数量增速为5.8%，欧洲和美洲接待入境游客数量的增速分别为8.4%和2.9%。2017年中国入境旅游稳步进入回升通道，达到13948.24万人次，市场规模持续扩大。

我国旅游地位和国际影响力大幅度增加，更多地从被动作为变为主动作为。2017年我国主导成立世界旅游联盟，成为改善全球旅游治理体系的重要力量。成功举办了首届世界旅游发展大会、中日友好交流大会、中日韩旅游部长会议等旅游年活动，成功举办联合国世界旅游组织第22届全体大会、第七届G20旅游部长会议等具有较强国际影响力的盛会，让世界更好地认识中国旅游业发展的最新形势和趋势。我国旅游业的快速发展为世界旅游业发展做出了重要贡献，有力地促进全球旅游经济规模和客源规模的增长，中

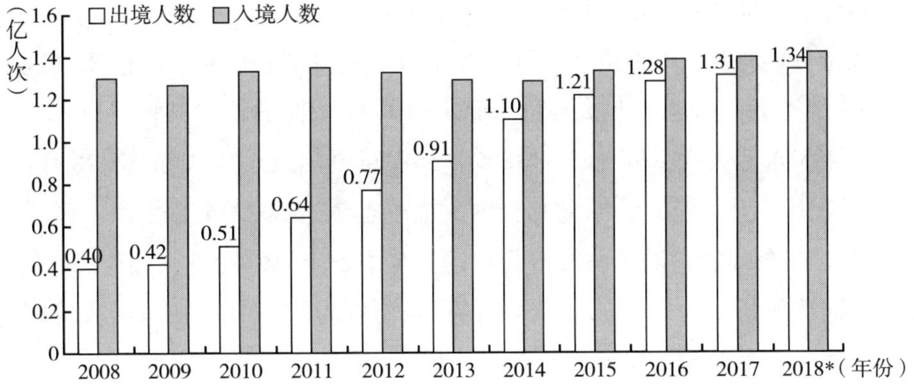

图3　我国出境旅游与入境旅游变化情况

资料来源：国家统计局统计公报。

国成为改变世界旅游版图的重要力量。

尽管中国旅游业发展取得较为辉煌的成就，但也存在一定问题与瓶颈，主要表现在旅游区域发展不平衡、旅游产品有效供给不充分、旅游文明程度有待提升、旅游产品创新性不足、出境旅游休闲体验性不足、入境游客复游率较低等问题。但总体而言，中国旅游业保持良好的增长形势和较大的发展潜力，保持领先的发展理念，是世界旅游业发展最为重要的组成部分之一，对国民经济发展、当地居民生活水平提升以及旅游经济发展有着重要推动作用。

近年来，我国旅游业发展十分迅速，三大旅游业态全面繁荣，在全球出境旅游中客源规模居首位。我国邮轮旅游市场规模也增长较快，已经成为全球第二大邮轮市场，未来有望成为全球第一大邮轮客源市场。

二　2017 ~2018年中国邮轮产业链发展形势分析

1. 中国邮轮市场规模增速短暂放缓，有利于市场调整

根据中国交通运输协会邮轮游艇分会（CCYIA）数据，2017 年，中国 11 大邮轮港包括上海、天津、大连、青岛、舟山、温州、厦门、广州、深

圳、海口、三亚共接待邮轮 1181 艘次，同比增长 17%。在接待邮轮类别中，接待母港邮轮 1098 艘次，同比增长 18%，接待访问港邮轮 83 艘次，与 2016 年持平。邮轮游客接待量方面，中国 11 大邮轮港口共接待出入境游客总量 495.4 万人次，同比增长 18%，其中母港出入境中国游客 478.06 万人次，同比增长 11%，访问港邮轮出入境游客量达到 17.4 万人次，同比下降 37%。在全国邮轮港口游客接待量的排名中，上海邮轮港共接待邮轮 512 艘次，同比增长仅为 0.5%，在全国的市场份额为 43.3%，接待出入境邮轮游客量 297.8 万人次，同比增长仅为 2.9%，占到全国总量的 60.1%；天津国际邮轮母港接待邮轮量达到 175 艘次，占到全国总份额的 14.8%，接待出入境邮轮游客总量达到 94.2 万人次，占全国总量的 19%；广州邮轮市场发展十分迅猛，2017 年全年接待邮轮量达到 122 艘次，占到全国总量的 10%，接待出入境邮轮游客总量达到 40.3 万人次，占全国总量的 8%。深圳蛇口国际邮轮母港在 2016 年 10 月 31 日正式运营，成为华南邮轮市场的重要推动力量，保持较高的增长速度，在 2017 年接待邮轮 109 艘次，接待出入境游客量达到 18.9 万人次。2017 年，邮轮接待量达到 100 艘次以上的仅有上海、天津、广州、深圳等四大邮轮母港，年接待量低于 50 艘次的有三亚、舟山、大连、海口、烟台等五家邮轮码头，面临着较大的经营压力。

表 1　2017 年中国主要邮轮港综合统计分析

邮轮港口	2016 年接待邮轮量（艘次）	2017 年接待邮轮量（艘次）	同比增长（%）	2016 年接待游客量（万人次）	2017 年接待游客量（万人次）	同比增长（%）
上海	509	512	0.5	289.4	297.8	2.9
天津	142	175	23	71.4	94.2	31
三亚	25	12	-52	9.6	4	-58
厦门	79	77	-3	19.0	16.18	-22
青岛	52	63	21	8.9	10.94	27
舟山	13	15	15	1.7	3.06	73
大连	27	31	15	6.4	6.9	6

续表

邮轮港口	2016年接待邮轮量（艘次）	2017年接待邮轮量（艘次）	同比增长（%）	2016年接待游客量（万人次）	2017年接待游客量（万人次）	同比增长（%）
广州	104	122	17	32.5	40.1	23
海口	41	33	-20	6.4	2.56	-60
深圳	14	109	679	4.4	18.9	325
烟台	4	0	—	0.5	0	—
总计	1010	1181	17	456.7	495.4	18

资料来源：中国交通运输协会邮轮游艇分会。

从全国邮轮母港来看，2018年1~6月，亚太第一大邮轮母港上海吴淞口国际邮轮港共接待邮轮188艘次，同比下降11%，占全国总量的42%，接待出入境游客128.3万人次，同比增长7%，占全国总量的56.1%，其中母港182艘次，同比下降11%，母港出入境游客量为125.7万人次，同比增长8%。2018年1~6月，第二大邮轮母港天津国际邮轮母港接待邮轮54艘次，同比下降40%，接待出入境游客量35.2万人次，同比下降14%，其中接待母港邮轮达到45艘次，同比下降43%，接待访问港邮轮9艘次，同比下降18%。2018年1~6月，全国第三大邮轮母港广州港国际邮轮母港接待邮轮51艘次，同比下降25%，接待出入境游客量24.56万人次，同比增长24%，将有望超越天津成为全国第二大邮轮母港。2018年1~6月，全国第四大邮轮母港深圳招商蛇口国际邮轮母港接待邮轮50艘次，同比增长100%，接待出入境游客量18.38万人次，同比增长191%，其中母港邮轮49艘次，同比增长96%，接待母港出入境游客达到18.37万人次，同比增长191%，成为全国增速最快的国际邮轮母港。2018年1~6月，全国第五大邮轮母港厦门国际邮轮中心共接待邮轮41艘次，同比下降7%，接待出入境游客达到13.48万人次，同比增长69%，其中母港邮轮35艘次，同比增长6%，接待母港出入境游客量11.65万人次，访问港邮轮6艘次，同比下降45%，接待访问港出入境游客量1.82万人次，同比增长21%。可以看到，全国五大邮轮母港靠泊量综合为384艘次，占到全国总量的86%，接待出境游客量达到219.92万人次，占全国的96.1%，市场高度集中。

母港邮轮靠泊量有较为明显的下降，游客量有一定程度的上升，主要是由于大型邮轮的投放，载客量较大。2018年1~6月，邮轮入境旅游发展下降较为明显，访问港邮轮艘次明显下降，全国接待访问港邮轮共计45艘次，比2017年同期的61艘次下降较为明显，即使全国接待访问港邮轮最多的上海港国际客运中心上半年接待入境邮轮也不过11艘次，比2017年的17艘次下降明显，三亚凤凰岛国际邮轮港在2017年位居中国第一大访问港，但在2018年上半年接待访问港邮轮仅4艘次，同比下降33%。

表2　2018上半年我国邮轮港综合统计分析

港口	2017年1~6月(艘次)	2018年1~6(艘次)	同比增长(%)	2017年1~6月游客量(万人次)	2018年1~6游客量(万人次)	同比增长(%)
上海	244	201	-23	124.18	130.1	4.76
天津	90	54	-40	4.10	35.2	-14
三亚	6	17	183	2.00	1.33	-34
厦门	44	41	-7	7.96	13.4	69
青岛	34	13	-62	5.04	2.35	-53
舟山	6	1	-83	0.62	0.069	-89
大连	15	19	27	2.67	2.98	12
广州	68	51	-25	19.76	24.56	24
海口	0	0	—	0	0	0
深圳	25	50	100	6.32	18.38	191
烟台	0	0	—	0	0	0
总计	532	447	-16	172.65	228.5	317

资料来源：中国港口协会邮轮游艇码头分会。

表3　2018年我国邮轮港母港与访问港邮轮接待情况

港口	2017年1~6月母港(艘次)	2018年1~6母港(艘次)	同比增长(%)	2017年1~6月访问港(艘次)	2018年1~6访问港(艘次)	同比增长(%)
上海	219	184	-15.9	25	17	-32
天津	79	45	-43	11	9	-18
三亚	0	13	—	6	4	-33
厦门	33	35	6	11	6	-45
青岛	32	12	-63	2	1	-50

续表

港口	2017 年 1～6 月母港(艘次)	2018 年 1～6 母港(艘次)	同比增长(%)	2017 年 1～6 月访问港(艘次)	2018 年 1～6 访问港(艘次)	同比增长(%)
舟山	3	0	-100	3	1	-67
大连	12	13	8	3	6	100
广州	68	51	-25	0	0	—
海口	0	0	—	0	0	—
深圳	25	49	96	0	1	—
烟台	0	0	—	0	0	—
总计	471	402	-15	61	45	-26

表 4　2018 年我国邮轮港母港与访问港人次接待情况

港口	2017 年 1～6 月母港(人次)	2018 年 1～6 母港(人次)	同比增长(%)	2017 年 1～6 月访问港(人次)	2018 年 1～6 访问港(人次)	同比增长(%)
上海	118.9	126	5.9	5.79	4.08	-29
天津	38.4	32.97	-14	2.64	2.27	-14
三亚	0	0.68	—	2.00	0.64	-68
厦门	6.45	11.65	81	1.51	1.82	21
青岛	4.92	2.32	-53	0.11	0.03	-70
舟山	0.132	0	-100	0.48	0.035	-93
大连	2.32	2.31	0	0.34	0.66	91
广州	19.76	24.56	24	0	0	—
海口	0	0	—	0	0	—
深圳	6.32	18.37	191	0	0.0092	—
烟台	0	0	—	0	0	—
总计	196.8	218.9	11	12.91	9.56	-26

2. 中国母港邮轮进入快速更新换代期

2017 年，在中国市场运营的母港邮轮数量达到 18 艘次，虽然有公主邮轮等调整船队部署，但因对中国邮轮市场的发展潜力充满信心，国际邮轮公司纷纷将世界最新的豪华邮轮投放中国市场，为中国游客提供具有世界竞争力的邮轮产品和服务，加速培育中国游客的邮轮消费文化，提升中国邮轮市场规模。2017年，中国母港邮轮公司主要为皇家加勒比游轮、地中海邮轮、歌诗达邮轮、公主邮轮、云顶邮轮等，新进邮轮公司为诺唯真游轮、银海邮轮，本土邮轮公司主要有天海邮轮、渤海邮轮、精致钻石邮轮等三家企业。母港邮轮主要为大众级邮轮，涵盖海洋量子号、海洋赞礼号、海洋航行者号、海洋水手号、赛琳娜号、大西洋号、维多利亚号、幸运号、抒情号、新世纪号、钻石辉煌号、中华泰山号、蓝宝石公主号、盛世公主号、处女星号、云顶梦号、喜悦号，奢华级别邮轮为银影号，总吨位187.64万总吨，平均吨位为10.42万总吨，平均标准载客量达到2580人，平均最大载客量达到2934人。在中国母港邮轮运营中，最大载客量/标准载客量的平均值为1.13，最大值为1.28（是歌诗达幸运号），最小值为1，该值越小表明下铺载客量越大，上铺数值越小，给游客的体验就越为舒适。在标准载客量/船员数方面，平均值为2.52，最大值为4.43，是钻石邮轮辉煌号，最小值为1.29，是银影邮轮银影号，为奢华级邮轮，该值越小表明对游客提供的服务越高端精致。所以基本在中国母港邮轮中，是一个服务员为2.5个人提供服务，处于较为一般的水平。

表5　2017年中国母港邮轮发展情况

船名	吨位（万总吨）	标准载客量（人）	最大载客量（人）	最大载客量/标准载客量	船员	标准载客量/船员数
海洋量子号	16.78	4180	4758	1.14	1285	3.25
海洋赞礼号	16.78	4180	4758	1.14	1285	3.25
海洋航行者号	13.72	3114	3840	1.23	1185	2.63
海洋水手号	13.72	3114	3840	1.23	1185	2.63
赛琳娜号	11.45	3780	3780	1.00	1100	3.44
大西洋号	8.56	2110	2680	1.27	920	2.29
维多利亚号	7.51	1928	2394	1.24	790	2.44
幸运号	10.30	2720	3470	1.28	1027	2.65
抒情号	6.55	1560	1984	1.27	1000	1.56
新世纪号	7.15	1814	1814	1.00	846	2.14

续表

船名	吨位（万总吨）	标准载客量（人）	最大载客量（人）	最大载客量/标准载客量	船员	标准载客量/船员数
钻石辉煌号	4.50	1329	1564	1.18	300	4.43
中华泰山号	2.43	927	1000	1.08	360	2.58
蓝宝石公主号	11.58	2670	3100	1.16	1100	2.43
盛世公主号	14.30	3560	4250	1.19	1350	2.64
处女星号	7.53	1870	1960	1.05	1100	1.70
云顶梦号	15.13	3352	3352	1.00	2016	1.66
喜悦号	16.77	3850	3900	1.01	1651	2.33
银影号	2.82	382	382	1.00	295	1.29

资料来源：作者整理。

2017年4月，公主邮轮旗下“蓝宝石公主号”离开中国市场。2017年9月，皇家加勒比游轮“海洋水手号”暂别中国市场，回美国运营迈阿密航线。2018年，在中国市场运营六年的歌诗达邮轮“维多利亚号”暂别中国市场。2018年，地中海邮轮抒情号离开中国市场前往地中海市场运营。2018年9月，盛世公主号将暂别中国母港，转至澳洲邮轮市场运营，将在2018年9月至2019年3月南半球夏季以悉尼为母港，驶往16个目的地，包括斐济、新西兰和塔斯马尼亚。2018年，中国母港邮轮为16艘，为海洋量子号、海洋赞礼号、海洋航行者号、辉煌号、赛琳娜号、大西洋号、幸运号、处女星号、双子星号、宝瓶星号、新世纪号、喜悦号、盛世公主号、钻石号、中华泰山号、世界梦号。“海洋量子号”将在2019年前往新加坡运营，在2019年11月至2020年4月以滨海湾为母港运营6个月34个航次，其中包括4晚、5晚及少量7晚航次，主要目的地为吉隆坡、普吉岛以及槟城。“海洋赞礼号”将在2019年5～9月离开天津母港部署在美国西雅图执行阿拉斯加航线，而这一段时间是中国邮轮市场的“旺季”。“海洋航行者号”将于2019～2020年返回澳大利亚运营悉尼航线。

表 6　2018 年中国邮轮市场母港邮轮统计

<table>
<tr><th>2017 母港邮轮</th><th>中国首航</th><th>2018 年变化</th><th>2018 年新增</th><th>2019 年新增</th><th>2020 年新增</th></tr>
<tr><td>海洋量子号</td><td>2015. 6. 25</td><td>母港运营</td><td>辉煌号</td><td>威尼斯号</td><td>荣耀号</td></tr>
<tr><td>海洋赞礼号</td><td>2016. 6. 28</td><td>母港运营</td><td>双子星号</td><td>海洋光谱号</td><td rowspan="17">其他未定</td></tr>
<tr><td>海洋航行者号</td><td>2012. 6. 19</td><td>母港运营</td><td>宝瓶星号</td><td rowspan="16">其他未定</td></tr>
<tr><td>海洋水手号</td><td>2013. 6. 18</td><td>暂别中国</td><td rowspan="15">世界梦号</td></tr>
<tr><td>赛琳娜号</td><td>2015. 4. 24</td><td>母港运营</td></tr>
<tr><td>大西洋号</td><td>2013. 7. 4</td><td>母港运营</td></tr>
<tr><td>维多利亚号</td><td>2012. 5. 18</td><td>暂别中国</td></tr>
<tr><td>幸运号</td><td>2016. 4. 24</td><td>母港运营</td></tr>
<tr><td>抒情号</td><td>2016. 5. 4</td><td>暂别中国</td></tr>
<tr><td>新世纪号</td><td>2015. 5. 15</td><td>母港运营</td></tr>
<tr><td>钻石辉煌号</td><td>2016. 3. 18</td><td>母港运营</td></tr>
<tr><td>中华泰山号</td><td>2014. 8. 16</td><td>母港运营</td></tr>
<tr><td>蓝宝石公主号</td><td>2014. 5. 21</td><td>暂别中国</td></tr>
<tr><td>盛世公主号</td><td>2017. 7. 11</td><td>母港运营</td></tr>
<tr><td>处女星号</td><td>2014. 7</td><td>母港运营</td></tr>
<tr><td>云顶梦号</td><td>2016. 11. 13</td><td>暂别中国</td></tr>
<tr><td>喜悦号</td><td>2017. 6. 28</td><td>母港运营</td></tr>
<tr><td>银影号</td><td>2017. 3. 5</td><td>暂别中国</td></tr>
</table>

2018 年 5 月 18 日，MSC 地中海邮轮辉煌号在上海吴淞口国际邮轮港开启中国首航，是将吴淞口国际邮轮港作为母港第 20 艘大型邮轮，吴淞口国际邮轮港迎来了第 1000 万名出入境游客。2018 年，丽星邮轮“双子星号”重新以厦门为母港开始运营母港航线。2018 年 6 月 13 日，亚太邮轮业先驱丽星邮轮旗下“宝瓶星号”进驻青岛开启盛大首航。2019 年 5 月 18 日，歌诗达旗下第一艘专为中国市场量身打造的邮轮“威尼斯号”将开启中国首航。2019 年 6 月 6 日，皇家加勒比游轮所属超量子系列第一艘游轮——“海洋光谱号”将开启上海首航。地中海邮轮全新一代未来旗舰“荣耀号”将于 2019 年在英国南安普顿正式命名下水，在 2020 年春季进驻中国母港，为中国母港邮轮树立全新标杆。

表7　2018～2020年布局中国市场的母港邮轮

邮轮公司	邮轮	吨位（万总吨）	客舱总数	载客量	中国首航
	2018年新增				
地中海邮轮	辉煌号	13.79	1637	4363	2018.5.18
丽星邮轮	宝瓶星号	5.13	756	1511	—
	双子星号	5.07	765	1530	—
星梦邮轮	世界梦号	15.13	1686	3352	2017.11.19
	2019年新增				
歌诗达邮轮	威尼斯号	13.55	2116	5260	2019.5.18
皇家加勒比	海洋光谱号	16.8	2137	5622	2019.6.6
	2020年新增				
地中海邮轮	荣耀号	17.15	2250	5714	2020

（二）中国邮轮港口设施建设逐步完善

1. 全国邮轮港口布局基本完成

根据交通运输部对邮轮港口的规划布局，在2030年前，我国将形成2～3个主要邮轮母港，以邮轮始发港为主要组成部分，并以访问港为补充的邮轮港口格局。其中，提出辽宁沿海重点发展大连港，津冀沿海以天津港为始发港，山东沿海以青岛港和烟台港为始发港，长江三角洲以上海港为始发港，相应发展宁波—舟山港，东南沿海以厦门港为始发港，珠江三角洲近期重点发展深圳港，相应发展广州港，西南沿海以三亚港为始发港，相应发展海口港和北海港。我国目前在使用的邮轮港口共15家，其中邮轮专用码头8家。目前我国邮轮专业码头主要涵盖上海吴淞口国际邮轮港、天津国际邮轮母港、上海港国际客运中心、青岛邮轮母港、深圳招商蛇口国际邮轮母港、三亚凤凰岛国际邮轮港、舟山群岛国际邮轮港、厦门国际邮轮中心等8家，有通过将货运码头改造的大连港、广州国际邮轮港、温州国际邮轮港、防城港港、烟台港、秀英港、北海港等7家港口，未来还要继续规划建设大连国际邮轮母港、广州南沙邮轮母港、北海国际邮轮港、海口南海明珠国际邮轮港、厦门国际邮轮母港等多家新型专业邮轮港口，宁波、秦皇岛计划兴建国际邮轮港，并且大多以母港为发展定位。

在东北区域有1家邮轮港，即是大连港国际邮轮中心，并进行逐步改造，客源市场主要依赖于东北三省，未来将建立大连国际邮轮母港；华北区域目前仅有天津国际邮轮母港，是中国第二大国际邮轮母港，主要客源市场为北京、天津；华东区域是我国邮轮港口最为集中的区域，有7家邮轮码头，拥有亚太第一大国际邮轮母港上海吴淞口国际邮轮港和上海港国际客运中心以及舟山群岛国际邮轮港、温州国际邮轮港、青岛邮轮母港等众多邮轮港口，并且连云港港、烟台港也积极发展邮轮经济；东南地区目前现有厦门国际邮轮港，未来还要建立福州国际邮轮港，以更好地推动邮轮市场规模扩大；华南区域目前拥有广州国际邮轮港、深圳招商蛇口国际邮轮母港2家国际邮轮港；南海区域目前拥有三亚凤凰岛国际邮轮港专业邮轮码头，以及海口秀英港；西南区域拥有广西防城港港、北海国际邮轮港2家邮轮港。

表8 全国邮轮港口区域布局

区域	邮轮港口	泊位情况	港口定位	建设情况
东北区域	大连国际邮轮港	1个泊位	母港	正在改造
华北区域	天津国际邮轮母港	2个泊位	母港	全面完工
	秦皇岛国际邮轮港	—	母港	正在规划
华东区域	上海吴淞口国际邮轮港	4个泊位	母港	全面完工
	上海港国际客运中心	3个泊位	访问港	全面完工
	青岛邮轮母港	3个泊位	母港	全面完工
	舟山群岛国际邮轮港	1个泊位	始发港	一期完工
	温州国际邮轮港	1个泊位	始发港	改造完成
	连云港国际客运站	1个泊位	始发港	全面完工
	烟台港	1个泊位	始发港	全面完工

续表

区域	邮轮港口	泊位情况	港口定位	建设情况
东南区域	厦门国际邮轮中心	1个泊位	母港	正在改造
	福州国际邮轮港	—	母港	正在规划
华南区域	广州港国际邮轮母港	1个泊位	母港	改造完成
	深圳招商蛇口国际邮轮母港	2个泊位	母港	全面完工
	广州南沙邮轮母港	2个泊位	母港	正在建设
南海区域	三亚凤凰岛国际邮轮港	4个泊位	访问港	正在建设
	海口秀英港	1个泊位	始发港	进行改造
	海口南海明珠国际邮轮港	2个泊位	母港	正在规划
	恒大海花岛邮轮港	—	访问港	正在规划
西南区域	防城港港	1个泊位	始发港	进行改造
	北海国际邮轮港	1个泊位	始发港	进行改造

2. 邮轮港口服务能级不断提升

近年来，为更好地推动邮轮港口发展，提升港口服务能级，不少邮轮港口开展邮轮港口的改造，有力地提升了邮轮港口的接待能力。上海吴淞口国际邮轮港后期工程于2015年6月18日开工，位于邮轮港已建工程上、下游侧，规划上游段新建码头总长380米，下游段延伸码头岸线446米，两侧各新建一座航站楼，使得总客运大楼面积达到7.9万平方米。新建水工建筑面积约8万平方米，2018年7月全面完工，建成后吴淞口国际邮轮港将形成可同时靠泊2艘15万总吨和2艘23万总吨邮轮的总体泊位规模。

厦门国际邮轮中心目前邮轮泊位只有0号泊位，码头岸线509米，吨位等级为14万吨。在对泊位改造完成后，码头岸线总长度为1419米，改造建设4个泊位，其中0号~2号泊位为邮轮泊位，3号泊位为2万吨级滚装轮泊位。在现有客运楼基础上建立新航站楼，建筑面积约为5万平方米，接待游客能力达到80万人次/年，为邮轮游客提供更好的通关体验，同时也更好地促进地方经济的发展。

目前广州加快推动邮轮港口建设，采取“主辅结合”的邮轮港布局，即近期以南沙为主建设大型邮轮码头，中远期结合邮轮旅游市场需求，视情况在黄埔、番禺建设中型邮轮码头。广州加快南沙国际邮轮码头建设，2017年11月，南沙邮轮码头工程全面开工，一期将建设1个22.5万总吨、1个10万总吨的邮轮泊位以及一座3.5万平方米的航站楼，年通过能力可达75万~100万人次，力争2020年建成投产。

近年来，大连港积极推进邮轮码头硬件设施改造升级。此前，大连港已完成港区22库一层邮轮候船厅改造，可满足3000名游客通关、办票、行李托运及候船需要；2018年4月中旬，大连港完成对该邮轮候船厅进一步的优化升级。泊位升级方面，大连港已于上年底完成港区10~11号泊位15万吨级邮轮泊位改造，8~9号泊位升级改造正在紧张施工中。预计至2020年，大连港将建成面积达到3.8万平方米的国际邮轮中心，游客通过能力达1万人次/天。

3. 邮轮港口不断推动服务创新

为更好地提升港口服务体验，提高服务水平，各大邮轮港口不断推动服务创新。2017年4月，在上海吴淞口国际邮轮港开始试运行“邮轮便捷通关条形码”。先实施144小时过境免签和国际邮轮旅游团15天入境免签政策，率先简化中国邮轮游客入境流程，使得通关查验时间从平均15秒降低到3秒，达到世界领先水平。上海吴淞口国际邮轮港积极推动标准化建设，2017年11月，顺利通过挪威船级社的认证，取得了质量管理体系（QMS）、环境管理体系（EMS）、职业健康安全管理体系（OHSAS）认证证书。2017年12月29日，上海国际邮轮旅游服务中心“高铁邮轮直通车”虹桥枢纽服务站试运营。上海全面实施“在线值船、凭船票（登船证）进港登船”的制度，皇家加勒比作为《上海邮轮船票制度（试点）实施办法》试点单位于2017年12月15日、12月19日和12月24日试运行了船票系统，并初步取得成功。2018年3月31日起，全面推行凭邮轮船票进入邮轮港、凭邮轮船票登船的模式，成为我国第一家全面推行邮轮船票制度的邮轮港口，船票系统对进一步改善客人登船体验、提高码头安保和突发事件处理等起到重要意义。为提升邮轮靠离泊准点率，2017年8月31日，实施了长江口深水航道超宽船舶实船交会试验，实行大型邮轮与重载大型集装箱“双向通行”，有效地降低了邮轮延误率。

为优化游客通关体验，天津作为我国第二大邮轮母港，不断推进政策创新。2017 年 3 月，天津国际邮轮母港建设 9 条出入境游客自助查验通道，成为华北地区第一个开通自助查验通道的邮轮口岸。免签政策创新为天津邮轮母港入境旅游发展提供良好的机遇，从 2017 年 12 月 28 日起，天津国际邮轮母港正式对美国、韩国、澳大利亚等 53 个国家的外国过境游客，推行过境免签政策，为国际邮轮游客过境提供良好的便捷条件，推动更多邮轮游客来天津参观旅游。2018 年 6 月 25 日，在天津国际邮轮母港运营的皇家加勒比游轮“海洋赞礼号”开始推行“凭票登船”模式，成为我国第二个采用邮轮船票登船的邮轮港口。

（三）加速推进国产邮轮的设计制造

国产邮轮建造是我国邮轮产业链延伸的重要一环和关键内容，能够发挥我国在全球范围内造船的优势，建造本土化的国产邮轮，组建本土邮轮船队，是掌握世界邮轮产业主导权的重要基础。当前世界邮轮建造市场被欧洲邮轮建造企业所垄断，主要有德国迈尔船厂、意大利芬坎蒂尼集团等两大造船巨头。我国本土船舶建造企业不断推进国产豪华邮轮设计建造的探索，支持邮轮建造的相关政策不断推出，推动邮轮设计建造的产业扶持资金持续推出，加速摘取造船业“皇冠上的明珠”，突破豪华邮轮的建造技术。

中船集团推动国产大型邮轮的设计建造，从 2012 年年中着手研究进入大型邮轮建造领域，2015 年 10 月，携手宝山区、中投公司、英国劳氏船级社、美国嘉年华集团、意大利芬坎蒂尼集团，发布邮轮产业六方合作共同宣言。2016 年 5 月，中船集团通过整合旗下邮轮设计建造优势资源，成立邮轮科技公司，并同意大利芬坎蒂尼造船集团签署《豪华邮轮造船总包合资协议》。2016 年 9 月，中船集团联合中投公司与嘉年华集团、芬坎蒂尼集团签署了《2 +2 艘 13.35 万吨邮轮新造船意向书》。2017 年 2 月，国船集团与嘉年华集团、芬坎蒂尼集团组建邮轮船东运营公司，并订购第一批 2 +4 艘 Vista 级大型豪华邮轮，专为中国市场提供服务，第一艘新船预计于 2023 年交付。2018 年 9 月 27 日，中国船舶工业集团公司与嘉年华集团公司签署了大型邮轮一揽子协议，包括中船集团购买嘉年华 2 艘在营 8 万总吨邮轮订单、合资成立邮轮运营公司在上海运营大型邮轮和在上海建造 2 + 4 艘 13.35 万总吨大型邮轮等一系列合同，合同总金额超过 300 亿元人民币。2018 年 2 月，中船集团旗下广船国际有限公司、中国船舶工业贸易公司与瑞士地中海航运集团（MSC）、意大利 Onorato 航运集团旗下 MOBY 公司签署 4 + 2 + 2 艘 2500 客/3765 米车道豪华邮轮型客滚船建造合同，签约建造的豪华邮轮型客滚船总长为 229.5 米，型宽为 32 米，拥有 536 间舱室，可容纳 2500 人，货舱车道长度达 3765 米，服务航速约 23.5 节，入级意大利船级社（RINA），该船注重环保，采用废热回收系统并已预留以液化天然气（LNG）作燃料动力，第一艘客滚船将于 2020 年投入使用。2018 年 6 月 28 日，上海外高桥造船拟将所持邮轮科技 43.4% 股权协议转让给中船集团，转让完成后，中船集团向邮轮科技增资人民币 4 亿元，中船集团持股比例达到 60.523%，成为第一大股东，中船邮轮科技公司将被打造成为中船集团邮轮业务平台，负责邮轮运营及供应链投资等业务。

招商局工业集团在江苏海门市开启极地探险邮轮的设计建造，2018 年 3 月 16 日，招商局工业集团极地探险邮轮开工仪式暨 2#船建造合同签字仪式在江苏海门造船基地举行，率先在国内突破邮轮设计建造，成为首家正式开工自主建造邮轮的企业。极地探险邮轮是招商工业极地探险邮轮系列项目的首制船，也是国内自主建造的首艘邮轮。极地探险邮轮是由招商局工业集团与美国 SunStone 公司签订建造 4 + 6 艘极地探险邮轮合同的首制船，预计 2019 年 8 月交付。同时带动南通海门市打造出国内首个豪华邮轮制造配套产业园，招商局重工也将从极地探险邮轮向中型豪华邮轮、大型豪华邮轮逐步攻坚，预计 2022 年首艘“中国制造”大型豪华邮轮也可交付使用。极地探险邮轮将采用 Ulstein 的基本设计，船总长 104.3 米，宽 18.2 米，设计航速不小于 15.5 节，入级 BV 船级社，总共能容纳 254 人，其中乘客 160 人，船员 94 人，采用电力推进和先进的控制系统。2017 年 11 月，招商工业集团和太湖国际邮轮有限公司签订 2 + 2 艘豪华邮轮合作框架协议。2018 年 2

月，招商局工业集团与上海世天邮轮签订《新造豪华邮轮合作项目框架协议》，开展1+1+2艘的豪华邮轮建造合作。动力系统作为邮轮的“心脏”，具有系统容量大、集成化程度高、技术指标高和设计冗余度高等特点，是世界上技术最先进的船舶系统。2018年，中船动力牵头论证申报的工业和信息化部高技术船舶科研项目“邮轮动力系统及辅助系统集成及调试技术研究”获得立项批复，目前，该项目已正式启动，标志着中船动力开启了豪华邮轮“心”之旅。继和武船集团签署7万吨级豪华邮轮项目战略合作协议后，福建国航在7万总吨级豪华邮轮项目上同招商局工业集团战略合作，2018年7月8日，招商局工业集团与福建国航远洋集团签署《豪华邮轮项目合作框架协议》，为7万总吨豪华邮轮项目开展全面合作。2018年7月17日，国务院国资委召开年中会议，明确提出2018年下半年打造大型邮轮协同发展平台。

（四）逐步完善邮轮产业相关配套政策

在邮轮产业的发展中，邮轮旅游将逐步成为人民日常生活的刚需产品，邮轮市场规模将逐步扩大，在促进区域经济发展和提升人民生活幸福感方面起到重要的推动作用。这将使国家及地方在邮轮产业支持方面不断加强，推出更多的邮轮产业扶持政策，提升邮轮产业服务能级。

2018年9月27日，交通运输部、发展改革委、工业和信息化部、公安部、财政部、商务部、文化和旅游部、海关总署、税务总局、移民局等十部门联合制定印发了《关于促进我国邮轮经济发展的若干意见》，提出到2035年，我国邮轮市场成为全球最具活力市场之一，邮轮自主设计建造和邮轮船队发展取得显著突破，体系完善、效率显著的邮轮产业链基本形成，邮轮经济规模不断扩大，对城市转型、产业升级、经济发展和人民消费的支撑力和保障作用显著增强。

2018年9月，上海市委常委会会议审议通过《关于促进我市邮轮经济深化发展的若干意见》，指出上海邮轮经济未来发展潜力巨大，要结合打响“四大品牌”，不断做强特色，提升邮轮旅游服务能级，发展邮轮制造为核心的高端制造业和配套产业。要与全面深化改革、扩大开放相衔接，推动发展邮轮经济的相关政策成为实现更高水平对内对外开放的有力举措。

2018 年 9 月，为促进天津市邮轮旅游产业持续健康发展，适应经济发展新常态，推动邮轮经济提质增效，培育邮轮经济发展新动能，更好地满足人民群众日益增长的休闲旅游需求，天津市旅游局牵头起草了《天津市邮轮旅游发展三年行动方案（2018～2020 年）（征求意见稿）》。

2018 年 4 月，中央推动海南建设的意见中提出海南加快三亚邮轮母港建设、邮轮航线创新、邮轮产品创新，支持公海游航线发展。在 2017 年底，威海市发布《发展国际邮轮旅游产业财政奖励意见》，奖励主要针对境内外邮轮公司、提供邮轮服务的邮轮港口（码头）经营企业和船舶代理公司。自 2018 年 3 月 31 日起，上海港对所有母港推行凭船票进港、凭船票登邮轮的模式，是我国第一家全面试点推行邮轮船票制度的国际邮轮港口，需要进行 72 小时信息申报，更加有利于保护游客的合法权益。2018 年 2 月，为更好推进邮轮经济的发展，上海宝山区推出《关于加快宝山邮轮经济发展的实施意见》，主要在打造具有全球影响力的邮轮企业总部基地、建设具有全球竞争力的邮轮母港、构筑全产业链的邮轮经济发展高地、推动产城融合区港联动发展、优化邮轮经济发展的营商环境等五个方面给予扶持，为优化宝山邮轮经济的营商环境提供良好的支持。2018 年 4 月，广州市人民政府发布《关于印发建设广州国际航运中心三年行动计划（2018～2020 年）的通知》，鼓励发展邮轮设计、修造、供应、人才培训、邮轮旅游保险、免税购物等邮轮旅游服务产业。

表 9　2017～2018 我国新推出的邮轮产业扶持政策

部门	相关政策	政策内容
交通运输部	《关于落实〈中共中央国务院关于支持海南全面深化改革开放的指导意见〉实施方案》	推动三亚邮轮母港建设，支持服务三亚邮轮母港的免税油料、生活物资、维修等邮轮物料供应基地与维修养护基地建设，以及支持邮轮公司以东南亚、港澳台等航线为重点，开发运营涉及三亚、海口邮轮港的邮轮航线产品

续表

部门	相关政策	政策内容
交通运输部、发展改革委、工业和信息化部、公安部、财政部、商务部、文化和旅游部、海关总署、税务总局、移民局	《关于促进我国邮轮经济发展的若干意见》	明确了积极培育邮轮市场、拓展提升港口服务能力、进一步优化口岸环境和功能、强化邮轮安全发展、着力推动邮轮绿色发展、加快推进邮轮建造及配套装备产业发展、着力提升邮轮供应配套能力、提升邮轮运输旅游服务水平、大力推动邮轮人才培养等九个方面主要任务
中共中央国务院	《中共中央　国务院关于支持海南全面深化改革开放的指导意见》	支持海南开通跨国邮轮航线，支持三亚等邮轮港口试点开展公海游航线，加快三亚邮轮母港建设发展
上海市委常委会审议通过	《关于促进我市邮轮经济深化发展的若干意见》	要结合打响“四大品牌”，不断做强特色，提升邮轮旅游服务能级，发展邮轮制造为核心的高端制造业和配套产业。要与全面深化改革、扩大开放相衔接，推动发展邮轮经济的相关政策成为实现更高水平对内对外开放的有力举措
上海宝山区	《关于加快宝山邮轮经济发展的实施意见》	打造具有全球影响力的邮轮企业总部基地、建设具有全球竞争力的邮轮母港、构筑全产业链的邮轮经济发展高地、推动产城融合区港联动发展、优化邮轮经济发展的营商环境等五个方面
上海市工商行政管理局	《支持宝山区邮轮产业发展的若干意见》	包括围绕营造安全放心的邮轮旅游消费环境，开通邮轮消费维权的绿色通道，及时化解消费纠纷，维护消费者合法权益等措施
威海市	《发展国际邮轮旅游产业财政奖励意见》	成立邮轮公司、在威海始发航线、在威海挂靠航线、邮轮港口（码头）经营企业、邮轮代理服务公司、旅行社等进行奖励
广州市	《关于印发建设广州国际航运中心三年行动计划（2018～2020年）的通知》	鼓励发展邮轮设计、修造、供应、人才培训、邮轮旅游保险、免税购物等邮轮旅游服务产业
福建自贸区厦门片区管委会	《关于促进厦门自贸试验区邮轮船供服务业发展的暂行办法》	按每年交付靠泊厦门自贸区邮轮的国内物资货值总额给予2%的奖励，每家船供企业每年最高补贴100万元

续表

部门	相关政策	政策内容
广州南沙区	《广州南沙新区(自贸片区)促进邮轮产业发展扶持办法》	对邮轮公司落户、邮轮港(码头)经营企业、邮轮组织等进行扶持补贴,其中明确提出在南沙区设立的具有独立法人地位并在南沙缴纳税收的邮轮公司,给予一次性资金扶持 50~500 万元
海口市	《海口市鼓励邮轮产业发展财政补贴实施办法》	对在海口组建或新迁入邮轮公司以及国际邮轮公司在海口设立独立法人公司,对邮轮公司(或包租邮轮的企业)将海口作为访问港的邮轮,对邮轮港口经营企业给予补贴,以及旅行社招徕游客在海口登轮等给予资金补贴
天津市旅游局	《天津市邮轮旅游发展三年行动方案(2018~2020 年)(征求意见稿)》	重点任务和措施主要包含进一步加强京津冀邮轮旅游协同发展、进一步提升邮轮母港服务功能、进一步丰富完善邮轮旅游产品、进一步加强邮轮旅游宣传推广、进一步拓展和延伸邮轮产业链、进一步提升管理服务水平、进一步争取邮轮旅游产业发展政策、进一步加强邮轮旅游人才培养、积极支持邮轮会展业发展、充分发挥天津邮轮游艇协会作用等十个方面

2018 年 5 月，福建自贸区厦门片区管委会发布《关于促进厦门自贸试验区邮轮船供服务业发展的暂行办法》，提出按每年交付靠泊厦门自贸区邮轮的国内物资货值总额给予 2% 的奖励，每家船供企业每年最高补贴 100 万元。为促进南沙邮轮产业发展，加强政策导向，2018 年 5 月，广州南沙区推出《广州南沙新区（自贸片区）促进邮轮产业发展扶持办法》，主要提出对邮轮公司落户、邮轮港（码头）经营企业、邮轮组织等进行扶持补贴，其中明确提出在南沙区设立的具有独立法人地位并在南沙缴纳税收的邮轮公司，给予一次性资金扶持 50 万 ~500 万元。为加快海口国际邮轮产业发展，创新对外服务贸易方式，提升旅游国际化水平，2018 年 5 月，海口市发布《海口市鼓励邮轮产业发展财政补贴实施办法》，提出对在海口组建或新迁入邮轮公司以及国际邮轮公司在海口设立独立法人公司，对邮轮公司或包租

邮轮的企业将海口作为访问港的邮轮，对邮轮港口经营企业给予补贴，以及旅行社招徕游客在海口登轮等给予资金补贴。

三 2018年中国邮轮产业困境与问题分析

（一）我国邮轮旅游市场培育投入力度有待加大

在过去的多年间，邮轮文化的普及处于较为缓慢的状态，大量的游客依然十分看重岸上目的地旅游，过分看重邮轮产品的性价比，而非邮轮本身休闲度假的本质属性，将豪华邮轮仅仅作为一种较为廉价舒适的海洋交通工具而已。在中国邮轮市场，使邮轮游客在短时间内转变对邮轮的认识较为困难。从中国旅游业的发展史可以得知，游客旅游出行都将以自然风景形成的景观和人文历史形成的景观作为旅游目的地，尤其是以A级以上景区作为重要的旅游目的地。而邮轮来源于西方欧美国家，短时间使中国游客在深层次认知其为旅游目的地是较为困难的，因此，需要大力宣传推广。邮轮公司与旅行社都要承担起推广邮轮文化的责任，让更多的游客真正认识邮轮，对邮轮认知的提升将会大幅度提升游客期望的“性价比”。当前我国尚未形成成熟的邮轮文化，市场对邮轮旅游的认知度较低，对邮轮品牌的辨识度不高，必须加大对邮轮的宣传推广，让更多的人知道、了解、喜爱邮轮这一出境旅游方式，然后逐步成为邮轮的目标市场，这是真正能够把中国邮轮市场做大的关键。市场营销需要精准定位自身的目标市场，邮轮公司要逐步培育自己的销售团队，这是有效培育市场、把握市场先机、掌握市场主导权的重要基础，利用自身的营销团队与航空公司、星级酒店等较高消费的运营公司合作，将其他对生活品质、出行品质、旅游品质有较高要求的客户转化为邮轮的目标市场，扩大客源市场基础。

（二）我国邮轮航线较为单一，与多样化市场需求不符

当前受限于区位和收益管理等方面因素的影响，从我国始发的邮轮航线

丰富性依然较低，邮轮航线单一的问题将在一定程度上影响国际邮轮旅游的市场吸引力，使得曾参与到邮轮旅游的游客对多次乘坐邮轮旅游的意愿降低，这对持久保持国际邮轮市场的高成长不利。在中国的对外邮轮航线中，日、韩作为旅游目的地占据着重要的地位，中国邮轮出境95%以上是前往日、韩城市。但日、韩邮轮航线很容易受到中日、中韩政治关系影响，国际关系一旦出现变动，将对中国邮轮市场的发展带来较大的影响。但当前受限于其他旅游目的地距离中国邮轮港口较远，邮轮航行时间长，游客参与邮轮旅游所需要的时间成本和金钱成本均较高，所以中国邮轮市场的发展需要更多丰富的邮轮航线的拓展。拥有丰富的邮轮港口资源、海岸线资源、旅游特色资源却难以与邮轮旅游进行有效对接，近海区域的邮轮旅游航线尚未开发。南海航线当前仅仅处于探索阶段，尚未充分利用南海丰富而独特的海洋资源，目前仅形成较小的市场规模。“日韩航线”的单一性与游客的多样化需求相矛盾，使得目前对目的地较为注重的中国游客对邮轮旅游的满意度有待提升，这也影响到邮轮产品的复购率，不利于扩大客源市场。

（三）我国邮轮产品销售市场规范性和开放性有待提升

目前邮轮公司对包船方的选择和管控能力较强，但在较多层级体系中，对销售链末端的管理不足，导致销售平台的可信赖性较低，一旦其中某个环节出现问题，就会产生纠纷事件。并且各个邮轮公司对下游零售商的管理较为欠缺，对船票价格、舱位几乎处于失控的状态，使得整个销售链系统风险系数大幅度上升。目前邮轮船票是“期货交易”，而不是“现货交易”，游客在出行前才可以获得船票。但邮轮产品不同于其他商品，游客为准备邮轮出行付出了较大的时间成本、金钱成本等，若出游没有成行，会导致游客产生损失，较容易出现纠纷事件。在较长的邮轮分销环节中，存在旅行社向邮轮公司提交游客信息不全或不真实现象，主要是层级较多信息传递失真，或是旅行社处于自我保护，提供虚假信息。这使得邮轮公司及时掌握游客的个人信息较为困难，存在一定的漏洞，在邮轮公司处理问题时难以及时联系到游客，处理紧急事件较为被动。根据《旅游法》规定，旅行社经营出境包价旅游产品，必须具备出境旅游资质才可以进行产品运营和销售，这使得邮轮分销渠道“窄而长”，不利于扩大邮轮分销渠道。

（四）我国邮轮入境旅游发展依然较为缓慢

推动入境旅游是推动旅游业持续健康发展的重要方向，是让世界认识中国的重要措施，是向世界传递中国文化的重要路径。入境旅游的发展需要具备较高吸引力的旅游目的地，需要良好的目的地吸引点和良好的对外形象，需要良好的消费环境。当前，我国国际邮轮旅游的发展模式是我国国内游客乘坐国外邮轮品牌公司所属的豪华邮轮前往日本、韩国等国家进行邮轮旅游，国外他国国籍的游客来到中国进行邮轮旅游的数量依然较少，即入境访问港邮轮数量较少。我国入境旅游在1996～2005年之间处于较高的增长速度，2006年后增长速度明显下降，在2012～2014年之间出现连续负增长，入境旅游发展规模处于较低水平。为更好地推动邮轮入境旅游发展，国家批准推行“144小时过境免签政策”和“国际邮轮旅游团入境15天免签政策”，但目前享受该政策的国外游客数量有待进一步提升。可以加强免签政策的国际宣传推广，继续延长邮轮游客过境与国际邮轮旅游团入境免签时间，扩大免签游客活动范围，甚至推行邮轮入境旅游全程免签，可以对乘坐飞机入境，再次乘坐邮轮的游客，算作一次入境。另外上海及周边虽具有丰富的旅游资源，但缺乏全面的整合，使得上海缺乏成熟的邮轮旅游目的地，对邮轮入境游客的吸引力较低。

（五）我国邮轮产业经济贡献有待提升

在我国国际邮轮旅游业的发展中，国外邮轮公司在我国邮轮市场起着重要的主导性作用，处于邮轮产业链盈利能力最强的环节，主要营收来源包含邮轮船票销售收益、游客船上消费以及旅游目的地消费等方面，而这一部分的收益最终绝大部分流向国外邮轮公司总部。我国在国际邮轮旅游业中的收益环节少、收益能力较弱，大部分的营业收入主要来自于邮轮港口的靠泊费收入、邮轮船供收入、旅行社票务差价收入等方面，相对于国际邮轮公司的收入，依然处于较低的水平。靠泊费收入、服务包干费占到总营业收入的比例较高，而其他相关配套商业发展不完善，使得邮轮港口的其他业务收入处于较低水平。我国在产业链中上游的邮轮设计、制造、维修等环节依然未有重大突破，亟须更大程度的政策创新和资金扶持，邮轮企业总部经济尚未形成较大的规模，邮轮产业链发展尚处于起步的初期阶段。在邮轮运营管理、市场营销管理等方面具有比较优势的中国本土邮轮品牌天海邮轮于2018年9月退出中国市场，使得本土邮轮只剩下2艘小型邮轮，同时中国旅游集团成立星旅邮轮，购置7万吨级中型邮轮。既无邮轮船队运营能力，也缺乏本土邮轮航线产品和经营团队，游客旺盛的国内邮轮旅游需求难以满足，海岸带旅游资源的本土邮轮旅游目前没有得到良好地开发。本土邮轮品牌发展面临较大的压力，使得本土邮轮品牌所形成的本土经济贡献也处于较低的水平。

四　2019年中国邮轮产业发展趋势分析

（一）中国邮轮市场进一步调整优化

2019年中国邮轮市场母港邮轮数量达到14艘，比2018年16艘再次减少2艘，母港邮轮数量同比下降12.5%，邮轮床位数达到40342个，比2018年减少5.2%，邮轮市场运力达到194.08万人，比2018年下降13.5%。“海洋光谱号”作为超量子系列的第一艘邮轮，将于2019年6月开始从上海航行，对客房、餐饮、娱乐和科技等设施在“海洋量子号”邮轮的基础上进行全面升级，并将成为亚洲最大最昂贵的邮轮，总吨位达到16.8万总吨，拥有2137间客房，载客量达到4246人，最大载客量达到5622人，来自世界各地的1551名国际船员。歌诗达专为中国市场订制的全新邮轮“威尼斯号”，将从2019年起进驻中国母港邮轮市场，歌诗达“威尼斯号”由意大利芬坎蒂尼集团建造，总吨位为13.55万总吨，客舱总数2116个，最大载客量为5260位游客。

表 10　2019 年中国市场母港邮轮

邮轮公司	邮轮	邮轮数量	床位数	市场运力	市场份额
皇家加勒比游轮	海洋量子号 海洋光谱号 海洋航行者号	3	11400	530300	27.3%
歌诗达邮轮	赛琳娜号 大西洋号 威尼斯号	3	9300	623100	32.0%
地中海邮轮	辉煌号	1	3300	184800	9.5%
公主邮轮	盛世公主号	1	3600	79200	4.1%
诺唯真游轮	喜悦号	1	4200	42000	2.2%
星梦邮轮	世界梦号	1	3400	238000	12.3%
丽星邮轮	处女星号 宝瓶星号	2	3472	121520	6.3%
钻石邮轮	钻石辉煌号	1	838	61174	3.2%
渤海邮轮	中华泰山号	1	832	60736	3.1%
总计		14	40342	1940830	100%

数据来源：《邮轮参考》。

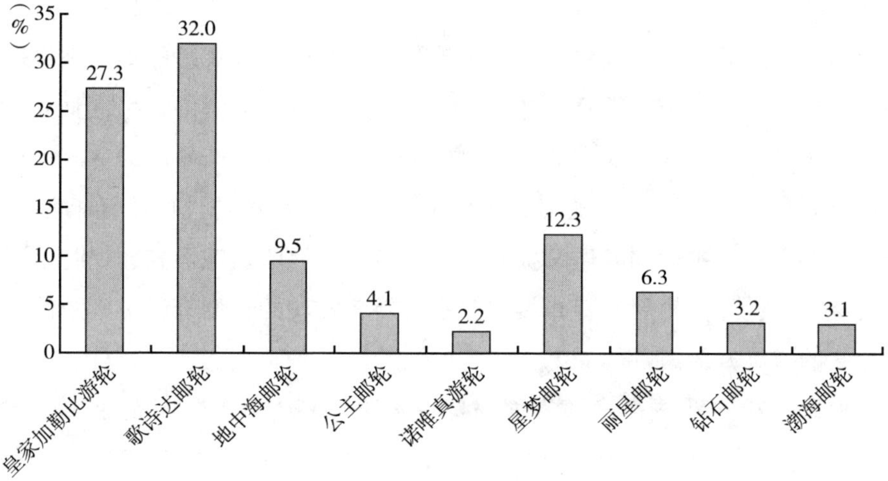

图 4　2019 年中国市场各大邮轮公司市场份额

数据来源：《邮轮参考》。

在2019年中国邮轮市场份额方面，皇家加勒比游轮的市场运力达到53.03万人次，市场份额为27.3%，歌诗达邮轮市场运力达到62.31万人次，市场份额为32.0%，位居中国首位，星梦邮轮市场运力达到23.8万人次，市场份额为12.3%，位居中国第三位，在2019年夏季，诺唯真“喜悦号”将与姐妹邮轮“诺唯真畅悦号”运营阿拉斯加航线，并将于2019－2020冬季展开前往墨西哥蔚蓝海岸和巴拿马运河的季节性航程，使得在中国市场运力投放减少，仅为4.2万人次，市场份额仅为2.2%。在中资邮轮方面，随着天海邮轮“新世纪号”于2018年9月逐步调整到欧洲市场，使得中资邮轮仅有钻石邮轮“辉煌号”和渤海邮轮“中华泰山号”，在2019年，钻石邮轮提供运力达到6.11万人次，占中国邮轮市场份额的3.2%，渤海邮轮“中华泰山号”提供运力为6.07万人次，占中国邮轮市场份额的3.1%，加总仅占中国邮轮市场份额的6.3%。

（二）邮轮产品品质化成为市场发展的主流趋向

当前，中国社会经济发展处于良好的发展态势，消费升级成为社会发展的重要特征和趋势，人们对高品质生活方式和消费方式的需求越发旺盛，对旅游出行的高品质化需求更加显著，传统的旅游出行方式已经难以满足现代生活的需求。从整个旅游行业来看，中国旅游业也不再单一发展业务，多元、跨界发展成为各个业态的主旋律，个性化、品质化产品成为旅游市场主体提升竞争力、扩大市场规模的重要方式。旅游本身是人们生活的精神需求，旅游市场的扩大和品质的提升是社会经济发展的表现形式，同时旅游市场发展与社会经济发展有着直接的关系，经济发展的转型升级也不断促进旅游方式的持续升级。

根据《2018中国高净值人群财富白皮书》，2017年中国是亚太区域财富增长最强劲的国家，2017年全年财富总值达到29万亿美元，比2016年增加了1.7万亿美元，位居世界第二，仅次于美国。同时，中国中产阶级的数量位居全球榜首，中产阶级人数达到3.85亿人。基于我国庞大的消费人口和不断增长的物质财富，中国的消费升级加速推进，传统消费重点关注品质提升，从量增提升到质变，新兴消费需求旺盛。邮轮旅游作为具有显著消费升级特征的旅游产品，是更好满足人们高品质生活需求的旅游消费升级产品，是提升高消费群体生活质量的重要内容。

为更好地满足消费升级的市场需求，切合邮轮市场高质量的发展趋势，国际邮轮公司不断推出更多更高质量的邮轮产品，提升在中国市场的差异化竞争优势，培育符合自身市场定位的邮轮市场客群。诺唯真邮轮"喜悦号"推出"海上头等舱"的概念，在娱乐设施、购物、住宿上都有创新，倡导"自由自在航行"，首创 The Haven 套房，游客服务生比例接近 1.5∶1，将旅游的各种元素与度假时的休闲完美结合；皇家加勒比游轮全力打造"海上豪宅"的概念，在航线设计上，也突破短途日韩游轮游约束，开启 7～8 晚航次，新增目的地包括了东京、大阪、神户、京都、马尼拉和长滩岛等。皇家加勒比正在设计和建造"超量子系列"游轮，并将于 2019 年下水和部署中国市场。地中海邮轮推出"船中船"的概念，让那些肯付出较高票价的客人，享受到真正体贴的头等服务，不断推动邮轮产品升级。

（三）邮轮产业链各板块延伸将逐步加速推进

我国正处在经济从高速增长到高质量增长的时期，是产业转型升级的战略机遇期。邮轮产业是旅游业中增长较快、附加值较高的部分，包括邮轮设计建造、邮轮运营、邮轮港口运营以及相关的配套行业和服务行业，与产业链的结合是提升邮轮产业经济效益的有效途径。

在邮轮产业链上游，中船集团大力推进国产大型邮轮建造，并于 2018 年 6 月将中船邮轮科技打造成为中船集团邮轮业务平台，负责邮轮运营及供应链投资等业务。2018 年 3 月，招商局重工（江苏）有限公司举行极地探险邮轮开工仪式，开启国产极地探险邮轮新时代。2018 年 9 月，厦船重工首制 2800 客邮轮型客滚船（488A 船）正式开工建造，具备豪华的内部装修和高品位的休闲、娱乐、购物中心，推进系统采用国际最先进的 LNG 双燃料主机，该船的建造也进一步推动福建省豪华邮轮产业链的发展。

在邮轮产业链中游，我国目前吸引皇家加勒比游轮、歌诗达邮轮、诺唯真游轮、地中海邮轮、公主邮轮、丽星邮轮、维京游轮等众多国际著名邮轮公司集聚，如歌诗达邮轮船舶管理公司、地中海邮轮船舶管理公司、大昂天海邮轮旅游公司、太湖邮轮纷纷落户上海宝山，宝山已成功引进各类邮轮企业 50 余家，“邮轮总部经济”逐渐凸显。我国目前中资邮轮品牌旗下有“新世纪号”邮轮，船籍为马耳他，渤海邮轮旗下有“中华泰山号”邮轮，注册地为巴拿马，钻石国际邮轮公司注册在巴哈马，旗下有“辉煌号”，船籍巴哈马。在打造本土邮轮品牌方面，中船集团、中投公司及嘉年华集团成立合资企业“中船嘉年华邮轮公司”。招商蛇口与嘉年华集团签署合作备忘录，合资打造船舶公司，嘉年华集团与招商局集团联合推动中国本土邮轮品牌建设与本土邮轮船队发展。

在邮轮产业链下游，进一步提升邮轮服务的能级和水平，提高服务国家战略能力，优化邮轮服务供给，提升供给质量，完善配套，提升邮轮服务对象感受度，优化邮轮港区及周边功能布局，提升游客吃住行游购娱的集中式体验度。如上海加快推进邮轮全产业链发展，打造邮轮制造配套产业平台、邮轮船票销售公共平台、邮轮船供分拨配送平台、邮轮旅游商业服务平台，通过平台建设，提升邮轮服务辐射能级。以优化邮轮经济营商环境为路径，推动邮轮服务产业集聚发展，进一步提升邮轮产业链经济贡献，更加有效地促进区域经济发展。

（四）全国邮轮港口接待能级将进一步提升

在国际邮轮港口方面，当前我国各沿海城市纷纷建立国际邮轮港口，或是对原有货运码头改造翻修，提升国际邮轮靠泊的能力。我国目前在使用的邮轮港口共 15 家，其中邮轮专用码头 8 家。目前全国邮轮专用码头有上海吴淞口国际邮轮港、天津国际邮轮母港、上海港国际客运中心、青岛邮轮母港、深圳招商蛇口国际邮轮母港、三亚凤凰岛国际邮轮港、舟山群岛国际邮轮港、厦门国际邮轮中心等 8 家，在华北地区的天津、大连等地建有国际邮轮港，在华东地区的青岛、烟台、上海、舟山等地建有国际邮轮港，在东南地区的厦门、福州等地建有国际邮轮港，在华南地区，广东省的广州和深圳、海南省的三亚和海口等地建有规模较大的国际邮轮港，并且在中国西南地区的广西北海也已经开工建设国际邮轮港。

在中国国际邮轮港的建设中，大部分将其定位为国际邮轮母港，并积极开展邮轮母港的业务，邮轮港口的同质化发展模式较为严重。当前国际邮轮港的建设与规划大部分是地方政府和企业自主规划，尚未进行全国性的考量，大量的邮轮港口闲置问题较为严重，盈利能力较差。在国际邮轮港口的发展中应实现邮轮母港与访问港的协同发展，进一步提升邮轮港口发展的统筹性，避免邮轮港口盲目建设、邮轮港口的闲置、港口资源的浪费。

（五）中国邮轮市场分销将进一步实现模式创新

跟美国市场相比，中国市场的复坐率是比较低的。美国的市场，80%的人会第二次乘坐邮轮。中国的复坐率大概在15%左右，也就是85%的游客，都是第一次乘坐邮轮。这个原因可能是多方面的，第一个原因，中国是新兴的邮轮市场，第二个原因，行程比较单调，是以四晚、五晚日韩的邮轮产品为主，这也导致了复坐率的下降。还有一个重要的原因就是，邮轮度假在中国这个新兴市场上，还是一种尝新的度假方式，没有像美国或是欧洲那样成为一种生活方式。目前，中国邮轮市场以批发为主，包船模式是一个非常明显的特征。实际上包船模式只是一个现象，实质性问题是中国的市场和美国的市场相比是团队市场，而不是散客市场。现在销售模式中有非常多的层级，信息到达终端消费者的难度远远高于海外船组FIT的模式。数字化时代将为邮轮行业带来全新的机会，网络订票、官方旗舰店和船上支付宝消费，也成为邮轮公司2018年发展的重点。其实越来越多的客人会在手机端或者网络上进行预订，据不完全统计，目前有70%的人通过网络订票，还有30%的客人通过传统的旅行社的门店订票，并且这种比例会越来越降低。首先鼓励提前预订，这样做能更好实现邮轮公司对价格的管控。同时，提供实时预定信息，进行收益管理和定价。与游客充分沟通也相当必要，在沟通过程中，能增强他们对邮轮产品的体验，进而提升复购率。除了消费者的变化，在中国还有一个大的转变就是数字化的发展，比如说数字支付，这可以说是全球其他国家没有办法比拟的。因此，提供的产品必须符合新的生活方式，必须符合增长中的中国新中产阶级的需求。

五　推进中国邮轮产业深化发展的对策建议

（一）加大我国邮轮旅游市场培育的投入力度

一是加大邮轮文化的传播。加强公共媒体宣传力度，鼓励邮轮文化在各类公共渠道平台的宣传，支持在广播、电视、报纸、杂志、网络等媒体渠道设立邮轮栏目，以及邮轮文化公益系列宣传片、邮轮主题影视作品的制作。加大行业传播渠道资源整合，推动与铁路、航空公司、星级酒店等单位的合作，强化精准营销推广。对举办或参与重大国内外旅游会展、节庆活动邮轮主题内容进行资金扶持。

二是支持邮轮内地客源市场开发。鼓励邮轮公司及代理机构开发内地邮轮旅游客源市场，支持在沪航空、铁路建立联程联动机制，推进“邮轮 + 航空”、“邮轮 + 铁路”、“邮轮 + 省际巴士”等“邮轮 +”的有序发展，为游客提供更为便利的交通条件。各级政府部门出台相关政策，鼓励和支持邮轮公司、代理机构培育和开发境外和外省市客源。

三是提升重要邮轮节展社会影响力。加大对重要邮轮特色品牌活动的扶持力度，进一步提升上海邮轮旅游节等活动，推进邮轮文化传播节展等的社会知名度和影响力。持续发挥上海在亚太邮轮市场的影响力和资源优势，争取亚太邮轮大会等较大国际影响力的邮轮相关会议常驻上海，提升上海参与国际邮轮经济合作与竞争的能级。

四是支持本土邮轮品牌发展。加强本土邮轮建造，支持中船邮轮产业配套园发展，完善邮轮产业建造配套体系。积极向国家部委争取出台支持本土邮轮品牌发展的专项政策，在邮轮购置方面给予低息贴息和各项税费优惠的政策支持，建立邮轮专门强制报废年限制度，争取放开在本土邮轮品牌的船员国籍限制，争取本土邮轮品牌运营内河及近海航线。结合中国及上海的发展基础资源和国家及上海市邮轮产业的政策导向，集聚全球优势资源，发挥上海本土创新优势，要大力推进本土邮轮船队的组建，重点扶持本土邮轮品牌打造。发挥上海在推进国产邮轮建造方面的政策和资金优势，推进豪华邮轮的本土建造，掌握自主知识产权。

（二）推动我国邮轮旅游市场竞争有序发展

一是加强邮轮旅游市场监管。加强对经营邮轮旅游产品相关机构的监督管理，确保产品销售渠道有序发展。将邮轮旅游产品销售纳入上海市旅游行业管理与诚信建设系统，实行黑名单制度。建立各部门联合会商执法的常态化机制，严厉打击非法屯舱等扰乱邮轮市场健康发展的行为。

二是支持建立邮轮船票管理平台。全面落实交通运输部船票制度试点任务，建立公共邮轮船票管理平台，提供认证、查询等监管、服务功能。依托管理平台，研究建立船票销售代理准入、评价、处罚、退出机制。

三是完善邮轮船票管控机制。邮轮公司应建立船票销售代理的准入制度和监管制度，明确代理机构的等级和标准，对其授权的代理机构进行等级评定、备案认证和考核监督，并授予等级较高的销售代理机构出票的权利。推动邮轮公司建立船票信息的管控机制，完善邮轮船票的退改签制度。

四是鼓励邮轮公司发展直销模式。鼓励邮轮公司及销售代理机构建立直销、零售等符合中国邮轮市场特点分销模式的探索，开发邮轮岸上旅游精品线路。允许邮轮公司在其官方销售平台销售由其他具备相应资质企业提供的邮轮旅游相关配套服务产品。

（三）为邮轮入境旅游发展创造良好的条件

一是着力打造邮轮旅游目的地。当前，美国依然是全球最大的邮轮旅游目的地，占据全球邮轮旅游目的地份额的近50%，需要对比国内邮轮城市与其他国际邮轮城市旅游目的地的建设情况，明确优势，寻找差距，进而建设中国邮轮旅游目的地城市。有效整合旅游资源，加快推动邮轮旅游目的地建设。加大中国各地邮轮城市作为邮轮旅游目的地宣传推广力度，形成邮轮旅游目的地国际品牌吸引力。推动“空水联动”、“水水联动”的邮轮旅游模式发展。借助国内外旅游推介会、展览会，加大向世界推介中国邮轮旅游的力度。如上海利用大力推进长三角区域旅游一体化的历史机遇，发挥长三角在旅游资源丰富、交通便捷、经济发达、政策优惠等方面的优势，大力推进邮轮入境旅游发展，推动旅游消费提升，提高邮轮经济贡献。

二是加大向全球推介中国邮轮旅游的力度，有条件的邮轮城市充分发挥144 小时过境免签和国际邮轮旅游团 15 天入境免签政策的便利性，吸引国际游客来中国乘邮轮。探索对组织国外游客开展入境旅游的国际邮轮公司及国外旅行社奖励机制，进一步优化国际游客在上海口岸换乘的签证便利政策，促进邮轮入境游市场的发展。

三是提升游客服务质量水平。按照全域旅游发展理念和国际邮轮旅游服务的标准要求，全面完善邮轮旅游基础设施配套，优化邮轮港短驳服务，提升游客到港交通便捷性，完善邮轮港区设施配套，提升在港服务体验性。提升邮轮口岸各部门协作水平，推动邮轮口岸通关制度和模式创新，全面推广应用人脸识别等先进技术，提升游客通关效率。争取扩大 144 小时过境免签政策的活动范围和国际邮轮旅游团入境免签的游客活动区域。

（四）争取有利于邮轮新航线开发的政策

推动邮轮产品的品质化、特色化发展，吸引主题型邮轮开辟中国母港航线，向国家部委争取开辟邮轮新航线的政策扶持和便利条件，拓展邮轮长航线发展，开发从上海始发的多港挂靠邮轮航线以及包含港澳台和境外港口的组合航线，加强与国外港口城市合作，推动多国多母港邮轮定班航线发展，争取有条件地开放公海游及周边海岛邮轮航线。继续深化“多点挂靠”和港澳航线政策的实施，争取将审批制调整为备案制，将审批权下放到地方政府部门。积极推动上海邮轮旅游与长江及长江次流域城市水上旅游精品线路的互动发展，推动发展“邮轮 + 航空”、“邮轮 + 铁路”、“邮轮 + 内河游轮”、“邮轮＋游船”，探索建立连接长江中下游的邮轮航线，积极发展空海、空铁、江海联运旅游产品，提升邮轮产品与其他精品旅游的互动性。

参考文献

汪泓等：《邮轮绿皮书：中国邮轮产业发展报告（2017）》，社会科学文献出版社，2017，第11页。

汪泓等：《邮轮绿皮书：中国邮轮产业发展报告（2016）》，社会科学文献出版社，2016，第10页。

汪泓等：《邮轮绿皮书：中国邮轮产业发展报告（2015）》，社会科学文献出版社，2015，第10页。

汪泓等：《邮轮绿皮书：中国邮轮产业发展报告（2014）》，社会科学文献出版社，2014，第10页。

叶欣梁、梅俊青：《中国邮轮经济运行分析与发展预测（2018）》，上海交通大学出版社，2018年8月。

孙瑞红、叶欣梁、徐虹：《中国邮轮市场的价格形成机制与“低价困境”研究》，《旅游学刊》2016年第11期，第107～116页。

李霞、曲洪建：《邮轮旅游网络关注度的时空特征和影响因素——基于百度指数的研究》，《统计与信息论坛》2016年第4期，第101～106页。

曾启鸿、缪明聪、袁书琪：《国际邮轮母港建设评价指标体系研究》，《吉林师范大学学报（自然科学版）》2012年第4期，第65～68页。

叶欣梁、孙瑞红：《基于顾客需求的上海邮轮旅游市场开发研究》，《华东经济管理》2007年第3期，第110～115页。

刘军：《世界邮轮经济发展的路径方向》，《上海经济研究》2008年第10期，第105～107页。

G.3

2017 ~2018年中国邮轮产业发展十大热点

汪 泓　史健勇　叶欣梁　王友农　邱 羚　梅俊青　李 霞　胡 田　陈 珂　金佳雯*

摘　要： 2017～2018年中国邮轮产业发展的热点涉及母港发展、产业政策、邮轮建造、邮轮会议、政府关注、服务升级等多个方面，具体包括：吴淞口邮轮港接待量突破千万，蝉联世界第四大邮轮母港地位；国家相关部门密集调研邮轮产业，推动邮轮产业扶持政策出台；邮轮物资船供相关政策持续创新，推进国际邮轮物资分拨中心建立；国内外邮轮高端会议纷纷举行，推动国际邮轮产业模式创新；国际邮轮公司进行全球战略调整，推动中国邮轮市场健康持续发展；邮轮旅游市场进入高品质阶段，推动中国邮轮产业健康发展；国际邮轮旅游打造服务品牌，推动邮轮服务产业链升级；全国试点试行邮轮船票制度，搭建船票平台拓宽分销渠道；加速推进国产豪华邮轮建造，打造大型邮轮协同发展平台；世界首个主题邮轮诞生，推进邮轮产品差异化发展。

关键词： 邮轮产业　政策创新　模式创新　产业升级　十大热点

* 汪泓，博士，中共宝山区委书记，教授，博士生导师，研究方向：邮轮经济；史健勇，博士，上海工程技术大学党委副书记，教授，研究方向：邮轮经济；叶欣梁，博士，上海工程技术大学副教授，上海国际邮轮经济研究中心副主任，上海吴淞口国际邮轮港副总经理，研究方向：邮轮经济；王友农，上海吴淞口国际邮轮港董事长，研究方向：邮轮经济；邱羚，博士，上海工程技术大学副教授，上海国际邮轮经济研究中心理事长，研究方向：邮轮经济；梅俊青，硕士，上海吴淞口国际邮轮港，研究方向：邮轮经济。李霞、胡田、陈珂，博士，上海工程技术大学；金佳雯，硕士，上海工程技术大学。

当前，中国社会主义建设进入新时代，社会经济发展由高速增长向高质量增长转变，邮轮旅游成为既能有效促进经济发展，又能更好满足人民对美好生活的需求的新兴旅游业态。在中国邮轮产业的发展中，诸多邮轮热点事件引起业界的关注，热点事件往往是具有较强标志性和里程碑意义的事件，对于更好推动邮轮产业发展具有重要的实际价值和深远影响。

为更好地解读邮轮产业热点事件所带来的发展影响和对未来发展的启示，上海国际邮轮经济研究中心纵观全国邮轮产业发展最新形势，以时效性强、代表性强、影响力大为基本原则，运用现代信息技术，通过与国内外邮轮业界和学术界的集思广益，深入研讨，经过国内外邮轮业界及学界专家的共同努力，最终从众多的热点事件中，筛选出 2017 年 9 月 1 日至2018 年 8 月 30 日的十个热点事件。通过对事件本身的阐述、剖析，深度解读热点事件背后的规律、原因和所产生的结果，从而为中国邮轮产业发展提出更好的建议，以更好地推动中国邮轮产业健康快速发展。

热点一：吴淞口邮轮港接待量突破千万，蝉联世界第四大邮轮母港地位

（一）热点事件

2018 年 5 月 18 日，载着 3400 多名旅客的地中海“辉煌号”，靠泊了有着“东方之睛”美誉的上海吴淞口国际邮轮港，德国游客 Mrs. Ruth Arendt 有幸成为第 1000 万名出入境旅客。地中海“辉煌号”是第 20 艘将吴淞口国际邮轮港作为母港的大型邮轮，将带着 4000 名旅客从这里开启中国首航，踏上往返日本博多的 5 天海上之旅。为更好地满足中国邮轮市场规模持续增长的需要，不断提升游客的港口服务体验，新航站楼于 2018 年 7 月 13 日试运营，当天有诺唯真游轮“喜悦号”、公主邮轮“盛世公主

号”、地中海邮轮“辉煌号”三艘13万吨级以上的大型邮轮，实现真正意义上的“三船同靠”，共接待出入境游客量达到2万人次，创造中国邮轮史上同日接待游客最大量。吴淞口国际邮轮港新建两个大型邮轮泊位，码头岸线总长度达到1.6千米，新建面积约为8.2万平方米的水工平台，长度为620米的新引桥，建筑面积约为5.5万平方米的两栋新客运楼及廊道，可以同时停靠2艘15万吨级和2艘22万吨级大型邮轮，年接靠邮轮能力达到1000艘次和600万人次，将进一步为中国邮轮市场规模的提升提供良好的基础。

（二）事件点评

作为宝山的一张“世界级名片”，2011年10月15日，吴淞口国际邮轮港正式开港。继2014年超过新加坡成为亚洲最大邮轮母港后，在2016年游客接待量位居全球第四，进一步提升在全球邮轮市场的地位。六年多来，累计接靠邮轮1600余艘次、出入境游客突破1000万人次。其中，2017年接待邮轮466艘次、游客近300万人次，分别占全国40%、58.8%，2018年1~8月，吴淞口国际邮轮港成功接靠国际邮轮273艘次，接待出入境游客191.32万人次。当前，我国已经从旅游短缺型国家向旅游大国、强国跨越，在政府与市场的双重强力推动下我国邮轮旅游业实现了从无到有，并逐渐实现向邮轮大市场、全球影响力的强市场转变，旅游外交稳步推进。在中国邮轮市场已经进入创新驱动发展、结构转型升级的关键时期，中国邮轮产业发展再次进入黄金发展阶段。

（三）重要启示

对标世界一流邮轮母港，努力打响邮轮领域全球品牌。瞄准国际最高标准、最好水平，进一步提升“上海邮轮服务”的能级和水平，提高服务国家战略能力，优化邮轮服务供给，提升供给质量，推动其成为国内外邮轮旅游“优质服务”的金字招牌和代名词。完善配套，提升邮轮服务对象感受度，以邮轮港后续工程建设为契机，全面推进“快乐、智慧、绿色、示范、共赢”五大功能港口建设，着力提升港区和周边配套，以良好的形象和完善的配套展现实实在在的服务提升。抓住并用好中国国际进口博览会这个重大机遇，发挥邮轮母港客源量优势，对接“6天+365天”一站式交易服务平台，提供常年展示、交易、服务等功能，以此提升上海邮轮母港的消费吸引力和竞争力，打响邮轮购物消费品牌。建立全国邮轮港口服务标准，并率先试点，借助“亚太邮轮港口服务标准化联盟”平台继续引领亚洲邮轮港口服务标准建设，全面启动“国际卫生港”建设。依托平台，提升邮轮服务功能辐射度。创新监管，提升邮轮服务水平领先度。借助“关检合并”契机，进一步与海关等部门深化合作，协调提升邮轮口岸各部门协作水平，深化属地化监管机制，率先打造“关检合并”提升服务的示范口岸。

热点二：国家相关部门密集调研邮轮产业，推动邮轮产业扶持政策出台

（一）热点事件

我国政府对邮轮产业的发展日益重视，加大对邮轮经济发展的关注和支持。2017年9月4日，海关总署署长于广州等一行来到上海吴淞口国际邮轮港调研。2018年4月，上海市委书记李强调研吴淞口国际邮轮港，察看邮轮优先的海事服务以及出入境通关智能化的便民举措，听取港口建设运营以及邮轮产业发展情况，并提出要对标世界一流邮轮母港，更加积极作为，努力打响邮轮领域上海品牌。2018年9月27日，交通运输部、国家发展改革委等国家十个部门联合发布《关于促进我国邮轮经济发展的若干意见》，围绕延伸壮大我国邮轮经济产业链，加强邮轮自主设计建造及配套能力建设、培育本土邮轮及市场发展、提升邮轮服务水平，增加有效供给，为培育经济发展新动能、加快建设交通强国和制造强国、建设美丽中国提供有力支撑。2018年9月，上海市委常委会会议审议通过《关于促进我市邮轮经济

深化发展的若干意见》，指出上海邮轮经济未来发展潜力巨大，要结合打响“四大品牌”，不断做强特色，提升邮轮旅游服务能级，发展以邮轮制造为核心的高端制造业和配套产业。要与全面深化改革、扩大开放相衔接，推动发展邮轮经济的相关政策成为实现更高水平对内对外开放的有力举措。2018年7月，交通运输部为贯彻落实中央对海南省改革发展的政策，提出推动三亚努力成为国际邮轮母港，推进三亚邮轮母港总体规划的编制，支持三亚建设国际邮轮船供及维修保养基地，更好发挥政策效应，吸引更多的国际邮轮运营企业和邮轮产业公司在三亚建立法人企业，培育本土邮轮企业发展，更好地推动三亚邮轮旅游产业链的发展，进一步提升三亚邮轮母港的国际地位和影响力。经交通运输部批准，自2018年1月1日起，长江口深水航道由80米增加至90米。上海海事局关于发布《长江口深水航道通航安全管理办法（试行）》，自2018年1月15日起施行。2018年2月，宝山推出《关于加快宝山邮轮经济发展的实施意见》，自2018年起，每年财政安排不少于1亿元，首轮安排三年，合计不少于3亿元。2018年5月，厦门市委为更好地推动邮轮船供业发展，推出《关于促进厦门自贸试验区邮轮船供服务业发展的暂行办法》，对邮轮船供进行奖励。2018年5月，广州南沙为更好地推动邮轮产业发展，培育邮轮产业链优势，推出《广州南沙新区（自贸片区）促进邮轮产业发展扶持办法》，最高一次性补贴500万元。2018年5月，海口市发布《海口市鼓励邮轮产业发展财政补贴实施办法》，一次性补贴最高500万元。

（二）事件点评

中国邮轮市场规模的持续增长，与我国日益增长的休闲度假旅游需求和旅游业的繁荣有着紧密的关系。2017年我国出境旅游市场规模达到1.33亿人次，保持全球第一大客源国的地位，在邮轮出境市场，我国成为全球第二大邮轮客源国。在这一年中，中国邮轮产业发生了重大变革与创新，现实的发展成果远远超出了几年前的预期。这与国家政策的大力扶持、行业协会的全力推动、邮轮公司的市场开发、旅游业的高速发展、旅行服务商的产品创新、学术界的智慧支持、高校的人才培养、旅游市场的消费升级等方面都有着密切的关联，只有国家推出相应的支持邮轮产业发展的政策，才可以更好地推动邮轮产业的发展。为更好地发展邮轮旅游，提升邮轮产业，国家各部委和地方政府出台了包括旅游业改革、邮轮运输业发展、旅游装备制造发展等在内的一系列政策予以扶持。国家层面的政策法规体现了顶层设计，对全国邮轮产业发展起到引导作用；地方层面的政策法规则具有可操作性，与国家层面政策法规相辅相成，共同推动各地邮轮产业的全面发展。

（三）重要启示

中国在世界邮轮经济格局中的地位与日俱增，成为世界最大旅游客源国和旅游消费国，但当前中国邮轮市场运力有所下降，要积极推动邮轮船队合理布局，不断丰富邮轮旅游航线。加强邮轮产品品牌化经营，针对中国邮轮市场需求制定多层级、多元化的产品品牌发展战略。创新驱动是提升邮轮产品吸引力的源泉，应推动邮轮产品的差异化，加大推进“邮轮+”的发展。在国际邮轮经济进入中国时代的过程中，需继续深化改革创新，在邮轮旅游国际合作、通关流程、邮轮金融产品创新、促进旅游消费等方面发挥改革创新示范作用，为我国邮轮产业持续健康发展和改革创新创造了有利条件。在国际邮轮公司纷纷布局中国市场的同时，“本土邮轮”、“本土邮轮企业”、“本土邮轮旅游”、“中国定制邮轮”、“近海邮轮旅游”等词逐渐成为邮轮界探讨的热点话题，未来中国本土邮轮的国际影响力和市场份额也将逐步地提升。

热点三：邮轮物资船供相关政策持续创新，推进国际邮轮物资分拨中心建立

（一）热点事件

厦门海关为更好地推动国际邮轮母港功能提升，在全国首创邮轮保税物

供“整进散出”模式，实行先期采购邮轮船供物料，然后向海关申报存放于保税仓库之内，然后按照船供物料需求进行供船。上海吴淞口国际邮轮港于全国首创国际邮轮船供新模式，采取“只检疫，不检验”方式，大大便利国际邮轮船供效率，在海关、检验检疫等部门的支持下，成功重启供邮轮国际货柜过境直供作业，2017 年吴淞口完成 20 个航次共 76 个国际货柜供船业务，总计货值 425 万美元，涉及货品 2000 余种。全年邮轮船供总量超过 4 亿元人民币。2018 年1 ~6 月，完成 30 个航次共 64 个货柜转运，货值 245 万美元。

（二）事件点评

邮轮船供对于邮轮的正常运营有着重要的基础作用，船供是邮轮母港的重要功能。邮轮船供有别于传统的货轮船供，具有相当的特殊性。目前我国尚缺少针对邮轮船供的监管办法，缺少具有“全球采购、全球配送”功能的国际邮轮物资配送中心。国际邮轮公司普遍采用“全球采购，全球配送”的船供模式，即在全球范围内为在全球各地运营的邮轮统一采购，再集中配送至各大母港，直接本地采购供船仅占采购总量的很小部分。若母港无法对接这种“全球配送”的运营模式，则无法为邮轮提供便捷高效低成本的船供服务，使得邮轮公司在设计航线时不得不将能够提供这种船供服务的访问港作为必经之地，影响了航线规划的灵活性。发展船供产业有助于推动中国产品进入全球邮轮采购市场。邮轮船供涉及品种多、总量大，具有良好的市场前景。各大邮轮公司不断加大在中国市场的运力投放，越来越多的邮轮以中国为母港开展运营，但由于本地采购数量有限，境外物资母港供船的操作又不便利，对邮轮的正常运营造成影响，给航线安排也带来制约。在母港完善船供功能，既有利于保障邮轮运营，便于航线规划，也有助于邮轮公司统筹物流，降低成本。

（三）重要启示

船供监管流程亟待创新，当前采用的“进口直供”、“保税供船”创新监管模式是对原有邮轮船供模式的积极创新。建议将自贸区的政策全面延伸到邮轮港区，满足邮轮物质供应、邮轮修造零部件维修保养的供应，为邮轮产业链的延伸提供良好的发展环境。邮轮公司在本地采购供船物资，供货商无法享受出口退税政策，使得国际邮轮公司在中国本地直接采购的物资与通过“全球采购，全球配送”模式采购的相同中国产物资在价格上相比并无优势，严重影响了邮轮公司本地采购的积极性。建议建立邮轮综合保税区和综合保税仓库，建立专门针对邮轮的审批流程和监管方式，简化流程，促进我国邮轮船供业的发展。目前我国对邮轮船供企业审批较严格，退税政策受益方也是船供企业，建议允许本土邮轮公司自身开展邮轮船供业务，提升邮轮公司尤其是中资邮轮公司的营收业务。

热点四：国内外邮轮高端会议纷纷举行，推动国际邮轮产业模式创新

（一）热点事件

2017 Seatrade 亚太邮轮大会于 2017 年 11 月 1～3 日在上海宝山举办，以“相约‘一带一路’”为主题。凭借其超高的国际化程度、独到的行业见解和丰富的资讯发布收获了与会嘉宾的一致好评，吸引业界高度关注。参会规模进一步提升。为期 3 天的大会共迎来超过 1000 位参会代表，超过 20 个品牌共计 193 名邮轮公司高管及 50 余位重磅演讲嘉宾参与。国际化程度进一步提升，海外参会代表来自美国、挪威、意大利等 34 个国家及地区。大会期间成立了“国际邮轮人才教育合作联盟”、“国际邮轮研究机构合作联盟”。2018 年 Seatrade 亚太邮轮大会将于 10 月 23～25 日在宝山区举行，主题为“品味品质品牌”。“第二届中国国际邮轮船舶修造论坛暨全球邮轮建造配套供应商大会”于 2017 年 12 月 1 日在上海美兰湖国际会议中心隆重举行，举行了中国邮轮配套产业联盟和中国邮轮配套产业研究基地揭牌仪式。2017 年 11 月，中国邮轮产业发展大会在海南省三

亚市举办。第十三届中国邮轮产业发展大会暨国际邮轮博览会（CCS13）定于2018年11月1～3日在华南邮轮母港城市深圳举办，会议主题为“新时代新特色新布局”。

（二）事件点评

2017年，中国邮轮产业的市场规模保持世界第二，是全球发展最快的邮轮市场之一。中国邮轮市场对全球邮轮市场的影响力不断增强，成为世界邮轮市场最为重要的组成部分之一。也正是中国邮轮产业的影响力与日俱增，才日益彰显出与中国邮轮产业相关的国际国内会议的世界影响力。2017年在多地举办的国际国内邮轮会议，吸引了世界越来越多的关注，会议的影响力越来越大，反映出中国邮轮产业在世界邮轮产业中的地位不断上升，为中国邮轮产业参与全球邮轮市场竞争与合作增添新的活力。2017年在多地举办的与中国邮轮产业相关的国际国内会议，围绕不同的主题，就与中国邮轮产业发展相关的各类议题进行探讨，积极探索国际邮轮产业发展的中国规律。

（三）重要启示

举办与邮轮产业相关的国际国内会议，为中国邮轮产业发展提供了国际交流与合作的平台，进一步加强国际邮轮产业合作。利用会议平台，让世界听到中国邮轮产业的声音，提升国际影响力，扩大国际交流与合作，密切与世界邮轮市场的联系。邮轮产业具有鲜明的国际属性，进一步加强与扩大国际合作，在合作中实现双赢，才能提升中国邮轮产业的国际竞争力和国际影响力。与邮轮产业相关的国际国内会议，汇聚的各方专家不仅来自邮轮产业，还来自与邮轮相关的其他产业。邮轮产业关联性强，与其他产业的融合发展是延伸邮轮产业价值链、提升邮轮产业对国民经济贡献的主要方式。发挥产业的协同作用，不仅可以提升邮轮产业自身的能级，还可以通过产业关联扩大邮轮产业的波及效果，提升邮轮产业对第一产业、第二产业、第三产业其他部门的影响力以及对区域经济的贡献度。中国邮轮产业发展所面临的市场环境、供需结构有其自身的特点，需要对中国邮轮市场做进一步深入的研究。

热点五：国际邮轮公司进行全球战略调整，推动中国邮轮市场健康持续发展

（一）热点事件

2018 年在中国市场运营的国际邮轮公司逐步进行战略调整，推动中国母港邮轮更新换代。2018 年 6 月，皇家加勒比游轮宣布，巨额打造的超量子系列第一艘游轮—“海洋光谱号”（Spectrum of the Seas）将于2019 年6 月 12 日在中国上海正式开启首航，将成为亚洲最大最昂贵的邮轮，吨位达到 16. 8 万总吨，可容纳双人入住的4，246 名客人和1，551 名船员。作为专为中国量身打造的首艘 Vista 级邮轮，歌诗达首艘 vista 级邮轮“威尼斯号”将从 2019 年起为中国消费者带来威尼斯丰厚的文化历史和浪漫风情。歌诗达邮轮方面还宣布还将在 2020 年再添一艘新邮轮进入中国市场。地中海邮轮全新一代未来旗舰 MSC Bellissima 将在 2020 年春季进驻中国母港。皇家加勒比游轮 2018 年 4 月发布 2019 年和 2020 年的航线战略调整，其中“海洋量子号”将在 2019 年前往新加坡运营，在 2019 年 11 月至 2020 年 4 月以滨海湾为母港运营 6 个月 34 个航次，其中包括 4 晚、5 晚及少量 7 晚航次，主要目的地为吉隆坡、普吉岛以及槟城。“海洋赞礼号”将在 2019 年5～9 月将调整在美国西雅图执行阿拉斯加航线。“海洋航行者号”将于 2019 年－2020 年返回澳大利亚运营悉尼航线。天海邮轮（SkySea Cruise Line）“新世纪号”被冠以“Marella Explorer 2 号”名称调整到欧洲市场运营。2018 年 7 月 18 日，诺唯真游轮宣布 2020 年夏季初，“诺唯真之勇号”将前往中国展开季节性航行。

（二）事件点评

近年来，中国邮轮旅客数量已超越德国成为全球第二大邮轮客源地，

在此势头下，邮轮公司都在抓紧抢占中国市场，诸如诺唯真喜悦号、盛世公主号、云顶梦号等新船、大船纷纷来华。天海邮轮作为中国本土邮轮品牌，虽然在运营三年后退出中国市场，但为中国本土邮轮产业发展提供了宝贵的经验，培养了中国本土邮轮运营团队。几大国际知名邮轮公司在中国母港部署的邮轮呈现出体量大、设计新的特点，吸引了广大国内游客前来尝鲜。中国市场发展潜力巨大，不同邮轮品牌的竞争有利于整个行业的发展，需要不断提升中国游客对邮轮旅游的意识和了解。随着邮轮旅游在亚洲井喷式发展，各类航线及其主题日益丰富。世界邮轮巨头纷纷加码中国的背后，是近年来增长猛烈的中国邮轮市场，但供给量的迅速增加使得需求难以消化，出现价格下跌。诺唯真喜悦号和盛世公主号是为中国量身打造的大型邮轮，但也选择退出中国市场。中国市场的发展是短暂性的，是阶段性的，但未来依然充满活力和吸引力。

（三）重要启示

近年来，国际邮轮公司纷纷集聚上海，华东市场的竞争日趋白热化，随之而来也出现了产品同质化、低价竞争等问题。而与此同时，随着邮轮市场的不断发展，旅客对于邮轮旅游的认知在不断深化，对邮轮体验有了更多层次、更深入的需求。在这一背景下，上海邮轮市场的发展正在进入新阶段，迫切需要真正具备差异化以及多元化的邮轮产品。在激烈的市场竞争中，邮轮业要健康有序发展，避免同质化、低价困境，已成为不小的挑战。目前我国邮轮市场正处于快速增长期，发展过程中自然存在着不少问题，邮轮航线相对单一。未来，邮轮公司和旅行社可以对游客进行精准定位，差异化经营，形成高、中、低端不同产品，靠个性化亮点赢得游客，而不是打价格战。等大船、新船进入中国市场，带来了更多游玩体验，会让游客整个行程更加充实，游客对邮轮的印象也将逐渐从交通工具转变为旅游目的地。随着中国邮轮市场的不断发展，邮轮旅游逐渐成为人们旅游出行的重要选择，逐渐由价格弹性较大的旅游产品向刚需产品发展。

热点六：国际邮轮旅游打造服务品牌，推动邮轮服务产业链升级

（一）热点事件

推动邮轮旅游服务升级成为打造市场品牌的重要方式。2017 年，厦门港推出“邮轮 + 目的地”的组合推广模式，延伸推广的海上游、环岛游等邮轮项目，使邮轮产业推动厦门旅游业全面升级。推动邮轮母港综合服务及保障基地建设，争取在 2018 年开工建设，实现集邮轮物资采购仓储配送、船员服务、邮轮酒店服务、产品销售展示等多项功能于一体，全面提升邮轮母港综合配套服务能力。深圳蛇口国际邮轮母港牵手国泰航空展开“海天合作”提升服务，为珠三角旅客往返香港国际机场提供个性化的联运服务。2017 年 3 月 30 日，上海中心开通“高铁邮轮直通车”，拓展邮轮旅游服务外延，推进“邮轮便捷通关条形码”运行，提升邮轮口岸单位的联动管理效率和游客通关便捷性，提高邮轮港安全预警能力。在吴淞口邮轮港，苏宁集团携手携程打造国内首个“境内下单、境外提货”的邮轮跨境交易平台乐购仕。

（二）事件点评

作为邮轮旅游发展的重要基础和一环，邮轮港发挥着重要的角色，成为提升游客体验和打造邮轮城市新名片的重要基础。在推动邮轮旅游产业发展的过程中，始终坚持邮轮游客服务“口碑”与邮轮经济效益“口袋”协同发展的理念，良好的“口碑”是“口袋”鼓起来的基础，“口袋”丰满是“口碑”提升的保障。近年来，上海一直致力于提升“口碑”，同时着力丰满“口袋”，不仅要打造国际邮轮服务的新名片，更要推动邮轮经济成为现代服务业的发展新亮点。上海作为我国邮轮旅游产业发展的领先者，推动建立全国邮轮港口服务标准并率先试点，同时借助“亚太邮轮港口服务标准

化联盟”，引领建立对接国际一流标准的亚太邮轮港口服务标准体系。在不断打造邮轮服务品牌的过程中，实现邮轮经济贡献的提升，2017 年，吴淞口邮轮港免税店有效购买人次达到 15 万人次，销售总额达到 1.2 亿元；推动宝山旅游收入超越百亿大关，达到 115 亿元。

（三）重要启示

未来将建立健全邮轮文化宣传推广体系，借助国内外旅游推介会、展览会，加大向世界推介我国国际邮轮旅游的力度。推动亚洲邮轮港口城市的合作交流，让世界了解我国邮轮旅游产品，建立国际邮轮旅游国际品牌。加大我国邮轮旅游目的地宣传推广力度，形成我国邮轮旅游目的地国际品牌吸引力。加快城市特色旅游资源的全面整合，通过加强特色产品和线路设计，实现邮轮旅游与优质旅游资源的联动，建设具有国际较强吸引力的旅游目的地，更好推动入境旅游的发展。加快提升邮轮母港周边配套，聚焦邮轮城核心区功能布局，提升游客吃住行游购娱的集中式体验度。发挥各地邮轮服务品牌优势，探索输出邮轮服务品牌和标准，提升全国乃至亚洲地区邮轮服务水平。着力提升邮轮母港服务能级，推进邮轮旅游目的地建设，大力发展港口运营、邮轮船供、船票销售、免税商业等服务产业，打造邮轮旅游服务品牌和邮轮旅游服务产业体系。

热点七：邮轮旅游市场进入高品质阶段
推动中国邮轮产业健康发展

（一）热点事件

随着中国邮轮市场从“高速增长”阶段向“品质时代”转变，中国游客对高品质邮轮旅游产品的需求愈加旺盛，从追求高性价比向海外高品质长航线、更高层次的母港邮轮转变，各大邮轮公司不断推进邮轮旅游产品创新，更好地适应中国邮轮市场的发展趋势。2018 届亚太邮轮大会主题被确定为“品味、品质、品牌”，更好地引领中国邮轮高品质时代的发展。针对中国高端客户群，由地中海邮轮首创的“船中船”产品——地中海游艇会（MSC Yacht Club）随着地中海“辉煌号”首次进入中国市场，这个“船中船”包括71间舱位，还包括贵宾专属海景酒廊、专属餐厅等专享设施，以及私人管家、24小时礼宾接待等高端服务。皇家加勒比游轮强化分销渠道创新与探索，推动直销模式发展，在中国的切舱旅行社合作伙伴从以前的10－20家增加到现在的100家，直销比例从以往几乎为零的状态提高到2018年的约20%，预计2019年会提高到30%。皇家加勒比游轮不断引入创新科技，正在将创新融入从造船到餐饮体验以及客舱体验等几乎全部服务流程。歌诗达邮轮通过微信小程序，为游客提供“一站式”数字服务，开启邮轮体验的数字化“微”时代。

（二）事件点评

邮轮旅游作为新兴的旅游方式，具有极大的发展潜力，在拉动经济增长、加快消费转型升级的过程中发挥着越来越重要的作用。中国经济由高速增长向高品质发展转变的时代趋势相契合，当前我国在旅游存量上形成较大的规模，在旅游产品日益丰富、市场竞争日趋激烈的背景下，高质量发展是实现中国邮轮旅游国际竞争力提升的重要选择，是实现我国现代邮轮旅游强国梦的重要选择，是真正体现邮轮旅游是高端旅游业态的重要选择。只有高品质才能将邮轮旅游业培育为众多旅游业态中最具影响力的幸福产业，这是新时代赋予我国邮轮旅游业发展的重要使命。

（三）重要启示

无论从国家层面还是地方层面，邮轮产业相关利好政策的密集发布，都在一定程度上极大助推了邮轮产业的快速发展，保障了邮轮产业持续健康发展。2018年，中国邮轮市场增速放缓，邮轮运力投放增速放缓，邮轮产业链稳步延伸，邮轮设计建造加快推进，邮轮港口建设持续推进，邮轮产品品质化程度有所提升，邮轮产业相关扶持政策纷纷出台，为邮轮经济由高速增长向高质量增长转变提供良好的发展基础，为更好地推动中国邮轮市场高质量发展，加强政策创新。我国应推动邮轮产品的品质化、特色化发展，推动邮轮旅游向优质服务转变。扶持从上海始发的具有特色和不同周期的旅游线路。鼓励支持邮轮公司开辟挂靠上海港的航线，科学有序地增加航次密度。吸引品质优良、特色明显的邮轮开辟上海母港航线，形成层级丰富、规范有序的邮轮旅游产品体系。支持邮轮公司等市场主体组织运营具有鲜明中国文化特点的邮轮主题航次。有效整合特色旅游资源，加快邮轮旅游目的地建设，推动邮轮旅游目的地宣传推广力度，形成邮轮旅游目的地国际品牌吸引力。

热点八：全国试点试行邮轮船票制度，搭建船票平台拓宽分销渠道

（一）热点事件

自 2018 年 3 月 31 日起，上海邮轮港全面实行游客凭票进港、凭票登船的新模式，是我国第一家推行邮轮船票制度的国际邮轮港口。邮轮公司及其代理商（含旅行社）根据口岸监管部门的要求，统一印制并发放“便捷通关认证码”，并告知旅客需凭“便捷通关认证码”、登船凭证和有效证件进港、通关、登船。实施邮轮旅客信息 72 小时预报制度。邮轮公司及其委托的船舶代理应在邮轮开航前 72 小时，停止对外销售邮轮船票，并按要求如实报送至中国（上海）对外贸易单一窗口平台。旅客到港后应出示登船凭证、有效证件，邮轮港口应通过人工查验或“通关便捷条形码”快速查验后对旅客实施进港放行。2018 年 4 月 1 日至 12 月 31 日，形成长效机制，出台上海邮轮船票制度等相关管理规定。自 2018 年 6 月 25 日起，皇家加勒比游轮对在天津国际邮轮母港运营的“海洋赞礼号”全面试行邮轮船票制度。

（二）事件点评

实施邮轮船票制度，游客的出游体验将得到提升。不仅如此，以 72 小

时信息申报制度、凭票入港制度及其配套的旅客安检制度等一系列制度为保障，也将大大提升上海港安全保障能力。实施试点船票制度后，上海邮轮港设计了全新的“在线值船”系统，游客可以根据预订信息和预留的手机号，提前完成值船。不仅如此，过去需要在码头才能完成的信用卡与船卡绑定，在线值船时也能一并完成。整个过程，只需6～8分钟。而完成了在线值船的游客，可以自行打印“船票”。“凭票入港、凭票登船”实施后，船卡将不再于邮轮码头发放，而是直接放在邮轮舱房里。邮轮船票的推行进一步明确邮轮公司、旅行社、码头、旅客各主体之间的权利、义务、责任边界，有利于维护各方合法权益。目前，上海邮轮旅游服务中心已启用“凭票进港查验系统”，实现了进港数据实时监控、分时流量统计分析、应急调度管控等口岸及码头管控功能。据透露，随着邮轮船票制度的推行，未来有望实现港口的通关一体化。

（三）重要启示

中国邮轮市场现在已经进入市场深入拓展和产品更新迭代的阶段。由于中国邮轮市场兴起时间较短，市场成熟度不高，邮轮营销体系及信息管理并不完善等原因，邮轮公司在中国市场的触角有限，市场拓展还将依赖于中间商，包船模式将继续作为主要销售模式。但随着中国邮轮行业的进一步发展，邮轮公司企业也将尝试其他的销售模式。在邮轮行业发展的第二个十年，创新邮轮产品出奇制胜，避免同质化低价竞争；延伸渠道进入腹地，拓宽渠道增加客源输送；在包船模式之外建立新型合作关系，已经成为邮轮业发展面对的瓶颈破解之道和业界普遍关心的问题。在这种背景下，邮轮渠道供应商、中间商等加强沟通，邮轮渠道分销方面的论坛会议频繁，集中探讨未来中国邮轮产业的渠道之路。减少了整包船比例，同时不断开拓中小客户，灵活采用包船、半包、大切舱、散切等合作模式。建立更广泛和效率更高的渠道销售体系，还将是邮轮公司在华营销的主要战略。中国邮轮市场空间巨大，在供应量持续增加的情况下，需要更快地布局市场，多元化营销、多渠道销售。邮轮公司要和大型代理商和承销商进一步合理分配、协作，用最高效的方式达成平衡，共同推动市场。在保证通过包船等方式快速出清库存收回成本的情况下，邮轮公司可以拓展单船票的销售，可以提高直销比例，增大盈利空间，开展差异化竞争和适应性定位。

热点九：加速推进国产豪华邮轮建造，打造大型邮轮协同发展平台

（一）热点事件

推动国产邮轮建造是提升我国船舶行业转型升级的重要方向。2018 年 7 月 17 日，国务院国资委召开会议总结了 2018 年上半年工作，并对下半年重点工作做出部署，明确提出 2018 年下半年打造大型邮轮协同发展平台。2018 年 7 月 31 日，中国船舶工业集团有限公司召开邮轮产业发展领导小组会议，宣读了中船集团“关于调整邮轮产业发展领导小组和设立‘2 +4 艘大型邮轮项目’工程行政指挥线”的决定。中船集团董事长雷凡培提出，一要加快邮轮工程相关主体的完善和运作；二要加快向国家和地方争取各项支持的步伐；三要加快推进 2 +4 艘大型邮轮造船合同的谈判签署；四要加快开展邮轮适应性改造，做好建造前的各项准备工作。2018 年 9 月 27 日，中国船舶工业集团公司与嘉年华集团公司签署了大型邮轮一揽子协议，包括中船集团购买嘉年华 2 艘在营 8 万总吨邮轮订单、合资成立邮轮运营公司在上海运营大型邮轮和在上海建造 2 +4 艘 13.35 万总吨大型邮轮等一系列合同，合同总金额超过 300 亿元人民币。

（二）事件点评

推进国产大型邮轮建造，是落实国家战略和满足人们美好生活需求的必然要求。2016 年成立国内首个 300 亿邮轮产业基金并落户宝山，我国首个国际邮轮产业园区上海中船国际邮轮产业园也落户宝山，为邮轮建造提供专业的邮轮修造配套服务。2016 年 9 月，中船集团、中投公司、嘉年华集团、

芬坎蒂尼集团、中船邮轮科技、外高桥造船共同签署了2＋2艘13.35万总吨大型豪华邮轮建造意向书，将由中船集团与芬坎蒂尼合资组建的邮轮建造合资公司建造，预计2023年、2024年下水。邮轮建造是推动我国船舶工业转型升级的必然要求，尤其对中船集团转型发展具有重大而深远的意义，有利于推动中船集团船海业务转型升级，有利于促进中船集团优化产业结构、向中高端产业转型，将对中船集团高质量发展产生综合带动效应。

（三）重要启示

豪华邮轮制造是目前我国造船业尚未攻克的难题之一。目前，全球豪华邮轮建造主要集中在欧洲，意大利芬坎蒂尼集团、德国迈尔集团两家制造商，合计占据了全球中大型邮轮90%以上的市场份额，大型邮轮的制造中心主要聚焦在欧洲，每年产能为7～8艘，而每年邮轮需求量为15艘，需求约为供给的2倍，供需极不平衡。加速推动实现邮轮本土设计建造，将有助于实现大型邮轮本土设计建造的战略目标，有助于“中国制造”的升级与创新，带来全产业链的发展。利用上海在邮轮制造的资源和平台优势，发挥长三角江浙皖的高校、科研院所、企业等在船舶设计制造及配套方面的优势，加强产学研用合作和平台共用，推动开展邮轮制造重大研发项目联合技术攻关，共建世界级邮轮制造配套产业集群，建设邮轮制造协同创新示范基地。

热点十：世界首个主题邮轮诞生，推进邮轮产品差异化发展

（一）热点事件

邮轮主题化是提升邮轮产品差异化的重要手段，是提升细分市场竞争力的重要基础。2018年1月25日，全球媒体巨头特纳亚太区卡通频道宣布，将与邮轮管理公司新加坡海领集团合作，推出一个以流行的卡通网络人物为主题的邮轮，这艘船是第一艘全卡通频道品牌的邮轮，名称为Cartoon

Network Wave 号，通过体验讲故事来满足个性化的旅游，与迪士尼邮轮将迪士尼文化融入邮轮相类似。它将于 2018 年底以新加坡为母港开始首航，该邮轮客舱共有 11 层，可以容纳 2000 名游客。根据发布的消息，这艘船的灵感来自于一些标志性的节目，比如探险活宝（Adventure Time）、飞天小女警（Powerpuff Girls）、少年骇客（ben10）以及咱们裸熊（We Bare Bears）。这艘船将开创“世界上第一个海上沉浸式度假”，粉丝们会在船上 800 个主题的房间和套房，以及众多的餐馆、咖啡馆和酒吧里，体验他们陆地上熟悉的景象和场景。这一体验将会带来多种多样的娱乐活动和娱乐功能，包括零售和餐饮选择。这艘卡通邮轮将给亚太地区的邮轮旅行带来革命性的变化，是特纳将卡通融入生活的新路径。

（二）事件点评

“卡通频道凯威号”游轮将启程驶向亚太地区的 13 个热门旅游目的地，包括新加坡、马来西亚、泰国、中国大陆、中国香港、中国台湾、韩国、日本、澳大利亚等地。卡通邮轮的到来是邮轮旅游品质化发展趋势的体现，推动沉浸式邮轮旅游的发展，将会更好地满足中国亲子这一细分市场的需求，为邮轮带来更多的产品选择。全卡通主题海上游轮项目，也是特纳旗下卡通频道在中国市场的一次卡通形象应用的重要尝试，以满足急速增长的中国游轮旅行市场及卡通形象应用需求。旅行中，游轮设施不再彼此分立，每个家庭在卡通浸润式的场景中体验着一个个熟悉的场景，父母更能用两代人熟悉的卡通形象与孩子们分享爱和勇敢的故事。中国游客将有机会在海上迎来卡通频道的《咱们裸熊》、《飞天小女警》和频道母公司特纳旗下《兔斯基》中的众多卡通明星，感受一场别开生面的海上亲子旅程。

（三）重要启示

新兴邮轮船队的发展必须实行差异化战略，差异化不仅要体现在邮轮硬件设计方面具有特色文化元素，在邮轮产品服务上体现文化特色，还要在航线规划设计方面体现差异化特色。主题邮轮的到来为中国邮轮市场带来一股清风，是邮轮产品差异化的体现，尤其为亲子市场提供良好的产品选择。但同时也存在一些问题。一是中文名，“凯威号”的名字有些过分中国化，缺少国际化的气质。名字是形成市场品牌最为重要的基础，名字最重要的是好记、容易让市场形成共鸣，该邮轮中文名在这方面有所欠缺，使得容易记住主题邮轮，但不太容易记住品牌名称。二是卡通频道虽非常知名，但在中国市场却稍有些欠缺，儿童对其认知较少，如果儿童对其了解较少，就较难产生浓厚兴趣，影响复购率。三是主题邮轮最为重要的是主题，是 IP，这也是其最大的卖点，就需要不断灵活地让游客保持新鲜感。

参考文献

汪泓等：《邮轮绿皮书：中国邮轮产业发展报告（2017）》，社会科学文献出版社，2017，第 11 页。

汪泓等：《邮轮绿皮书：中国邮轮产业发展报告（2016）》，社会科学文献出版社，2016，第 10 页。

汪泓等：《邮轮绿皮书：中国邮轮产业发展报告（2015）》，社会科学文献出版社，2015，第 10 页。

汪泓等：《邮轮绿皮书：中国邮轮产业发展报告（2014）》，社会科学文献出版社，2014。第 10 页。

叶欣梁、梅俊青：《中国邮轮经济运行分析与发展预测（2018）》，上海交通大学出版社，2018 年 8 月。

孙晓东、倪荣鑫：《国际邮轮港口岸上产品配备与资源配置——基于产品类型的实证分析》，《旅游学刊》2018 年第 7 期，第 63～78 页。

梅俊青、叶欣梁：《“包船模式”——中国邮轮旅游市场独特分销模式研究》，《四川旅游学院学报》2018 年第 1 期，第 45～48 页。

孙瑞红、叶欣梁、徐虹、丰羽：《基于 FoEI 信用评价的邮轮公司环境行为及其差异性研究》，《旅游导刊》2017 年第 1 期，第 51～64、122 页。

程炜杰、刘希全、贾欣：《邮轮旅游产业的可持续发展问题》，《开放导报》2018 年第 1 期，第 80～84 页。

姜宏、叶欣梁、闫国东、孙瑞红：《基于旅游卫星账户的邮轮旅游经济贡献核算研究》，《统计与决策》2018 年第 13 期，第 30～34 页。

品质旅游专稿：共同价值与政府治理

Quality Tourism: Common Values and Government Governance

G.4

全域背景下邮轮旅游高质量发展机制研究

史健勇　邱　羚　叶欣梁*

摘　要：　当前，我国特色社会主义建设进入了新时代，宏观经济发展由“高速增长”向“高质量”发展转变，人们对美好生活的需求更加强烈，而社会发展存在不平衡、不充分的问题。邮轮旅游作为休闲度假高端旅游业态，已经成为国际旅游业中增长最快的组成部分，以年均复合增长率8%的增速持续增

* 史健勇，博士，上海工程技术大学党委副书记，教授，研究方向：邮轮经济；邱羚，博士，上海工程技术大学副教授，上海国际邮轮经济研究中心理事长，研究方向：邮轮经济；叶欣梁，博士，上海工程技术大学副教授，上海国际邮轮经济研究中心副主任，上海吴淞口国际邮轮港副总经理，研究方向：邮轮经济。

长，未来依然保持良好的发展前景。在过去的十二年里，我国母港邮轮市场得到良好发展，邮轮市场规模、邮轮文化传播、邮轮旅游产业链延伸等都得到良好发展。在新时代的背景下，要坚持新发展理念，推动邮轮旅游和全域旅游协同发展，加快邮轮旅游全域化发展，推动邮轮旅游业由高速增长转向高质量发展。

关键词： 新时代　邮轮旅游　全域旅游　高质量发展

引　言

当前，我国已经从旅游短缺型的国家向旅游大国、强国跨越，在政府与市场的双重强力推动下我国邮轮旅游业也实现了从无到有，逐渐实现向邮轮大市场、全球影响力强市场转变，出境旅游游客规模居全球首位，入境旅游游客规模位列全球第四，正在向旅游强国迈进，旅游业已成为国民经济的战略性支柱产业和与人民群众息息相关的幸福产业。在 2016 年，李克强总理对“幸福产业”进行了全新定义，认为幸福产业包括旅游、文化、体育以及健康、养老等五个产业，从中看出旅游业居第一位，显现出其地位较高。邮轮旅游具有区别于传统旅游的显著特色，是定位较传统旅游要高的新兴高端旅游业态，与我国消费升级的趋势较为吻合①。我国在世界邮轮市场中邮轮客源量位居全球第二，上海更是成为亚太第一、全球第四大邮轮母港，在全球邮轮产业格局中的地位大幅度提升。为更好满足人民日益增长的旅游美好生活需要，必须通过发展优质旅游来持续增加旅游的有效供给和高质量服务，而邮轮旅游是重要的方面。发展邮轮旅游，必须强化邮轮旅游与全域旅

① 汪泓等主编《邮轮绿皮书：中国邮轮产业发展报告（2017）》，社会科学文献出版社，2017。

游的理念结合，推进邮轮母港打造 A 级景区，推动邮轮旅游发展与城市发展良性互动融合。

一　我国邮轮旅游发展新形势

（一）由高速增长向高品质发展转变

从国际邮轮旅游业的发展经验来看，国际邮轮旅游的发展阶段分为萌芽期、成长期、成熟期①。区域邮轮旅游发展的起步阶段大部分是以出境旅游为主的，邮轮旅游市场逐步扩大，邮轮产品的丰富性逐步提升，从追求数量向追求产品品质转化。在成长期，邮轮旅游由以出境为主向出境旅游与入境旅游同步、但总体出境规模大于入境规模。在成熟期，邮轮旅游出入境同步发展，出境规模与入境规模基本相当。从 2006 ~ 2017 年，我国接待邮轮总艘次达到 5807 艘次，其中接待母港邮轮 3720 艘次，访问港总量达到 2087 艘次，接待出入境游客达到 1813 万人次，母港出入境游客达到 1482 万人次，访问港游客 330.72 万人次。我国母港邮轮接待量保持增长趋势，从 2006 年的 18 艘次增长到 2017 年的 1098 艘次，增长 60 倍。访问港邮轮从 2006 ~2010 年保持较高数量，但从 2011 年开始呈现下滑趋势，在 2013 年下滑到 71 艘次，经过 2014 年短暂增长后继续下滑，在 2017 年为 83 艘次。

2018 年 1 ~6 月，我国邮轮港口靠泊数量均呈现明显下降趋势，接待邮轮 447 艘次，与上年相比，同比下降 16%，接待出入境游客量 228.5 万人次，与上年相比，同比增长 9%，其中接待母港邮轮 402 艘次，同比下降 15%，接待访问港邮轮 45 艘次，同比下降 26%，接待访问港游客 9.56 万人次，同比下降 26%。

① 汪泓等主编《邮轮绿皮书：中国邮轮产业发展报告（2016）》，社会科学文献出版社，2016。

表1　2006～2017 我国邮轮市场发展变化

年份	母港邮轮艘次	母港游客量（万人次）	增长率(%)	访问港邮轮艘次	访问港游客量（万人次）
2006	18	1.8	—	304	36.51
2007	11	3.2	78	336	34.73
2008	28	5.7	78	318	43
2009	40	10.3	81	219	24.08
2010	79	22.2	156	215	25.88
2011	110	18.8	-15.30	162	29.05
2012	169	41.22	119.20	106	24.47
2013	335	102.4	148.40	71	17.75
2014	366	147.9	44.40	100	24.47
2015	539	222.4	50.40	90	25.6
2016	927	428.9	93	83	27.76
2017	1098	478	11.40	83	17.42
总计	3720	1482.82	77	2087	330.72

数据来源：中国港口协会邮轮游艇码头分会。

我国城乡居民的收入水平稳步增长，消费结构持续加速升级，人民群众的健康水平得到大幅提升，带薪休假制度逐步得到落实，假日制度不断得到完善，人民群众休闲度假的需求快速增长，中国邮轮旅游的市场需求将持续增加①。旅游业已被确立为“幸福产业”，成为惠民生的重要领域和改善民生的重要内容。

（二）邮轮市场收益降低导致邮轮运力下降

我国邮轮市场供大于求，使得包船模式的弊病凸显，邮轮市场价格出现明显下降，即使在原本旅游旺季的暑期市场，邮轮市场价格也因为市场供给的增大而下降。市场收益的降低，使得不少邮轮公司开始调整战略布局，将邮轮调往地中海或阿拉斯加市场。与全球邮轮产业发展较为成熟国家的市场

① 叶欣梁、黄燕玲、丁培毅：《中国邮轮母港旅游服务接待质量与标准体系探析——以上海吴淞口国际邮轮港为例》，《北京第二外国语学院学报》2014 年第 11 期，第 29～36 页。

渗透率相比，我国邮轮市场的平均渗透率要远远低于国际水平①。国际邮轮协会（CLIA）数据显示，北美地区平均市场渗透率约为3. 2%，欧洲地区平均市场渗透率约为2%，而我国平均市场渗透率仅为0. 15%，即使上海邮轮港已经发展为亚洲第一、世界第四邮轮母港，上海地区邮轮市场渗透率至今亦未能突破1%，且复坐率较低。同美国市场相比，中国市场的复坐率是比较低的。美国的市场，80%的人会第二次乘坐邮轮。中国的复坐率大概在15%，也就是85%的游客都是第一次乘坐邮轮。

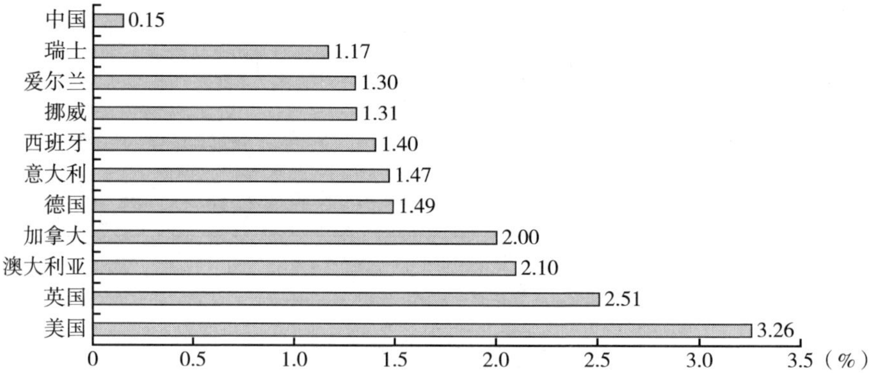

图1　2018年全球邮轮产业市场渗透率对比

数据来源：Cruise Lines International Association。

2018年，我国母港邮轮共有16艘，比2017年18艘减少2艘。2018年，皇家加勒比游轮投放“海洋量子号”、“海洋赞礼号”、“海洋航行者号”3艘邮轮，地中海邮轮投放“辉煌号”，歌诗达邮轮投放“赛琳娜号”、“大西洋号”、“幸运号”等3艘邮轮，丽星邮轮投放“处女星号”、“双子星号”、“宝瓶星号”，诺唯真游轮投放“喜悦号”，公主邮轮投放“盛世公主号”；星梦邮轮投放“世界梦号”；钻石邮轮投放“辉煌号”，渤海邮轮投放“中华泰山号”。天海邮轮“新世纪号”，将于2018年9月全面退出中国

① 叶欣梁、孙瑞红：《上海邮轮旅游的市场开发研究》，《桂林旅游高等专科学校学报》2007年第2期，第189～193页。

市场。2018 年 3 月，歌诗达邮轮“维多利亚号”投放地中海航线，地中海邮轮“抒情号”前往地中海，2018 年 9 月，“盛世公主号”将转至澳洲邮轮市场运营，将在 2018 年 9 月至 2019 年 3 月夏季以悉尼为母港。即使为中国市场量身定制的诺唯真“喜悦号”也将于 2019 年 4 月起加入诺唯真“畅悦号”等邮轮的行列，一起开展阿拉斯加航线。

表 2　2018 年我国邮轮市场发展变化

邮轮公司	邮轮	变化	总吨位(吨)	标准载客量(人)	市场布局
皇家加勒比	海洋量子号	常规	16.78	4180	上海
	海洋赞礼号	常规	16.78	4180	天津/香港
	海洋航行者号	常规	13.8	3284	深圳/香港
地中海邮轮	辉煌号	新增	13.8	3274	上海
歌诗达邮轮	赛琳娜号	常规	11.45	3780	上海
	大西洋号	常规	8.56	2680	上海/深圳
	幸运号	常规	10.3	3470	青岛/大连
丽星邮轮	处女星号	常规	7.53	1804	上海/深圳/青岛
	双子星号	新增	5.07	1532	厦门/青岛/海口
	宝瓶星号	新增	5.13	1511	青岛
天海邮轮	新世纪号	常规	7.24	1814	上海/厦门/深圳
诺唯真游轮	喜悦号	常规	16.77	3850	上海/天津
公主邮轮	盛世公主号	常规	14.3	3560	上海
钻石邮轮	辉煌号	常规	2.45	1200	海口/连云港
渤海邮轮	中华泰山号	常规	2.45	1200	三亚/大连
星梦邮轮	世界梦号	新增	15.13	3352	广州/香港

数据来源：作者整理。

（三）邮轮旅游业经济贡献处于较低水平

邮轮游客、船员、邮轮公司的消费、邮轮船队运营费用及邮轮船舶建造维修等支出是邮轮产业直接经济贡献的主要来源。从市场方面来看，目前，外资邮轮公司在上海邮轮市场占有主导地位，邮轮市场培育不充分导致市场渗透率不足、供求关系失衡、出入境游结构性失衡，邮轮产品具有较强可替代性，船票收入、船上消费、目的地购物消费等绝大部分的直接经济收入流向国外；邮轮港口的营业收入包括邮轮靠泊、场地租赁、邮轮船供等，其中靠泊费收入占主要部分，如上海吴淞口国际邮轮港 2015～2017 年靠泊费收入均占营业收入的七成左右。邮轮产业链中上游包括邮轮设计、制造、维修等发展程度较低，配套产业尚处起步阶段①。从邮轮船队运营方面看，上海尚未成功构建本土邮轮船队，单船模式下的本土邮轮产业发展进入瓶颈期，难以对本地产生较高的经济带动量。

邮轮母港经济的发展需要与全域旅游发展理念相对接，从邮轮旅游城市全局发展战略出发，推动各类优质资源的良好整合，推动旅游相关资源的协同发展，促进邮轮旅游产业与城市发展相关业态互相融合，强化邮轮主题输出，更好地推动邮轮经济贡献的提升，实现邮轮旅游产业发展、社会经济发展水平提升、城市可持续发展等有机结合，实现可持续健康发展。

二　我国邮轮旅游发展新趋势

（一）全域旅游成为邮轮旅游发展新方向

在我国旅游业的发展中，从 20 世纪 80 年代即将旅游业发展作为一项事业和外事工作，逐步产业化、市场化，旅游业的发展对国家经济的发展起到越来越重要的作用。随着人们生活水平的提升，旅游与人们生活之间的关系越发密切，旅游业的地位逐步提升，目前已经全面融入国家战略体系。在发展转变中，我国旅游业从单一市场发展到出境、入境、国内三大市场全面繁荣②。消费升级使得传统景点旅游难以满足高品质旅游需求，旅游业的发展

① 叶欣梁、孙瑞红：《基于顾客需求的上海邮轮旅游市场开发研究》，《华东经济管理》2007 年第 3 期，第 110～115 页。

② 孙瑞红、叶欣梁、徐虹：《中国邮轮市场的价格形成机制与“低价困境”研究》，《旅游学刊》2016 年第 11 期，第 107～116 页。

也逐步从以建设景区、景点、宾馆、饭店为主向全域旅游发展转变。

全域旅游是现代旅游业发展新模式，突出旅游产业全景化和全覆盖的特征，是旅游资源得到优化、区域空间有序发展、旅游产品丰富多样、旅游产业发达的新型科学系统旅游模式，是现代旅游业发展的新型导向。现代旅游业发展，逐步向精细高效方式转变以及向全面开放的“旅游 +”转变，开创全域旅游共建共享的新格局。当前，我国正在实行以全域旅游为主线推进旅游供给侧结构性改革路径，发展邮轮旅游，需以全域旅游为发展新方向，加强邮轮旅游基础配套，提升公共服务，创新邮轮旅游产品供给，推进邮轮旅游业与城镇化、工业化以及商贸业等全方位地融合，提升交通便捷度，注重生态性发展，促进共建共享。要以全域旅游的发展理念和思路，以中国邮轮旅游发展实验区为基础创建中国邮轮全域旅游发展示范区，提升现代邮轮旅游发展新功能①，邮轮旅游的发展不仅要满足游客对美好生活的追求，还要满足当地居民的生活需求。

（二）高品质成为邮轮旅游发展新主题

推动旅游业从“高速增长”转向“高质量发展”的良性转变，与我国人民对更加美好生活的需求相吻合，这也是提升我国旅游业国际竞争力和扩大旅游市场规模的重要方向，契合人们美好生活需求的必然方向，是推动旅游业可持续发展的重要基础。当前人们对美好生活的需求也越发多样化和多层次化，并且对幸福生活的向往愈加强烈，这也是促使我国邮轮旅游保持高速增长的重要内驱力。我国从旅游短缺国逐渐成长为旅游大国，并逐步向旅游强国转变，这是我国民众旅游需求向品质化以及中高端化转变的结果。

旅游业是促进国民经济发展的重要组成部分，从国家社会经济发展的趋势而言，已经到需要进一步高品质发展的阶段②。我国旅游业随着社会经济

---

① 孙瑞红、叶欣梁、徐虹：《中国邮轮市场的价格形成机制与“低价困境”研究》，《旅游学刊》2016 年第 11 期，第 107 ~ 116 页。

② 戴学锋：《全域旅游：实现旅游引领全面深化改革的重要手段》，《旅游学刊》2016 年第 9 期，第 20 ~ 22 页。

的快速发展已经进入发展的“黄金期”，需求有力促进现代邮轮旅游业的发展，市场更加多样、需求层次更高。推动邮轮市场的高品质已经成为促进旅游经济发展、促进市场供给高质量化的重要方向，使邮轮旅游发展由“数量时代”向“品质时代”转变，将更加有利于提升人民的生活质量和品质。到2020年，我国将全面建成小康社会，这将为现代邮轮旅游发展提供更加良好的发展机遇①。

（三）政策成为邮轮旅游全域化新动力

随着全域旅游的推进，其地位得到全面提升，得到国家领导人的重点关注和支持，习近平总书记和李克强总理都对全域旅游给予了充分肯定，提出更好地促进全域旅游发展。全域旅游目前已经上升为国家发展战略，地位的提升为全域旅游的发展提供更加良好的基础和推动力。推进全域旅游发展，创建全域旅游示范区，为邮轮旅游全域化发展提供了良好的借鉴基础②。在国家全域旅游发展的政策中提出，要推进城市发展与旅游业发展全面融合，创新新型旅游产品供给，进一步提升旅游服务，强化旅游基础设施配套，在这些方面国家将给予明确的政策扶持，并在推动财政资金、旅游人才支持等方面给予全方位的支持，推动全域旅游的全面发展，为现代城市发展提供更加良好的发展模式和路径。

三　全域背景下邮轮旅游高质量发展新机制

（一）推动邮轮旅游供给与市场需求有效契合

中国邮轮市场的健康可持续发展，需要与我国经济发展、社会发展、消费偏好等方面进行全方位的紧密对接，对我国邮轮市场需求进行全面综合性

① 厉新建、马蕾、陈丽嘉：《全域旅游发展：逻辑与重点》，《旅游学刊》2016年第9期，第22～24页。

② 李志飞：《全域旅游时代的变与不变》，《旅游学刊》2016年第9期，第26～28期。

地调研，在保持国际化属性的基础上更好地满足我国旅游者的真实需求，符合人们旅游出行的规律变化，以更好地适应中国市场的发展。在邮轮旅游市场发展过程中，要对我国不同地域城市居民生活的差异性、旅游出行的差异性等进行全面地考量，构建更加符合我国居民的旅游出行要求，实现邮轮市场供给与需求的全面对接。支持邮轮公司等市场主体组织运营具有鲜明中国文化特点的邮轮主题航次，鼓励中国文化演出项目、艺术品等上邮轮展演；鼓励中国文化演出团体、演艺公司登上欧美市场邮轮表演，不断提高中国文化的影响力，促进旅游外交发展，提升邮轮旅游在促进民间关系中的作用。

（二）建立高质量的市场客源与产品结构

当前我国邮轮入境旅游发展依然较为缓慢，尤其是在我国入境旅游国外游客占比较低、频率较低、复坐率较低等背景下，根据统计数据，2016 年入境游客中有 79.8% 是首次来中国旅游，影响邮轮入境旅游的发展。当前我国邮轮旅游市场消费群体的质量需要进一步提升。目前邮轮旅游产品分销是通过传统出境旅行社和现代互联网旅行社进行的，而传统出境旅行社目标市场的消费能力处于较低的水平，这与邮轮旅游产品的高层级不相吻合。随着邮轮旅游市场的发展，客源市场与产品结构都需要进一步提升，以更好满足人们对美好生活的需求①。在当期我国邮轮旅游市场的发展中，需要更多依赖于新兴旅行社的渠道，而不是过于依赖传统旅行社的渠道。传统出境旅行社的渠道更多是采用线下渠道的模式，面向的客群更多的是年龄较大、消费能力、素质有待进一步提升的游客，这一市场主体更加注重产品的性价比，对价格有较高敏感性，使得在邮轮旅游产品销售中更多需要采用降低价格的形式，这不利于更好地提升邮轮旅游产品的质量。

（三）推进区域邮轮旅游综合目的地建设

全域旅游强调的是旅游发展与资源环境承载能力相适应，是一种积极有

---

① 郭毓洁、陈怡宁：《全域旅游的旅游空间经济视角》，《旅游学刊》2016 年第 31（09）期，第 28 ~ 29 期。

效的开发性保护模式。邮轮旅游是高端旅游业态，需要高端消费环境和高端配套服务，依托邮轮母港，将母港周边区域打造成为服务功能完备、高端业态集聚、商业繁荣、人才集聚的国际邮轮母港城，形成商贸服务业发达、休闲娱乐设施完善、时尚消费高度集中的现代服务业聚集区。上海处于我国邮轮旅游发展的先锋位置，围绕从“邮轮码头”到“邮轮港”再到“邮轮城”的转型发展目标，坚持“港城融合”发展理念，着力推动邮轮城建设。上海国际邮轮城项目总建筑面积24.3万平方米，将建成邮轮产业聚集的集5A甲级景观区、海空探索主题购物中心、五星级商务休闲酒店于一体的城市综合体。

充分发挥各邮轮港口城市丰富的旅游资源优势，强化特色旅游资源整合，推动港城联动、产城融合，打造集“船、港、城、游、购、娱”为一体的配套设施齐全的现代邮轮旅游城市。推动邮轮旅游和全域旅游协同发展，加快邮轮旅游全域化发展，加强特色产品和精品线路设计，开发形成半日特色游、一日精华游、二日体验游以及深度文化游等不同时长的线路，大力开发邮轮港城区休闲旅游资源，实现邮轮旅游与当地优质旅游资源的联动。

G.5

中国邮轮旅游品质发展模式及路径提升研究

苏 平 沈邵军 梅俊青*

摘 要： 邮轮旅游是现代旅游业的高端业态，追求高品质的旅游体验成为更多游客的真实需求，让邮轮游客体验到更有品质保障的邮轮旅游产品，是巩固和提升中国邮轮市场国际竞争力的重要方面。当前中国邮轮旅游市场存在市场供给与需求失衡、邮轮入境旅游吸引力有待提升、邮轮旅游与其他旅游资源的互动性较低等方面的问题。应推动邮轮产品的品质化、特色化发展，推动邮轮旅游向优质服务转变，在构建特色的邮轮市场产品体系、营造邮轮旅游市场健康发展新秩序、为邮轮入境旅游创造良好的基础条件、构建邮轮旅游市场开发新体系等方面进一步提升。

关键词： 邮轮旅游 竞争力 品质旅游 可持续发展

引 言

当前我国国内旅游、入境旅游、出境旅游三大旅游业态全面繁荣发展，在全球出境旅游客源国中居首位，在全球入境旅游国中位居第四，旅

* 苏平，中共宝山区委常委、副区长，研究方向：邮轮经济；沈邵军，宝山区滨江委副主任，研究方向：邮轮经济；梅俊青，硕士，上海吴淞口国际邮轮港，研究方向：邮轮经济。

游业成为社会投资热点和综合性大产业。在大众旅游时代，人民群众对休闲度假需求快速增长，过于注重市场规模的模式已经落后，高品质发展已经成为旅游业界发展共识。旅游本身是人们在精神层面的消费，品质是现代旅游业的灵魂，在经历多年追求规模增长后，我国已经具备巨大的规模体量，在新时代，需要更加追求品质的提升，传统旅游业态和模式必将被新产品替代，需要打造具有中国品质的“中国服务”，打造旅游精品。《国务院关于加快发展旅游业的意见》明确提出，要把旅游业培育成国民经济的战略性支柱产业和人民群众更加满意的现代服务业。《国务院关于促进旅游业改革发展的若干意见》明确指出，推动旅游服务向优质服务转变，实现标准化和个性化服务的有机统一。《关于进一步促进旅游投资和消费的若干意见》提出，着力改善旅游消费软环境，建立健全旅游产品和服务质量标准，健全旅游投诉处理和服务质量监督机制。游客满意度是推动邮轮市场可持续发展的重要前提，而满意度的提升需要以提升旅游品质为基础，以更好的优质产品提升市场竞争力，降低可替代性。邮轮旅游是现代旅游业的高端业态，追求高品质的旅游体验成为更多游客的真实需求，而推动邮轮旅游高品质发展也是推动邮轮市场规模增长的重要基础。邮轮旅游将逐步回归到依赖产品和服务品质的提升以获取竞争优势的正常轨道，让邮轮游客体验到更有品质保障的邮轮旅游产品，是巩固和提升中国邮轮市场国际竞争力的重要方面。

一　中国邮轮旅游发展形势分析

（一）全球邮轮旅游市场为中国提供良好环境

全球邮轮市场规模保持稳健增长，国际邮轮协会（CLIA）最新报告显示，2018 年邮轮将保持增长的发展态势，邮轮市场规模将有望达到 2580 万人次，并预计 2025 年市场规模将达到 3760 万人次。据最新统计，全球豪华邮轮持有订单数量增加至 113 艘，订单金额总计达到 670 亿美元。地中海邮轮、公主邮轮、诺唯真邮轮、途易邮轮、丽星邮轮、歌诗达邮轮等多家国际邮轮公司在意大利芬坎蒂尼集团、STX 法国等船厂签约订造，最晚交船期已排到 2027 年，其中 30 艘探险邮轮订单预计将在 2018～2024 年间交付。2017 年邮轮公司在欧洲船厂的支出达到 56 亿欧元，预计到 2021 年，将新造 66 艘邮轮，总价值超过 294 亿欧元。邮轮产业经济贡献不断增加，包括直接经济贡献、间接经济贡献和诱导产生的经济贡献等三个要素，2017 年欧洲邮轮产业经济贡献达到 563 亿美元，比 2015 年增长 17%。

表 1　2018 年全球新型邮轮造船订单

邮轮公司	邮轮名称	成本（百万美元）	吨位（吨）	乘客量（人）	目标市场
嘉年华邮轮	地平线号	780	135000	4000	欧洲/加勒比
皇家加勒比	海洋交响号	1300	227625	5400	欧洲/加勒比
地中海邮轮	海景号	950	154000	4140	欧洲
途易邮轮	Mein Schiff 1	625	110000	2900	欧洲
世邦邮轮	Ovation	350	40350	604	全球
诺唯真游轮	Bliss	1100	164600	4200	阿拉斯加
庞洛邮轮	Le Clamplian	110	1000	180	全球
海达路德	Roald Amundsen	220	2000	600	欧洲
星凝邮轮	Ecliplc	175	16500	228	全球
精致邮轮	Edge	900	117000	2900	加勒比
荷美邮轮	Nieuw Statendam	520	99000	2660	加勒比
爱达邮轮	AIDInova	950	183900	5000	欧洲
Mystic 邮船	World Explorer	100	9300	200	全球

数据来源：Cruise Lines International Association。

根据国际邮轮协会数据，2017 年亚洲邮轮市场运力 66 艘邮轮，邮轮品牌达到 35 个，邮轮市场规模达到 424 万人次，比 2016 年的 310 万人次增长了 36.7%，而 2017 年全球邮轮市场规模增长率仅为 4.4%，亚洲市场增长速度是全球的 8.34 倍，这与亚洲良好的经济基础有着直接的关系。

（二）我国邮轮旅游市场规模稳中求进

根据《2018 全国旅游工作报告》，2018 年将实现旅游总收入 5.98 万亿元，同比增长 13%。2017 年中国出境旅游市场达到 1.31 亿人次，出境旅游花费 1152.9 亿美元，同比增长 6.9% 与 5.0%。2020 年预期目标：旅游市场总规模达到 67 亿人次，旅游投资总额 2 万亿元，旅游业总收入达到 7 万亿元。2018 年我国继续全面推动供给侧结构性改革，推进中国社会经济发展的提质增速，促进中国经济的稳健发展，"一带一路"倡议等得到落实，为邮轮旅游业发展提供良好的发展环境，但邮轮旅游市场规模发展出现阶段性下降。

2018 年上半年，全国接待邮轮 447 艘次，同比下降 16%，接待出入境游客量 228.5 万人次，同比增长 9%，其中接待母港邮轮达到 402 艘次，同比下降 15%，接待母港出入境人次达到 218.9 万人次，同比增长 11%，接待访问港邮轮达到 45 艘次，同比下降 26%，接待访问港出入境人次达到 9.56 万人次，同比下降 26%。2018 年上半年我国邮轮靠泊数量下降了 85 艘次，上半年靠泊量在 50 艘次以上的仅有上海吴淞口国际邮轮港、天津国际邮轮母港、广州港国际邮轮母港、深圳招商蛇口国际邮轮母港 4 家港口，多家邮轮港靠泊量在 30 艘次以下，其中舟山群岛国际邮轮港仅停靠 1 艘次，烟台港、秀英港停靠数量为 0。全国接待访问港邮轮最多的上海港国际客运中心上半年接待入境邮轮不过 11 艘次，比 2017 年的 17 艘次下降明显，三亚凤凰岛国际邮轮港在 2017 年位居中国第一大访问港，但在 2018 年上半年接待访问港邮轮仅 4 艘次，同比下降 33%。

表 2　2018 年我国邮轮港母港与访问港人次接待情况

单位：万人次

港口	2017 年 1～6 月母港人次	2018 年 1～6 母港人次	同比增长（%）	2017 年 1～6 月访问港人次	2018 年 1～6 月访问港人次	同比增长（%）
上海	118.9	126	5.9	5.79	4.08	-29
天津	38.4	32.97	-14	2.64	2.27	-14
三亚	0	0.68	—	2.00	0.64	-68
厦门	6.45	11.65	81	1.51	1.82	21
青岛	4.92	2.32	-53	0.11	0.03	-70
舟山	0.132	0	-100	0.48	0.035	-93
大连	2.32	2.31	0	0.34	0.66	91
广州	19.76	24.56	24	0	0	—
海口	0	0	—	0	0	—
深圳	6.32	18.37	191	0	0.0092	—
烟台	0	0	—	0	0	—
总计	196.8	218.9	11	12.91	9.56	-26

资料来源：中国港口协会邮轮游艇码头分会。

（三）邮轮游客对产品品质要求愈加提升

随着中国邮轮旅游市场的发展，邮轮船型进入更新换代期，并且将提升邮轮产品差异化、品质化作为重要的发展方向和竞争策略。为了更好地吸引中国游客，众多邮轮品牌推动邮轮产品的升级、提升服务质量，更换新型、大型邮轮，推出主题化产品。根据途牛旅游网统计，在邮轮品牌选择上，皇家加勒比海洋量子号、歌诗达赛琳娜号、皇家加勒比海洋赞礼号、诺唯真喜悦号、歌诗达幸运号、皇家加勒比海洋水手号、星梦世界梦号、盛世公主号、歌诗达大西洋号、天海新世纪号分别位列人气排行榜前十名。舱房环境、餐饮美食、船上演出、岸上游行程、主题活动等都是游客最为关切的环节，并且游客对岸上线路的要求越来越高，个性化的需求有显著提升。中国游客出境旅游已经不再局限于单纯的“买买买”，深度游、自由行越来越普遍，更加注重境外游的体验和品质，各城市游客在餐饮和文娱方面的花费越来越多。

为更好地迎合中国游客对高品质产品的需求，国际邮轮公司将更多中国元素与西方邮轮文化进行充分结合，如火锅、面条等中国特色食物登上邮轮，歌诗达携手我国百年老字号全聚德烤鸭，使意式风情和中华美食相融合，进一步促进中意文化的交流。星梦邮轮云顶梦号、星梦邮轮世界梦号等邮轮船身彩绘装饰物等融入“中国元素”，诺唯真游轮喜悦号采用红、黄、蓝三色勾勒出凤凰莲花祥云图腾。在邮轮的装饰方面，也有一些地方特意挂起了中国花鸟虫鱼写意画。在娱乐设施方面，加入了更多创意元素，皇家加勒比“海洋量子号”提供海上冲浪、空中飞人等，诺唯真游轮“喜悦号”提供海上卡丁车、海上 VR 虚拟现实游戏等，星梦邮轮“世界梦号”提供海上滑水道等。

二　中国邮轮旅游市场存在问题分析

（一）市场供给与需求存在失衡

近年来，国内邮轮市场出现阶段性的供需关系失衡，不仅使得邮轮公司的盈利能力下降，而且使得游客的体验度下降①。阶段性的供大于求导致邮轮旅游产品价格竞争激烈，大量包船旅行社陷入亏损状态，各个外资邮轮公司也开始纷纷调整在中国的运力投放：2017 年以上海为母港的皇家加勒比邮轮旗下“海洋水手号”、公主邮轮旗下“蓝宝石公主号”离开中国市场；2018 年以上海为母港运营的公主邮轮旗下“盛世公主号”、歌诗达邮轮旗下“维多利亚号”将告别中国市场；而皇家加勒比邮轮旗下“海洋量子号”也将于 2019 年前往新加坡运营。

---

① 汪泓等：《邮轮绿皮书：中国邮轮产业发展报告（2017）》，社会科学文献出版社，2017，第 11 页。

从市场供给方面看，国内邮轮市场的快速增长，导致邮轮公司在短时间内集中投放，且投放邮轮的规模较大。从2017年在上海吴淞口邮轮港部署运营的母港邮轮数据来看，12艘母港邮轮中，10万吨级以上的邮轮就有7艘，总吨位最大的“海洋量子号”标准载客量达4180人，国内邮轮市场供给出现结构性过剩。因现有法规难以支持无目的地签证、邮轮上赌博工具难以管控等原因，国家有关部门尚未批准公海游航线试点。长航线与休假制度、成本不匹配①。目前邮轮产品以4～5天短线游为主，长线游产品的发展，在我国目前休假制度下，大多数旅客无法承担时间成本，限制了消费群体的拓展。“多点挂靠”有助于丰富航线设计，促进港口联动，增强访问港的吸引力。但目前根据交通部《关于外国籍邮轮在华特许开促多点挂靠业务的公告》要求，外籍邮轮多点挂靠在性质上属国内运输，经批准方可开展。申请程序过于繁杂，审批时间较长，影响了邮轮公司积极性。邮轮港配套设施服务能力短期难以满足需求，邮轮港口难以满足游客餐饮、住宿、娱乐休闲需要②。

（二）邮轮入境旅游吸引力有待提升

除了本土邮轮市场培育不够充分之外，中国对境外邮轮市场培育开发的力度也稍显不足。当前国内邮轮入境游主要以访问港的形式吸引入境邮轮游客。2018年1～6月，邮轮入境旅游发展下降较为明显，访问港邮轮艘次明显下降，全国接待访问港邮轮共计45艘次，比2017年同期的61艘次下降较为明显，即使全国接待访问港邮轮最多的上海港国际客运中心上半年接待入境邮轮也不过11艘次，比2017年的17艘次下降明显，三亚凤凰岛国际邮轮港在2017年位居中国第一大访问港，但在2018年上半年接待访问港邮轮仅4艘次，同比下降33%。

---

① 史健勇、孙恋：《邮轮入境游的目的地响应研究——以上海为例》，《交通与港航》2017年第4期，第11～16页。

② 叶欣梁、黄燕玲、丁培毅：《中国邮轮母港旅游服务接待质量与标准体系探析——以上海吴淞口国际邮轮港为例》，《北京第二外国语学院学报》2014年第11期，第29～36页。

邮轮市场出入境出现结构性失衡。从市场吸引力来看，国内邮轮旅游产品设计缺乏丰富性和多样化，国内旅行社海外市场拓展能力不足[①]，导致国内及上海邮轮市场难以吸引入境游客；一些邮轮对上海旅游宣传介绍较少，部分邮轮工作人员对上海旅游资源不熟悉，对 144 小时过境免签和国际邮轮旅游团 15 天入境免签等政策知晓率也不高。由于国内邮轮口岸通关、多点挂靠方面政策尚未与国际政策接轨，外资邮轮公司在国内开拓邮轮入境游市场积极性难以提升。

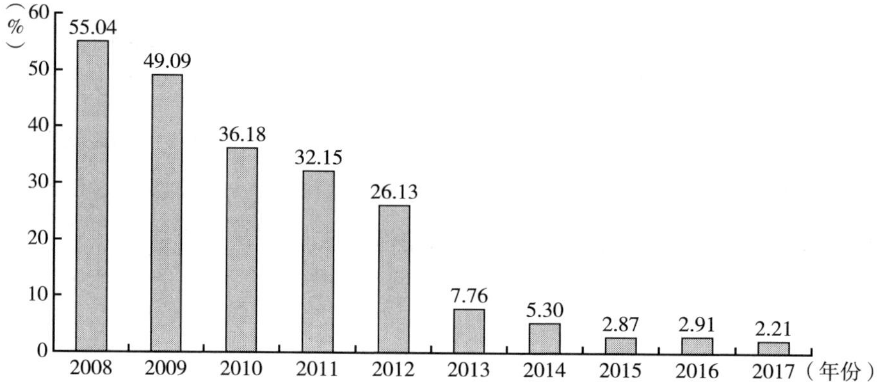

图 1　2008～2017 年上海邮轮入境游客占比变化

数据来源：作者整理。

（三）邮轮旅游与其他旅游资源的互动性较低

当前，不少邮轮港所在的城市都是著名旅游城市，有着丰富的旅游资源，我国邮轮旅游的发展与其他类型旅游资源的对接较少，使得游客在出游的过程中不能充分体验不同的旅游业态，不利于更好地提升邮轮旅游的全程体验和满意度。作为亚太第一大邮轮母港所在地，上海邮轮旅游与浦江游览、迪士尼等旅游品牌和江浙等周边地区旅游资源整合和联动性不足，缺乏

① 孙瑞红、叶欣梁、徐虹：《中国邮轮市场的价格形成机制与“低价困境”研究》，《旅游学刊》2016 年第 11 期，第 107～116 页。

良好的旅游路线整体设计和品牌宣传①。

上海邮轮旅游与长三角旅游资源联动有待加强。当前，美国依然是全球最大的邮轮旅游目的地，占据全球邮轮旅游目的地份额的近50%，需要对比上海与其他国际邮轮城市旅游目的地的建设情况，明确优势，寻找差距，进而建设上海邮轮旅游目的地。长三角有946处旅游景点，占全国的22.9%，其中有27个国家5A级旅游景区，占全国的20.8%；254个国家4A级旅游景区，占全国的22.9%。有效整合上海及周边旅游资源，加快推动上海邮轮旅游目的地的建设，同时培育邮轮市场，提升人民群众对邮轮旅游的获得感。对于长三角丰富的旅游资源，目前缺少良好的整合和共同开发。上海有丰富的内河旅游资源和邮轮港口资源②，但对内河特色旅游资源的开发不够，与长三角其他邮轮港口的联动性不足，并未进行充分地邮轮旅游一体化规划。

三　推进邮轮旅游高品质发展对策建议

（一）构建特色的邮轮市场产品体系

推动邮轮产品的品质化、特色化发展，推动邮轮旅游向优质服务转变，扶持从上海始发的具有特色和不同周期的旅游线路。鼓励支持邮轮公司开辟挂靠上海港的航线，科学有序地增加航次密度。向国家部委争取开辟邮轮新航线的政策扶持和便利条件，开发从上海始发的多港挂靠邮轮航线以及包含港澳台和境外港口的组合航线③，加强与国外港口城市合作，推动多国多母港邮轮定班航线发展，有条件地开放无目的地及周边海岛邮轮航线。继续深化“多点挂靠”和港澳航线政策的实施，争取将审批制调整为备案制。吸

① 叶欣梁、孙瑞红：《上海邮轮旅游的市场开发研究》，《桂林旅游高等专科学校学报》2007年第2期，第189～193页。

② 叶欣梁、孙瑞红：《基于顾客需求的上海邮轮旅游市场开发研究》，《华东经济管理》2007年第3期，第110～115页。

③ 梅俊青、叶欣梁：《国际视角下我国邮轮旅游业存在的问题及对策》，《水运管理》2018年第1期，第31～34页。

引品质优良、特色明显的邮轮开辟上海母港航线，形成层级丰富、规范有序的邮轮旅游产品体系。支持邮轮公司等市场主体组织运营具有鲜明中国文化特点的邮轮主题航次，鼓励中国文化演出团体、演艺公司登上欧美市场邮轮表演，不断提高中国文化影响力，促进旅游外交。

（二）营造邮轮旅游市场健康发展新秩序

加强对经营邮轮旅游产品相关机构的监督管理，确保产品销售渠道有序发展。将邮轮旅游产品销售纳入上海市旅游行业管理与诚信建设系统，实行黑名单制度。建立各部门联合会商执法的常态化机制，严厉打击非法屯舱等扰乱邮轮市场健康发展的行为①。支持建立邮轮船票管理平台。全面落实交通运输部船票制度试点任务，建立公共邮轮船票管理平台，提供认证、查询等监管、服务功能。依托管理平台，研究建立船票销售代理准入、评价、处罚、退出机制。

完善邮轮船票管控机制，邮轮公司应建立船票销售代理的准入制度和监管制度，明确代理机构的等级和标准，对其授权的代理机构进行等级评定、备案认证和考核监督，并授予等级较高的销售代理机构出票的权利。推动邮轮公司建立船票信息的管控机制，完善邮轮船票的退改签制度。

鼓励邮轮公司及销售代理机构建立直销、零售等符合中国邮轮市场特点分销模式的探索，开发邮轮岸上旅游精品线路。允许邮轮公司在其官方销售平台销售由其他具备相应资质企业提供的邮轮旅游相关配套服务产品。

（三）为邮轮入境旅游创造良好的基础条件

着力打造上海邮轮旅游目的地。有效整合上海旅游资源，加快推动邮

① 孙晓东：《中国邮轮旅游业：新常态与新趋势》，《旅游学刊》2015 年第 1 期，第 10 ~ 12 页。

轮旅游目的地建设。加大上海作为邮轮旅游目的地宣传推广力度，形成上海邮轮旅游目的地国际品牌吸引力。推动“空水联动”、“水水联动”的邮轮旅游模式发展①。借助国内外旅游推介会、展览会，加大向世界推介上海邮轮旅游的力度。充分发挥144小时过境免签和国际邮轮旅游团15天入境免签政策，吸引国际游客来上海乘邮轮。探索对组织国外游客开展入境旅游的国际邮轮公司及国外旅行社奖励机制，进一步优化国际游客在上海口岸换乘签证便利政策，促进邮轮入境游市场发展。

提升游客服务质量水平。按照全域旅游发展理念和国际大都市的标准要求，全面完善邮轮旅游基础设施配套，优化邮轮港短驳服务，提升游客到港交通便捷性，完善邮轮港区设施配套，提升在港服务体验性。提升邮轮口岸各部门协作水平，推动邮轮口岸通关制度和模式创新，全面推广应用人脸识别等先进技术，提升游客通关效率。争取扩大144小时过境免签政策和国际邮轮旅游团入境免签的活动范围。

（四）构建邮轮旅游市场开发新体系

加大邮轮文化的传播。加强公共媒体宣传力度，鼓励邮轮文化在各类公共渠道平台的宣传，充分运用数字传媒、移动互联等手段，发挥新媒体传播优势，构建全方位、多层次、宽领域的邮轮文化传播格局。支持在广播、电视、报纸、杂志、网络等媒体渠道设立邮轮栏目，以及邮轮文化公益系列宣传片、邮轮主题影视作品的制作。加大行业传播渠道资源整合，推动与铁路、航空公司、星级酒店等单位的合作，强化精准营销推广。对举办或参与重大国内外旅游会展、节庆活动邮轮主题内容进行资金扶持。

支持邮轮内地客源市场开发。鼓励邮轮公司及代理机构开发内地邮轮旅游客源市场，支持在沪航空、铁路建立联程联动机制，推进“邮轮+航

① 张树民、程爵浩：《我国邮轮旅游产业发展对策研究》，《旅游学刊》2012年第6期，第79~83页。

空”、“邮轮 + 铁路”、“邮轮 + 省际巴士” 等 “邮轮 + ” 的有序发展，为游客提供更为便利的交通条件。各级政府部门出台相关政策，鼓励和支持邮轮公司、代理机构培育和开发境外和外省市客源[①]。提升重要邮轮节展社会影响力，加大对重要邮轮特色品牌活动的扶持力度，进一步提升上海邮轮旅游节等推进邮轮文化传播节展活动的社会知名度和影响力。持续发挥上海在亚太邮轮市场的影响力和资源优势，争取亚太邮轮大会等较大国际影响力的邮轮相关会议常驻上海。

① 孙晓东、冯学钢：《中国邮轮旅游产业：研究现状与展望》，《旅游学刊》2012 年第 2 期，第 101 ~ 112 页。

G.6

中国邮轮旅游市场培育和规范体系研究

叶欣梁　王友农*

摘　要： 在中国邮轮市场从高速增长向平稳增长转变的过程中，需要多方合力规范邮轮旅游市场，对标国际邮轮旅游发展惯例，妥善解决邮轮旅游市场主体责任落实不到位、邮轮销售渠道不畅通、邮轮游客权益保障机制不健全、邮轮旅游文化培育推广机制不完善等问题，规范邮轮旅游市场发展，释放邮轮市场活力，实现邮轮市场竞争有序，建设规范、有序、活跃、有竞争力的邮轮旅游市场，构建邮轮旅游市场培育和规范新体系，推进中国邮轮市场的持续健康发展。

关键词： 邮轮旅游　市场培育　规范体系

引　言

当前中国邮轮市场虽然增速放缓、运力下滑，但在中国良好的经济发展水平和巨大的消费需求背景下，依然具有很大的发展潜力。在邮轮文化推广方面，当前虽然已经成为全球第二大邮轮市场，但邮轮文化依然尚未得到充分地培育，需要各方联动加大邮轮文化培育。在邮轮航线方面，中国市场面

---

* 叶欣梁，博士，上海工程技术大学副教授，上海国际邮轮经济研究中心副主任，上海吴淞口国际邮轮港副总经理，研究方向：邮轮经济；王友农，博士，上海吴淞口国际邮轮港董事长，研究方向：邮轮经济。

临着邮轮航线单一的问题，由于地缘关系相比于欧美市场拓展有较大难度，但亚太地区也有不少的岛屿资源，可以学习欧美开发岛屿资源①。在市场需求提升方面，为推动邮轮市场需求的健康增长，需要不断地提升邮轮品质，用更为优质的产品刺激需求，更加凸显产品差异化特色，提升品牌和产品的多样化，以供给拉动更多需求。在分销渠道拓展方面，当前我国邮轮分销渠道长而窄，需要不断拓宽。在市场拓展方面，要加大内地市场营销，扩大内地客源。要强化邮轮旅游市场规范发展，落实邮轮公司、销售代理机构等相关主体的责任，更好地推动岸上游良性发展，将岸上游从旅行社主导回归到邮轮公司主导，并建立健全邮轮船上及岸上游评价机制，保障游客合法权益。

一　中国邮轮旅游市场发展现状分析

（一）中国是亚洲最具活力的邮轮市场

亚洲地区是世界邮轮旅游市场中成长最快的新兴市场，2018 年，亚洲邮轮市场规模有望达到460 万人次，比2017 年的424 万人次增长8.4%，亚洲市场增长速度超过全球邮轮市场增长速度，其中中国邮轮市场规模达到240 万人次，占到亚洲邮轮市场的比例为56.6%。这与亚洲良好的经济基础有着直接的关系，2018 年，宽松的货币政策、稳健的全球需求以及中国投资和信贷增长对经济活动的提振，将会支持该地区经济继续稳健增长。北亚地区是亚洲最为主要的邮轮市场，有着良好的经济贡献，根据国际邮轮协会发布的数据，分为直接、间接和诱导贡献，2016 年邮轮旅游在北亚地区共创造了72.1 亿美元的商品和服务总产出②。2016 年北亚地区邮轮市场的直

① 汪泓等：《邮轮绿皮书：中国邮轮产业发展报告（2017）》，社会科学文献出版社，2017，第11 页。

② 叶欣梁、孙瑞红：《基于顾客需求的上海邮轮旅游市场开发研究》，《华东经济管理》2007 年第3 期，第110 ~115 页。

接经济贡献包含 32.3 亿美元的直接支出、15.1 亿美元增值服务支出和 23697 个全职/兼职岗位，员工工资补偿共计 7.54 亿美元。

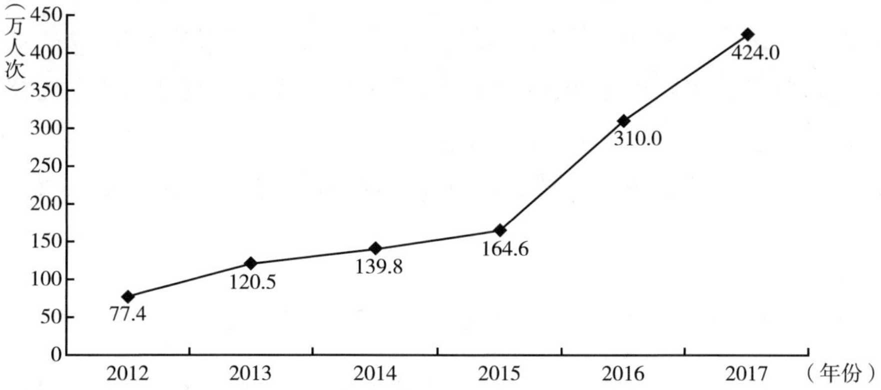

图 1　亚洲邮轮市场客源量变化

资料来源：Cruise Lines International Association。

（二）中国邮轮市场具备良好的发展潜力

从 2006 年中国母港邮轮市场开始，截至 2017 年底，中国邮轮港口接待邮轮总量达到 5807 艘次，接待出入境游客量达到 1813.54 万人次。我国母港邮轮接待量保持增长趋势，从 2006 年的 18 艘次增长到 2017 年的 1098 艘次，增长 60 倍。上海邮轮旅游市场规模不断扩大，尤其是在吴淞口国际邮轮港兴建后，为上海成为亚太第一、全球第四大邮轮母港提供坚实的基础[①]。2014 年，吴淞口国际邮轮港超越新加坡，成为亚洲接待量最大的邮轮母港；2016 年，保持亚洲第一、跻身全球第四，并成为上海仅次于浦东机场的第二大出入境旅检口岸。2017 年上海邮轮港共接待邮轮 512 艘次，占到全国总量的 43.3%，其中母港邮轮艘次 481 艘次，占到全国总量的 43.8%；接待出入境邮轮游客量达到 297.73 万人

① 孙晓东、冯学钢：《中国邮轮旅游产业：研究现状与展望》，《旅游学刊》2012 年第 2 期，第 101～112 页。

次，占到全国总量的60%，其中母港游客量达到291.12万人次，占到全国总量的60.8%。

旅游业的发展为邮轮旅游发展奠定良好的基础。2018年上半年，我国出境游人次达到7131万，同比增长15%。国家移民管理局早前发布的消息显示，2018年上半年内地居民因私出入境证件签发量再创新高，全国公安机关出入境管理部门共签发因私普通护照1641.6万本，同比增长21%。2018年上半年，日本依旧是最受欢迎的出境短线目的地国家，也是目前我国邮轮旅游最为重要的旅游目的地。

（三）邮轮分销模式逐步向切舱、零售为主转变

国际上传统的做法是邮轮公司凭借经验丰富的销售团队，采取“一对一”的服务模式，向乘客提供目的地推荐、航线选择、船票预订、费用收取以及购买后的交通衔接、酒店预订、登船服务、岸上观光等全程跟踪服务，邮轮产品是可由游客自主自助选择组合式旅游产品[①]。目前，中国邮轮市场分销中还是以批发为主要形式，是团队市场，而不是散客市场，使得包船模式在过往有效地推动市场发展。在众多的销售层级中，邮轮游客在较短的时间内获得真实可靠的信息较难，信息也会随着渠道的增多而逐渐失真。采取批发的模式，使得邮轮公司难以与游客进行直接沟通，对游客的真实消费需求了解较少，影响产品的复购率提升。目前中国邮轮市场产品复购率处于较低的水平，在美国市场，邮轮产品复购率高达80%，而中国邮轮市场不过仅仅15%，有85%的游客依然是首次乘坐邮轮。这主要与中国游客对邮轮旅游的认识还较为初浅有关，尚未形成良好的邮轮认知，对邮轮旅游的兴趣不够高，也尚未将邮轮旅游作为一种生活方式，仅仅作为一次旅游体验[②]。

随着互联网的发展，渠道网络化是重要的发展趋势，据统计，目前有

---

① 蔡晓霞、牛亚菲：《中国邮轮旅游竞争潜力测度》，《地理科学进展》2010年第10期，第1273～1278。

② 张言庆、马波、范英杰：《邮轮旅游产业经济特征、发展趋势及对中国的启示》，《北京第二外国语学院学报》2010年第7期，第26～33页。

70%的人通过网络订票，30%的客人通过传统旅行社门店预定，这个比例会逐步降低。随着邮轮旅游的深入发展，中国邮轮市场规模增大，邮轮公司和旅行社在不断探索新的分销模式，切舱、零售是重要的模式，而西方欧美成熟邮轮市场的直销模式，将有望逐渐成为中国市场重要的分销模式，但也需要与中国游客消费习惯和偏好做更好地衔接，探索更多符合中国市场的分销模式。

二　当前邮轮市场存在的问题

（一）邮轮旅游市场培育投入有待加大

在过去的多年间，邮轮文化的普及处于较为缓慢的状态，大量的游客依然十分看重岸上目的地旅游，过分看重邮轮产品的性价比，而非邮轮本身休闲度假的本质属性，将豪华邮轮仅仅作为一种较为廉价舒适的海洋交通工具而已。在中国邮轮市场，使邮轮游客在短时间内转变对邮轮的认识较为困难，从中国旅游业的发展史看，游客旅游出行大多将以自然风景形成的景观和人文历史形成的景观作为旅游目的地，尤其是以A级以上景区作为重要的旅游目的地。而邮轮来源于西方欧美国家，短时间使得中国游客在深层次认知其为旅游目的地是较为困难的，因此，需要大力地宣传推广。

邮轮公司与旅行社都要承担起推广邮轮文化的责任，让更多的游客真正认识邮轮，对邮轮认知的提升将会大幅度提升游客期望的“性价比”。当前我国尚未形成成熟的邮轮文化，市场对邮轮旅游的认知度较低，对邮轮品牌的辨识度不高，必须加大对邮轮的宣传推广，将邮轮信息传递到千家万户。邮轮市场的扩大，需要不断提升邮轮的普及性，让更多的人知道、了解、喜爱邮轮这一出境旅游方式，这是真正能够把中国邮轮市场做大的关键。

（二）邮轮分销渠道不畅导致低价竞争

中国早期邮轮包船销售模式的确促进了邮轮旅游产业的快速发展，但随着中国邮轮市场的爆发式增长，邮轮公司开始不断增加邮轮运力，市场原先的供需平衡状态逐渐被打破，开始出现邮轮供给大于市场需求的局面，致使邮轮市场开始不断出现低价竞争现象。2017 年，上海邮轮市场总供应量为 165 万人次，实际销售 143 万人次。这种低价竞争从某种意义上来说，已经影响到邮轮船票市场的价格体系，扰乱了市场秩序[①]。竞争的结果导致原本一些中高端的邮轮旅游产品为了保持盈利空间，也开始沦为低端邮轮旅游产品，进而压缩了旅行社的盈利空间，并最终导致邮轮旅游服务品质下降，降低了游客的体验和满意度。

目前邮轮公司对包船方的选择和管控能力较强，但在较多层级体系中，对销售链末端的管理不足，导致销售平台的可信赖性较低，一旦其中某个环节出现问题，就会产生纠纷事件。在 2018 年 2 月 3 日布拉旅行邮轮事件中，销售结构为“皇家加勒比—上海海外—途牛旅游网—广西八戒国旅—布拉旅行”等多个层级。并且各个邮轮公司对下游零售商的管理较为欠缺，对船票价格、舱位几乎处于失控的状态，使得整个销售链系统风险系数大幅度地上升。[②]

（三）邮轮产品销售市场规范性和开放性有待提升

目前邮轮船票是“期货交易”，而不是“现货交易”，游客在出行前才可以获得船票。但邮轮产品不同于其他商品，游客为准备邮轮出行付出了较大的时间成本、金钱成本等，若出游没有成行，会导致游客产生损失，就较容易出现纠纷事件。在较长的邮轮分销环节中，存在旅行社向邮轮公司提交游客信息不全或不真实现象，主要是层级较多信息传递失真，或是旅行社处于自我保护，提供虚假信息。这使得邮轮公司及时掌握游客的个人信息较为困难，存在一定的漏洞，在邮轮公司处理问题时难以及时联系到游客，处理

---

① 孙瑞红、叶欣梁：《上海邮轮旅游市场开发的对策研究》，《经济问题探索》2007 年第 3 期，第 165 ~ 169 页。

② 胡建伟、陈建淮：《上海邮轮产业集群动力机制研究》，《旅游学刊》2004 年第 1 期，第 42 ~ 46 页。

紧急事件较为被动。根据《旅游法》规定，旅行社经营出境包价旅游产品，必须具备出境旅游资质才可以进行产品运营和销售，这使得邮轮分销渠道“窄而长”，不利于扩大邮轮分销渠道。

（四）缺少完善的邮轮船票销售监管体系

在当前邮轮旅游市场中，包船、切舱、零售多种模式共存，邮轮公司直销还处于初级阶段，佣金制模式尚未得到全面建立，使得邮轮公司价格管控能力较低。在船票销售的过程中，有些旅行机构既无销售资质，也无相关授权，同时也没有签署任何商务协议，但依然进行船票预售。并且在只是支付部分票款的情况下，能够将其招揽的游客个人信息全部上传到船公司在线值船系统，可以获得邮轮船票，这将带来很大的不稳定因素①。对船票零售商管理不够严密，使得船票黄牛有了生存的空间，在一定程度上导致邮轮低价的问题。缺少船票零售商的准入制度和监管制度，疏于对零售商的监管，将会诱发船票市场混乱。应该建立邮轮船票管理平台，实行注册登记制度，并建立准入机制，扩大船票销售渠道，使得不具备出境资质的旅行社也可以进行船票销售，进一步拓展邮轮分销渠道。

三　对策建议

（一）推进邮轮旅游市场相关主体责任

邮轮公司要落实推动邮轮旅游市场健康有序发展的主体责任。各邮轮公司要严格遵守中国相关法律法规，积极配合政府部门各项政策举措的实施、试点，持续有效强化市场培育，优化经营策略，拓宽市场渠道，加大市场推广力度；主动规范市场行为，切实保障游客合法权益，促进邮轮市场健康有

① 孙晓东、倪荣鑫：《中国邮轮游客的产品认知、情感表达与品牌形象感知——基于在线点评的内容分析》，《地理研究》2018 年第 6 期，第 1159 ~ 1180 页。

序发展。邮轮旅游各代理机构必须遵纪守法，严格执行各项政策措施，加强行业自律，积极配合邮轮公司规范市场行为，避免低价恶性竞争。持续推动邮轮销售渠道和模式创新，加强邮轮文化推广，向游客提供全面准确的产品信息，积极完善服务体系，提升服务质量，全面落实邮轮旅游合同和相应的经营规范，切实保护游客合法权益。

各政府相关部门要着力发挥引导作用，统筹市场资源，推动邮轮产业政策的制定和实施，加强对各类市场主体的分类指导。推进邮轮市场诚信体系建设，严肃查处和惩治违法违规行为，净化市场环境。邮轮游客要严格遵守《中国公民旅游文明行为公约》，认真签订和自觉履行邮轮旅游合同，增强自我保护意识，主动拒绝不合理的低价邮轮产品。遇到纠纷依法维权，主动维护中国公民良好形象。

（二）加强邮轮旅游市场需求培育

构建邮轮文化宣传推广体系。加强公共媒体宣传力度，鼓励邮轮文化在各类公共渠道平台的宣传，支持在长三角地区广播、电视、报纸、杂志、网络等媒体渠道设立邮轮栏目，以及邮轮文化公益系列宣传片、邮轮主题影视作品的制作。加大行业传播渠道资源整合，推动与铁路、航空公司、星级酒店等单位的合作，强化精准营销推广。对举办或参与重大国内外旅游会展、节庆活动邮轮主题内容进行资金扶持。

深化邮轮航线和旅游产品创新。推动邮轮产品的品质化、特色化发展，推动邮轮旅游向优质服务转变。扶持从上海始发的具有特色和不同周期的旅游线路[①]。鼓励支持邮轮公司开辟挂靠上海港的航线，科学有序地增加航次密度。吸引品质优良、特色明显的邮轮开辟上海母港航线，形成层级丰富、规范有序的邮轮旅游产品体系。

加强邮轮内地客源市场开发。鼓励邮轮公司及代理机构开发内地邮轮旅

① 金世源：《基于中日韩比较的釜山邮轮港竞争力研究》，上海社会科学院博士学位论文，2017。

游客源市场，支持在沪航空、铁路建立联程联动机制，推进“邮轮 + 航空”、“邮轮 + 铁路”、“邮轮 + 省际巴士”等“邮轮 +”的有序发展，为游客提供更为便利的交通条件。各级政府部门出台相关政策，鼓励和支持邮轮公司、代理机构培育和开发境外和外省市客源。

支持本土邮轮品牌发展，加强本土邮轮建造，支持中船邮轮产业配套园发展，完善邮轮产业建造配套体系。积极向国家部委争取出台支持本土邮轮品牌发展的专项政策，在邮轮购置方面给予低息贴息和各项税费优惠的政策支持，建立邮轮专门强制报废年限制度，争取放开在本土邮轮品牌的船员国籍限制，争取本土邮轮品牌运营内河及近海航线。

（三）构建邮轮旅游市场治理体系

加强邮轮旅游市场监管。建立邮轮旅游联合执法机制，加强对经营邮轮旅游产品相关机构的监督管理，确保产品销售渠道有序发展。将邮轮旅游产品销售纳入旅游行业管理与诚信建设系统，实行黑名单制度。建立联合会商执法的常态化机制，严厉打击非法屯舱等扰乱邮轮市场健康发展行为①。

全面落实交通运输部船票制度试点任务，建立公共邮轮船票管理平台，提供认证、查询等监管、服务功能。依托管理平台，研究建立船票销售代理准入、评价、处罚、退出机制。邮轮公司应建立船票销售代理的准入制度和监管制度，明确代理机构的等级和标准，对其授权的代理机构进行等级评定、备案认证和考核监督，并授予等级较高的销售代理机构出票的权利。推动邮轮公司建立船票信息的管控机制，完善邮轮船票的退改签制度。销售代理机构应及时将准确、有效、真实、完整的游客信息报送至邮轮公司和口岸单一窗口，确保应急突发事件处置信息联络畅通。相关行为纳入邮轮口岸诚信管理体系，建立相应的惩戒机制。

---

① 陈旭阳：《国外邮轮经济对地区发展作用研究》，《人民论坛》2012 年第 2 期，第 92 ~ 93 页。

产 业 篇

Industrial Parts

G.7
互联网背景下全球邮轮经济动态信息系统研究

邱 羚 齐林恺*

摘 要： 邮轮经济信息系统涉及城市公共服务体系、文化服务体系、教育服务体系、卫生服务体系和安全服务体系等多个层面，需要相关部门、邮轮上中下游产业协同支持。随着新兴互联网技术的迅猛发展，整合信息平台和技术资源，将能够大大增加邮轮经济信息服务的供给效率，推进邮轮经济发展。本文通过研究邮轮产业相关组织之间基于动态信息的合作与协调，对分散、封闭、孤立的邮轮信息资源进行人为控制和管理，实现对邮轮经济信息资源的充分利用与最大增值，在更

* 邱羚，女，博士，上海工程技术大学副教授，上海国际邮轮经济研究中心理事长，研究方向：邮轮经济；齐林恺，博士，上海工程技术大学讲师，研究方向：邮轮经济。

广阔与开放的平台上实现邮轮经济信息资源共享。文章还通过探讨邮轮产业信息化战略实施，对面临的挑战与机遇、政策瓶颈、价值评价与测量方法等提出了相应的行动对策和建议。

关键词： 邮轮经济　动态信息　信息化战略

引　言

邮轮产业综合性强，旅游业边界模糊，无论是在政府决策、宏观调控方面，还是在产业结构调整、基础建设规划方面，以邮轮旅游为核心的邮轮产业都应当作为一个十分重要的方面纳入政府统筹考虑的范围。邮轮产业的多元性与关联性决定了邮轮经济信息系统的协调性和综合性，其重要内容之一是搭建平台，以此协调政府有关部门、港口城市与航线区域、邮轮上中下游有关企业、消费者群体之间的关系，确保邮轮旅游活动的顺利进行，促进邮轮产业的发展。

一　研究背景及意义

（一）研究背景

1. 邮轮产业数据融合应用重要性愈发凸显

《2017 中国大数据产业生态地图暨中国大数据产业发展白皮书》（以下简称“大数据产业白皮书”）数据显示，融合应用层是大数据产业未来发展的着力点，其发展阶段如表 1 所示。

表1　互联网背景下大数据应用发展

应用阶段	年份	应用内容	系统工具
数据沉淀,业务信息系统上线	2005～2010	以金融、保险、银行、电信、电网、医疗为主的大客户群体陆续上线各类信息系统和业务系统。数据沉淀周期3～5年,2013年形成了一定的数据规模	类似于ERP、CRM、OA和HIS等
大数据分析架构,企业应用	2011～2013	云计算和大数据等概念开始出现在公众视野中	以Hadoop为代表的数据分析架构、以SAP BO、Oracle BIEE和IBM Congos为代表的各类分析工具
大数据行业领域解决方案,市场应用	2013～至今	数据采集、交互式查询、机器学习和可视化的大数据分析全流程,业务场景下的数据分析成为重中之重	软硬件供应商不断涌现

2. 线性产业价值链向网状价值链逐渐演化

近五年，邮轮产业链纵向一体线性结构的产业价值链弊端逐渐显现，每一环节按照线性趋势创造价值的同时也增加成本。互联网下的邮轮经济信息系统能够使得这种以技术分工为基础的线性价值链演化为以价值分工形成的服务关联为基础的网状价值链，将改变邮轮产业链上的企业竞争基础，价值链中的核心企业将成为标准制定者。例如当前新一代消费者基于互联网进行搜索和消费的习惯正初步形成，在邮轮中下游，互联网平台引入港口及商旅服务市场之后，港口城市的邮轮、酒店、餐饮、交通、娱乐整合形成综合解决方案并向消费者定向发布成为可能，即为邮轮产业价值链融合的高端表现形式之一。

3. 邮轮产业－区域经济－信息系统协调发展

邮轮产业系统、区域经济系统和邮轮经济信息系统之间互相促进成为一个有机整体，在信息系统的技术支撑下，邮轮产业与区域经济相互作用，共同发展，信息系统是技术保障、区域经济系统是基础支撑。

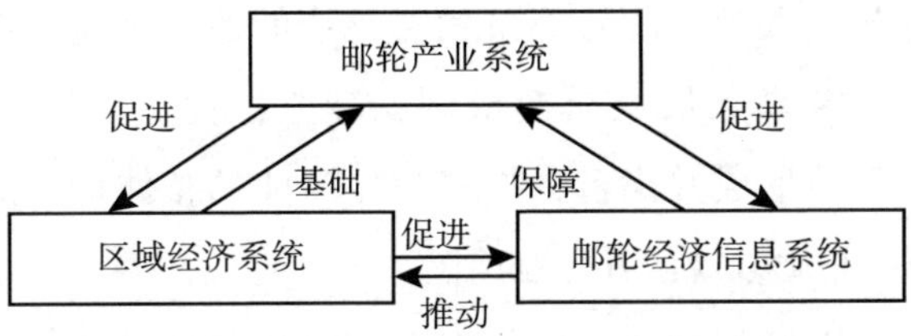

图1　邮轮产业－区域经济－邮轮经济信息产业系统协调发展

邮轮产业能够增加国民收入和外汇收入、优化调整区域产业结构、提升跨区域合作与交流、带动关联产业、增加区域就业、促进生态环境保护等。同时邮轮旅游信息产品和信息服务更具有地域特征，促进信息系统的发展。反过来，良好的区域经济发展水平不仅能够刺激邮轮旅游消费，也可以在邮轮旅游资源开发、港口基础设施建设、邮轮服务提升等方面为邮轮产业的发展提供资金保障，为邮轮经济信息系统的发展提供雄厚的资金支持、人才保障等基础条件和支撑，并且能够促进三产对信息设备和信息服务的需求，推动邮轮经济信息系统的发展。

（二）研究意义

1. 提高邮轮港口对产业链发展的贡献度

邮轮经济信息系统的建设有助于集成邮轮母港基础设施建设运营信息、邮轮维修保养信息、邮轮公司运营管理信息，带来邮轮船只、航次、产品、游客等数量的增长，从而促进邮轮旅游产品衍生，带动周边行业发展，提高对城市和产业链发展的贡献度。

2. 推进我国邮轮旅游市场的逐步渗透

邮轮经济信息系统可以提高邮轮旅游的市场渗透率，通过捕捉邮轮游客对目的地和邮轮旅游的多元化期望，分析游客的消费倾向和消费偏好，激发消费需求，培育消费习惯。

3. 促进邮轮相关政策形成完整体系

政府宏观管理部门可以利用邮轮经济信息系统进行科学的预测、分析、规划，进而制定相关政策。邮轮经济信息系统的建设还能够促进不同政府职能部门之间的信息共享和信息交换机制的建立，促进各职能部门间协同工作，有助于相关政策形成并出台，提高邮轮产业的整体运作效益。

4. 完整产业链布局以规避并控制风险

邮轮经济信息系统的构建，首先有助于金融软环境的建立，规避和控制风险；其次有助于推进下游的线上转移，形成多渠道资本汇集；再次，有利于整合中游相关资源；最后，能够有效促进邮轮产业链的整体演化发展，在整合运营、建造、配套方面形成更高层次的完整产业链布局，能够最大限度规避风险、控制风险，同时增强产业辐射范围，获得邮轮经济的发展。

5. 整合现有信息资源避免重复建设

通过统一规划邮轮经济信息平台的功能和构建框架，上游制造企业可以发布、查询和接收邮轮制造供应链、融资等配套信息；中游运营企业可以发布、查询和接收船票、航线、产品等邮轮运营信息及港口动态信息；下游消费者可以发布、查询和接收消费体验信息；政府部门可以发布、查询和接收相关交通、出行、天气、行业、检验检疫等公共信息服务；研究机构可以发布、查询和接收相关监测和研究信息。从而提高邮轮行业的透明度，打破邮轮组织条块分割所产生的屏障，为邮轮经济发展提供支持和保障。

二　互联网下邮轮经济信息系统概念框架

在新兴技术的支持下，能够将分散在多个组织中的信息资源结合成为一体化、连贯的经济信息供给系统。将各级旅游行政管理部门、政府监管部门、邮轮上中下游企业、非营利组织作为网络节点，强调跨组织的业务协作和信息资源共享。

（一）研究思路

邮轮经济动态信息系统不仅是信息服务领域内部的跨组织跨部门建设

与组织制度、政策和社会环境相互影响、相互作用的结果，也是一种基于公共服务理念，关注更大的公共利益的新价值观形成的结果，是政府部门、企业、非营利组织之间发展新型战略合作关系的结果。故而该系统的研究不仅涉及技术层面的问题，更多涉及管理层面的研究，是技术与政策、制度、管理等相融合的过程，非技术因素的作用比技术因素更加复杂和重要。

（二）跨系统信息服务协同模式

1. 政府为邮轮经济信息系统建设和维护的主导者与组织者

政府部门能够从全局角度总体规划邮轮信息化的长远发展；建立相应的商业市场规范体系；整合职能部门以及各相关方的力量及资源；提供良好的市场服务环境；建立相关的标准规范体系；推动邮轮企业内部信息系统与邮轮电子商务平台的建立；实现邮轮与银行、海关、公安的业务信息系统之间互联互通。

2. 建立信息共享主体之间的磋商机制

邮轮旅游航线区域所涉及的范围较广，区域的经济及社会发展水平不一。邮轮经济信息共享主体成员之间需要进行探讨并明确邮轮信息交流的范围、交流对象、信息平台的搭建、网络基础设施建设、业务数据提供、相关方的权力义务等问题，并需要相关制度保障。

3. 建立信息共享主体之间的合作联席会议制度

能够了解邮轮政策及其实施效果，及时跟踪邮轮产业发展情况以及邮轮企业的运营状况，及时响应旅游市场及产品的需求。依托信息平台，监管部门能够规范邮轮市场秩序，督促其提高服务质量，通报其安全情况等，并将上述相关信息发布在信息平台上，使得联席成员能够掌握实时情况，进行市场信息的分析和判断。

4. 建立邮轮经济信息平台运维职能机构

邮轮经济信息系统平台的管理和维护，需要专业的组织机构，例如成立邮轮旅游信息交流中心，主要任务包括挖掘和公布邮轮产业资源、投资机会、邮轮市场动态以及邮轮旅游服务相关信息。可以将邮轮产业上中下游企业及相关部门、机构吸纳为会员，制定信息共享制度。

三　邮轮经济动态信息系统概念模型

1. 以面向邮轮旅游消费者为核心的邮轮旅游信息服务

致力于提升邮轮旅游体验，应用最为广泛，表现形式主要有邮轮旅游相关网站、信息化管理以及信息基础设施建设。

2. 以面向邮轮产业发展为核心的经济运行信息服务

邮轮经济运行信息服务涵盖邮轮产业链相关信息、港口城市、航线区域的公共服务体系，例如卫生医疗服务体系、旅游文化服务体系、安全保障服务体系、船供物流体系等多个层面，具有整体性和系统性。具体服务包括邮轮经济运行综合分析；对不同区域间的邮轮旅游往来，经贸、交通、船队等走势分析；对不同地区、不同行业的消费者对邮轮经济发展的关注、态度倾

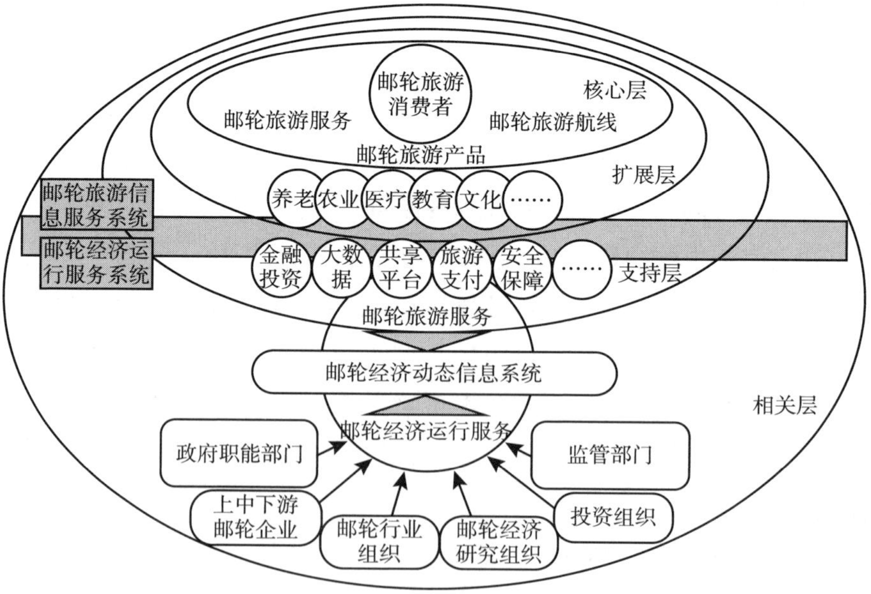

图 2　邮轮经济信息系统概念模型

向及情感变化等分析；对专家学者权威的言论进行跟踪和分析；较为全面反映用户的需求；预测市场行情、资金流向等。

四 互联网背景下邮轮经济信息系统设计

1. 总体架构设计

系统由政府部门、邮轮港口、邮轮公司、邮轮旅游中介或研究机构等提供数据，依托互联网大数据平台进行管理，并提供数据接口给邮轮旅游信息服务系统和邮轮经济运行服务系统。而这两个系统则依托于平台提供的数据，为消费者、企业、机构和政府部门等用户提供服务。

2. 信息平台分析

邮轮经济信息平台的系统设计主要从邮轮基础数据资源系统设计、邮轮信息交流系统设计、邮轮经济信息服务系统设计和邮轮旅游管理信息系统设计四个方面展开，应用系统组成如图 3 所示。

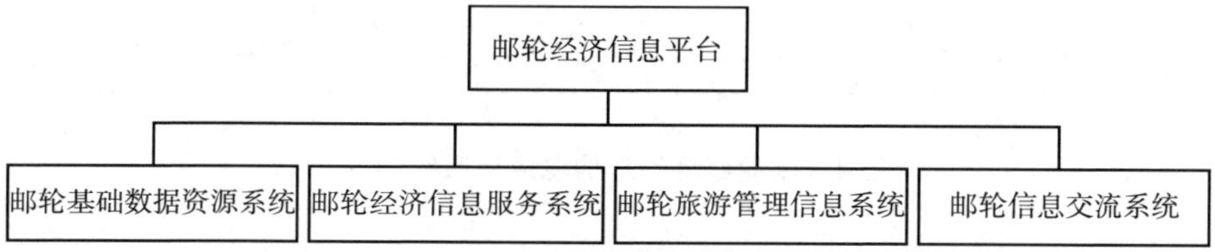

图 3　邮轮经济信息平台的组成系统

3. 应用系统设计

邮轮经济信息数据主要存放在大数据的平台下。由政府相关部门、邮轮港口、邮轮公司和邮轮旅游中介等机构定期进行数据提供与管理。大数据平台为指定的 IP 地址下的网络节点提供数据接口，这样就可以为邮轮经济信息服务系统和邮轮旅游管理信息系统提供数据支持，使其能够服务于消费者、企业、政府部门和其他机构。

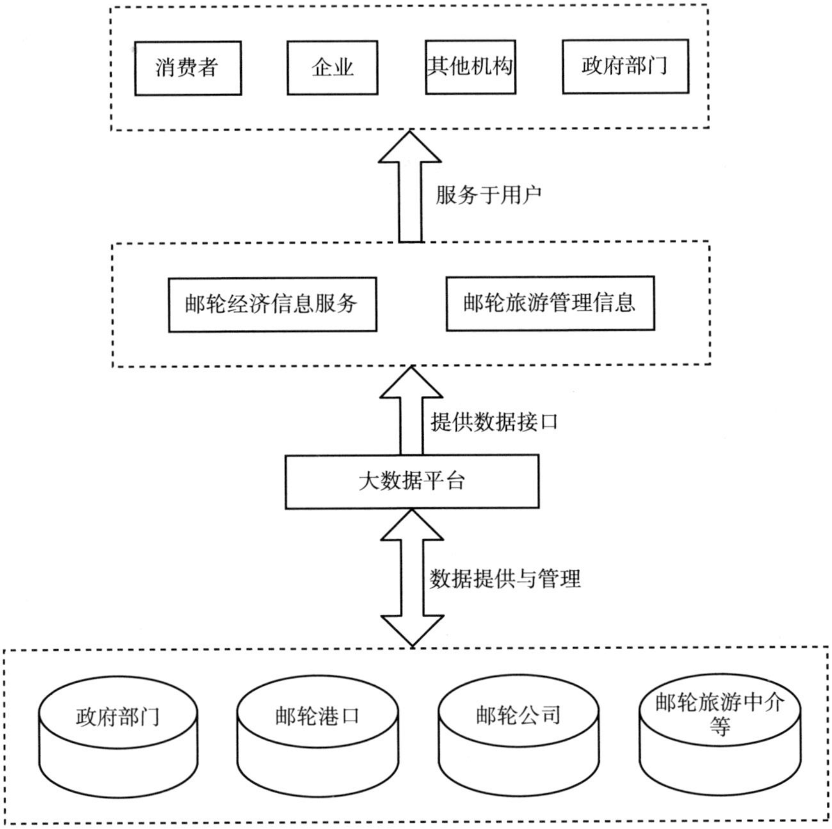

图 4　邮轮经济动态信息应用系统架构

五　邮轮经济动态信息系统功能应用

为邮轮经济信息平台进行有效的运维管理，邮轮经济信息系统共享成员之间利用平台的统一查询界面、统一网络接口、规范化的信息报送方式建立动态信息库，联通各自的邮轮产业相关信息资源。通过信息中心发布各区域邮轮旅游信息、邮轮产品信息、航线宣传推介信息、政府宣传信息等，从而对外建立起统一的整体邮轮形象，有利于消费者以及潜在消费者全方位了解邮轮产品。另外，也能使得组织成员实时掌握区域内邮轮经济运行情况。

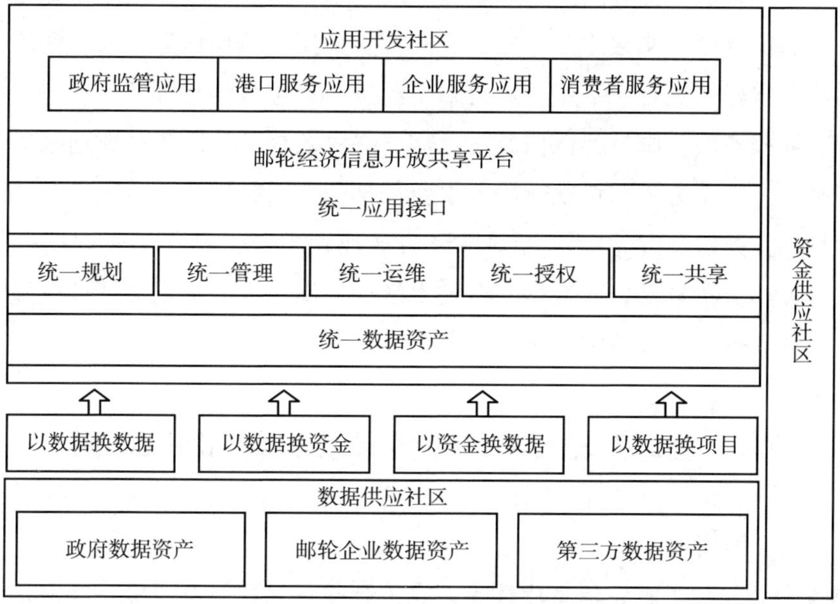

图 5　邮轮经济信息系统的应用框架

邮轮经济信息系统应用框架的实现分为两个部分：顶层面向用户的应用开发社区的实现以及图中数据接口、数据资产管理的实现。前者为技术层面的实现，后者主要依赖于管理层面的实现。

技术层面的实现过程如图 6 所示，管理层面的实现主要依赖于前文所述信息共享主体之间的磋商机制、联席会议机制、专职机构的设置等方式。

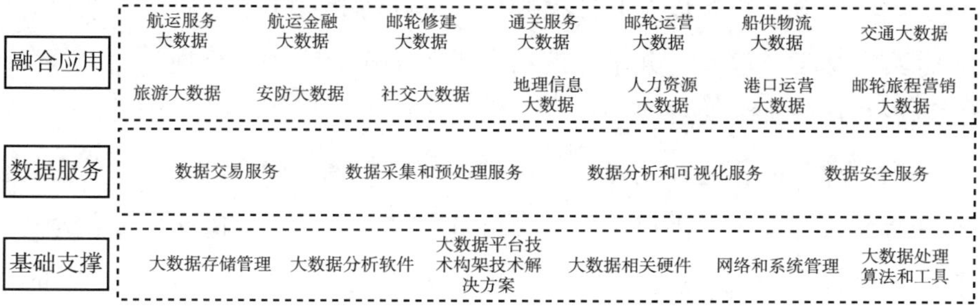

图 6　邮轮经济信息平台基本功能

融合应用层，为利用航运服务、金融、邮轮修造、通关边检、邮轮运营状况、船供物流、交通服务、旅游、安防、社交、地理信息、人力资源、港口运营、旅程营销等大数据，进行邮轮经济信息综合信息服务。

数据服务层，邮轮经济信息平台需要提供数据交易服务、数据采集和预处理服务、数据分析和可视化服务以及数据安全服务。

基础支撑层，邮轮经济信息平台的基础设施与工具包括大数据存储管理、大数据分析软件、大数据平台技术解决方案、大数据相关硬件设施、网络及系统管理以及大数据处理算法和工具。

六　全球邮轮经济动态信息系统实施保障体系

1. 政府层面

首先，要改革邮轮信息化政策，完善邮轮信息化融合制度。经济信息平台是响应国家号召的产物，其建设与运营需要依靠政府有关部门制定相应制度。比如由于客观原因造成航程延误或者航线变更的情况下，游客的非物质损伤赔偿、申诉及处理机制可以从邮轮经济动态信息系统中找到相关的制度依据，这样在一定程度上可以避免“霸船”现象的出现。再比如游客信息的统计，经过脱敏处理的游客信息在政府、邮轮公司、下游衍生公司等单位间共享的行为，必须有法可依，有制度可行。因此，邮轮经济信息系统的运行需要坚实的制度保障支撑，制定完备的邮轮信息化规章制度，包括元数据共享、联合、统一服务以及元数据制作和交换等相关条例与章程。在信息资源的采集、加工、存储、共享、流动、服务工作流程中进行规范，以保证邮轮信息服务稳定和持久运行。

其次，要破除管理体制障碍，推进各部门协调联动。邮轮产业信息广泛散布在邮轮公司、邮轮港口码头、交通港口局、旅游局、邮轮引航代理、口岸办、海事局、海关、边检以及检验检疫等相关口岸监管与业务运营部门，邮轮经济信息系统建设迫切需要这些有关部门建立无缝整合的协作联动机制与信息对接机制，以实现信息的及时交换、动态更新和共享。

为从根本上改变原有条块分割、各自为政的分散性管理态势，实现邮轮经济信息系统的集中规划、管理与调控，可由邮轮港所在省市、辖区政府牵头，构建“邮轮经济信息系统建设协调中心”来统筹联系邮轮产业各相关职能部门和机构。通过各部门联动，从信息流动、职责分工及管理运行等角度实现功能整合，使之“信息流动畅通、职责分工明晰、管理运行高效”，从而完善并提升邮轮产业信息的归口收集、分析处理、行业共享与定向发布等功能。

2. 企业层面

第一，加大软硬件投入，提升信息化运维水平。邮轮经济信息系统建设包括信息基础设施建设、信息服务主体建设和数据库信息系统建设等多个方面。信息基础设施建设是构建邮轮经济信息系统的基础和起点，主要包括信息设备、通信网络的投入和建设。由于硬件基础是满足邮轮产业动态信息需求的根本，也是软件数据库信息系统建设的前提，因此，企业自身需要加大信息化建设投入，分步骤、分阶段、分层次地建立基础数据中心、网络和移动终端等软硬件基础设施，为邮轮经济动态信息系统构建提供硬环境支撑及保障。

此外，在信息化建设上还需加强后续的运维管理，保障邮轮企业与消费者的信息安全。一是加强信息安全保障能力建设，增加安全防护工具，防止信息泄露事件发生。二是注意网络信息的过滤、筛选和提取。需建立有效机制持续过滤垃圾信息，提取有效信息，保证邮轮经济信息平台的信息质量。

第二，加快复合型人才培养，人才引进与人才考核并举。信息队伍是邮轮经济动态信息系统建设的先决条件，需以邮轮产业信息化需求为导向，加强相关人才队伍建设。

一是人才培养。可充分借鉴国外先进经验，与高校院所和机构进行合作，建立人才培训定点基地，共同培养所需邮轮专业信息化人才。与此同时，还应逐渐重视和有意识地培养邮轮市场所需的中高端人才，尤其是具有邮轮市场运营、邮轮管理以及大数据统计等多方面知识的复合型人才，从而为邮轮经济信息公共平台建设及邮轮市场的长远发展提供智力支撑和保障。

二是人才引进。可制定优惠政策，从国内外引进高级邮轮经营管理人才。引进各行业、各单位在信息经济、信息技术、信息管理等方面的专才，从而优化邮轮信息队伍的整体结构和人才布局。

三是人才考核。政府与行业协会可共同制定邮轮行业人才评定标准，为人才进入设定基本条件，保证行业人才的基本能力和基本素质。构建官产学研联动，学历教育与职业资格培训结合的人才培育模式，摆脱邮轮信息化专业人才不足的困境。

3. 市场层面

第一，建立健全投融资机制，强化“政府 + 市场”资金模式。从前期建设来看，需要政府相关部门进行资金方面的支持。邮轮经济信息系统建设具有较强的社会公益性特征及明显的公共服务产品属性，整体表现为投资大、周期长、见效慢。因此，政府可设立平台建设专项资金，出台财政贴息相关政策等，以帮助邮轮企业更好地推进平台建设项目实施。

从后期更新与维护层面来看，一方面，由政府相关部门拨款，并在经济金融领域给予相应的优惠、支持和鼓励（如信贷、税收、金融等配套扶持政策）；另一方面，由相关会员单位承担平台运维费用，以增值服务的市场化运作方式保证良性运作。综上，要创建多元化、多层次、多渠道的社会力量参与机制及投资方式，集成多方投资渠道，形成以平台市场化运营为主、政府财政投入为辅的融资途径。

第二，坚持以市场需求为导向，强化信息化利益共享。为邮轮旅游消费者提供满意的服务是构建邮轮经济动态信息系统的根本目的，也是实现信息平台各服务主体利益的基本前提。因此，邮轮经济动态信息系统的建设应坚持以市场需求为导向，提升邮轮旅游服务质量与服务保障。

邮轮旅游消费者是信息服务平台的受惠主体，邮轮经济信息系统的构建，其宗旨在于掌握邮轮游客的真实需求，建立和完善自下而上的需求表达机制，畅通邮轮旅游消费者与信息服务机构的双向沟通渠道，提升邮轮产业链的协同效率，以避免邮轮旅游服务的盲目性与资源浪费。

面对个性化的邮轮消费需求，各服务主体可利用邮轮经济信息服务平台创新服务方式，切实提高服务能力。建立多层次、多形式、多渠道的信息发布窗口，创新政府、企业、机构与消费者信息的共享、集成、利用和再创造机制。概括而言，即以终端邮轮消费者为节点，在各方基于信息平台实现利益共享的基础上，推动邮轮经济动态信息系统的形成、发展与不断完善。

参考文献

汪泓：《中国邮轮产业发展报告（2016）》，社会科学文献出版社，2016。

孙晓东：《邮轮产业与邮轮经济》，上海交通大学出版社，2014。

王东霞：《邮轮港口的经济影响分析及其对我国的启示》，《水运管理》2017 年第 2 期。

陈福香：《“邮轮 +”背景下的产业链发展》，《中国港口》2016 年第 8 期。

蔡明杰：《大数据下动态信息系统约简理论及应用》，湖南大学硕士学位论文，2016。

蔡佩林：《基于粤港澳航运一体化的动态信息采集系统平台建设》，《水运管理》2017 年第 9 期。

尤敏：《空中交通管理航行情报动态信息处理系统设计的探讨》，《科技与创新》2017 年第 5 期。

刘冰：《航行情报动态信息处理系统的研究与设计》，电子科技大学硕士学位论文，2014。

汪洋：《基于系统动力学的邮轮产业竞争力研究》，大连海事大学硕士学位论文，2017。

G.8
全球邮轮经济圈发展模式比较研究

吴明远　吴喜艳　刘道非*

摘　要：　伴随着世界经济的全球化合作、信息化推动、市场化发展的大趋势，邮轮产业的发展更加呈现市场共享、信息共享、政策互动、资源互补的新特征，邮轮产业的区域化集聚成为当今邮轮产业发展的趋势之一。邮轮旅游产业在发展的整体历史进程中，充分显示出区域互动性、空间链接性、产业关联性、文化渗透性诸多特质。全球各大洲、各区域间各自的资源禀赋、产业条件、文化历史、发展机制、成长道路不同，形成了区域特色浓郁的特色邮轮经济圈，其发展模式、产业结构、管理经验对东北亚邮轮经济圈的构建和发展具有重大的启示和借鉴意义。本文通过对全球邮轮经济圈的比较研究，揭示邮轮经济圈的内部结构与发展动力，为打造资源共享、优势互补、分工协作的东北亚邮轮经济圈，促进该邮轮经济圈层结构更加合理化、发展更加稳健提供理论支撑。

关键词：　邮轮经济圈　内部结构　模式比较

引　言

随着邮轮在旅游界中的崛起，公海国际航行邮轮越来越成为中国游客的

* 吴明远，上海工程技术大学教授，研究方向：邮轮经济；吴喜艳，女，上海工程技术大学硕士研究生，研究方向：邮轮文化；刘道非，旅游管理学士，上海紫华国际旅行社，主要研究邮轮旅游接待与服务规范，邮轮旅游消费心理。

重要选项，中国政府加大了对邮轮经济、邮轮产业的支持力度，2012 年 9 月，第一个“中国邮轮旅游发展实验区”获批；第二年，中央政府明确表示支持包括邮轮和游艇港口与码头等在内的旅游与休闲基础相关设施的建设。在同年国务院批准设立的“上海自由贸易实验区”的总体设计方案中明确要求，要提升中国在国际航运中的服务能级，要积极探索并形成具有国际竞争力的航运发展模式和运行制度。这些直接相关的支持政策极大地增强了中国邮轮产业发展的动力。到目前为止，上海、天津、青岛、厦门等沿海港口城市都在积极开展邮轮港口、码头、接待、服务等各项基础设施和综合设施建设，以期建成要素齐全、功能完善的国际邮轮港口，进而提升为国际邮轮城、国际游艇俱乐部和基地。可见，中国邮轮产业建设与邮轮旅游消费正在逐年高涨，中国邮轮市场正在不断繁荣，邮轮旅游不断发展，形成带动强烈的邮轮产业链，刺激邮轮旅游消费提升与增长，成为现代休闲娱乐新的“增长点”、“发力点”。

时至今日，邮轮经济不断发展壮大，已经成长为海洋经济的重要组成环节。邮轮产业，以围绕大型豪华邮轮的客运运载和休闲服务为核心，形成邮轮装备制造，海上航游与休闲，岸上旅游市场开发、邮轮船供、邮轮旅游接待，邮轮教育与培训、邮轮管理与公共服务、旅游资源开发与管理等系列产业与服务。具体而言，就是通过大型豪华邮轮形成不同航程、不同线路的近海游、跨大洲游、环球航游等各种海上旅游方式，与邮轮旅游相关的各个产业要素：比如旅游交通、游览观光、餐饮住宿、教育培训、购物娱乐、探险休闲、会议商务组合为一个有层次、有维度、有交叉的综合性产业链群。正是因为邮轮产业的发展模式与发展带动性不同，从而构建并带动区域邮轮港口建设与发展、邮轮码头运营与接待、邮轮船只的维修与检测、邮轮燃料与消耗品供应、岸上市场拓展与游览等相关产业的发展，形成具有集聚性效应的邮轮区域经济圈。

一　邮轮经济圈形成的主要内在因素

（一）邮轮经济圈的基本结构

所谓邮轮经济圈是指世界上一些国家和地区间，在发展邮轮产业的过程中，为了取得相应的经济成长效益、社会发展效益和生态环境效益，围绕邮轮旅游资源开发与建设的中心，以邮轮产业链建设为纽带、以邮轮旅游的文化交流与感知为基础，通过选择不同的邮轮产业链建设与发展模式，形成了包含一定地理空间和经济辐射空间的经济合作圈、文化交流圈、综合交通圈、资源互补圈、产业合作圈等五大要素协作发展的区域。邮轮经济圈是由一个发达的邮轮经济区域中心，和与这个区域中心密切关联且通过中心辐射带动的若干腹地区域所构成的经济区域。邮轮经济圈具有三大特征：第一，有一个影响力巨大的邮轮经济中心。作为一个经济圈，这个经济中心区域，承担资源、人才、产业要素凝聚、汇聚、集聚功能，最主要的表现是巨大的游客输出能力。第二，有若干腹地或邮轮旅游可以抵达的港口区域。它们主要是邮轮经济圈中心区域游客能量释放或扩散的接受地，也是支撑中心城市发展的旅游要素资源供给源。第三，中心与腹地的内在经济联系主要通过邮轮活动紧密连接，如图 1 所示。

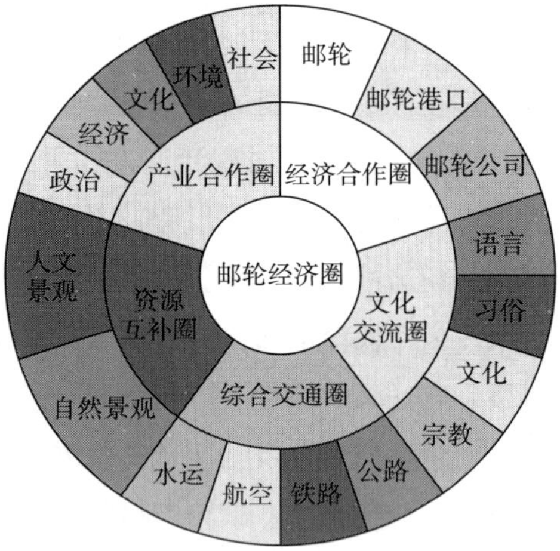

图 1　邮轮经济圈基本结构模型

（二）邮轮经济圈的内在因素与功能实现

1. 邮轮经济圈内在因素

邮轮经济圈影响因素由需求侧和供给侧两个方面构成。需求三要素分别为投资、消费和出口。投资是邮轮经济圈形成的支撑力量。消费是邮轮经济圈形成的核心。出口对邮轮经济圈的影响主要是两大板块：一是邮轮目的地出口旅游服务，即邮轮到访港提供邮轮旅游接待服务；二是旅游船舶公司提供邮轮海上航游的服务。

供给三要素是劳动、资本和技术。劳动主要是指邮轮产业链上的劳动力支撑，以及人才的数量与质量。资本主要是指在邮轮经济圈形成过程中，邮轮产业链上的资本投入的主体和意愿，目前邮轮产业链上的投资主体主要是政府投资 + 企业投资。邮轮经济圈的技术，主要是指邮轮产业链上的技术背景及可能性，如邮轮运营制作的技术和培训环境，邮轮运营的规划和经验，邮轮港口开发的技术支撑与保障等，如图 2 所示。

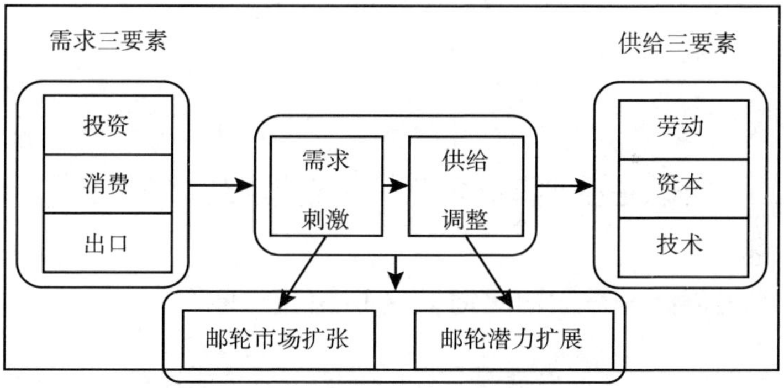

图 2　邮轮经济圈要素与功能结构

2. 邮轮经济各要素间相互关系及其对邮轮经济圈的影响

邮轮经济是以邮轮旅游的开发与运营为核心产品，吸引邮轮旅游者的旅游休闲活动，从而关联其邮轮旅游者同邮轮旅游企业之间以及邮轮旅游企业同相关企业之间的各种综合性的经济关联。邮轮船公司加上邮轮旅行社等各类旅游企业为邮轮游客提供包括餐饮、住宿、交通、游玩、购物、娱乐消遣等服务，获得旅游者支付的报酬，达成两者之间的经济交往与互动。如前所述，邮轮经济圈作为区域经济概念，包括邮轮港区建设、邮轮航线管理、邮轮市场拓展，邮轮经济辐射、邮轮文化创意、邮轮客源组织、旅游资源开发等各项经济、文化、社会活动。本部分主要分析邮轮经济圈中需要三要素与供给三要素在邮轮经济圈形成过程中所起到的主要作用，如图 3 所示。

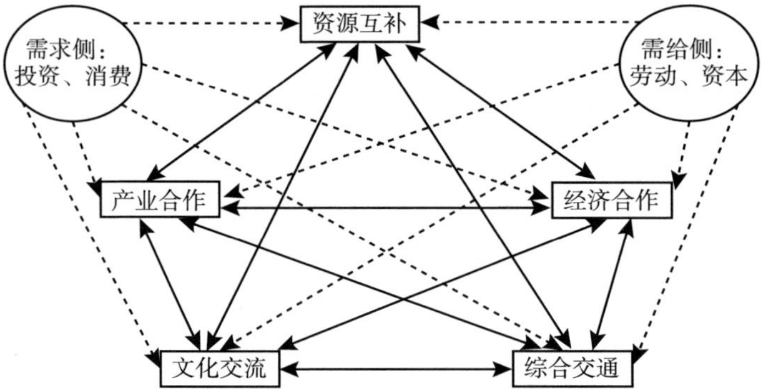

图 3　邮轮经济圈内部要素关系

二　全球主要邮轮经济圈的典型模式和各自特点

（一）北美洲——加勒比海地区邮轮经济圈

北美是世界邮轮产业发展最领先的地区，早已形成成熟丰富的邮轮经济群落。该区邮轮经济圈，邮轮旅游呈现出典型的规模经济特征。

1. 北美洲——加勒比海邮轮经济圈的基本结构特征

邮轮经济圈层活跃，全球最发达，邮轮市场、邮轮创意、邮轮产业、邮轮文化都引领全球；邮轮文化圈交流频繁，基本上处于邮轮客源国与邮轮目的地国的单向输送；邮轮交通圈通畅，客源国内部交通十分发达，目的地交通不发达，客源国到达目的地的海上与空中交通发达，海上无障碍；邮轮资源圈开发到位，两大特征：热带岛屿与岛国景观 + 特殊的殖民与文化混合景观；邮轮产业圈规模庞大，强大的北美邮轮组织运营 + 强大的客源输出 + 互补强烈的客源国与目的地互动，见图 4。

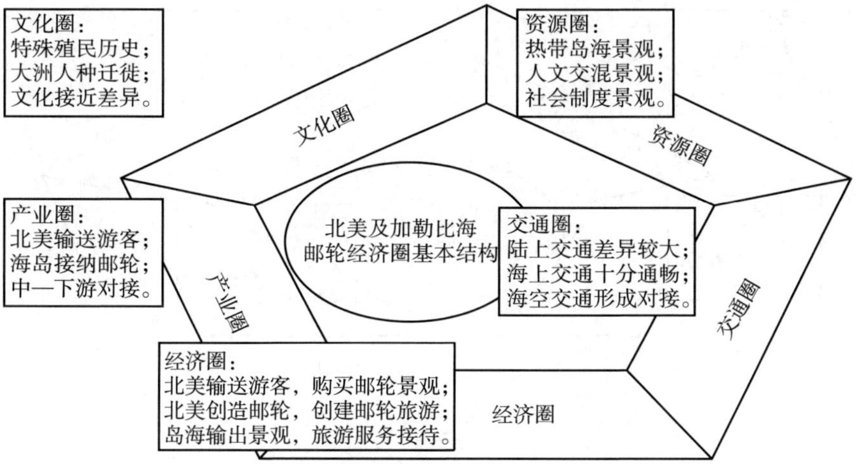

图 4　北美——加勒比海地区邮轮经济圈结构

2. 北美洲——加勒比海邮轮经济圈的要素功能特征

邮轮需求要素表现：投资偏向中游，邮轮公司众多，邮轮船只众多，邮轮需求强烈；邮轮消费巨大，长期引领全球邮轮市场增长；旅游出口，强烈单向流动性，主要表现为北美洲游客前往加勒比海地区的岛国进行邮轮旅游；邮轮供给要素表现：邮轮中下游人力资源体系全面，保障充分，人才十分丰富；邮轮技术支持能量，邮轮中下游技术和经验十分丰富，能有效保障邮轮中下游产业持续、稳健、高速成长。

（二）欧洲——地中海邮轮经济圈

1. 欧洲——地中海邮轮经济圈的基本结构特征

邮轮第二活跃的经济圈，全球第一大邮轮制造市场、第二大邮轮旅游市场；邮轮文化最富有魅力的交流，邮轮设施文化、邮轮建造文化、邮轮旅游文化丰富多彩；邮轮交通通畅，海陆空交通发达，邮轮客源组织方便；邮轮资源得天独厚，地中海自然风光 + 地中海历史文化景观；邮轮产业圈展现，邮轮制造 + 有力的邮轮运营 + 客源休闲度假需求 + 互补强烈的客源国与目的地互动，见图 5。

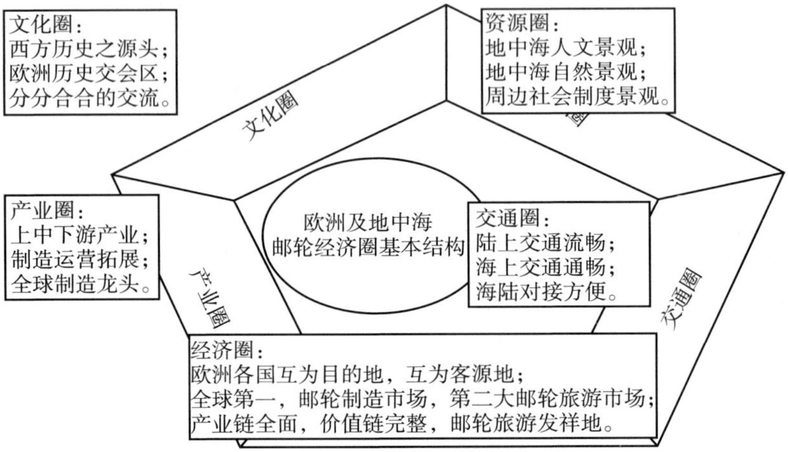

图5　欧洲——地中海地区邮轮经济圈结构

2. 欧洲——地中海邮轮经济圈的要素功能特征

邮轮需求要素表现：投资偏向，全球邮轮建造最主要区域，全球邮轮增长第二大区域；旅游出口，欧洲国家双向流动性 + 地中海开展度假邮轮旅游。

邮轮供给要素表现：邮轮产业链劳动力供给充分，邮轮上中下游人力资源体系全面，人才十分丰富。邮轮技术支持能量强大，邮轮上中下游制造、设计，港口规划、线路开发、经营、管理、各项保障的技术和经验十分丰富。

（三）澳洲——南太平洋邮轮经济圈

1. 澳洲——南太平洋邮轮经济圈的基本结构特征

适度的邮轮经济规模，全球第四大邮轮旅游市场，中下游邮轮产业链；区域性邮轮文化圈交流，到访与母港双向输送；邮轮交通比较畅通，海空交通发达，目的地交通便捷；邮轮资源圈特征明显，南半球太平洋自然风光 + 移民文化与土著历史文化景观；邮轮产业圈展现，强大的欧美邮轮运营 + 休闲度假目的地 + 本地客源国与目的地国叠加，见图6。

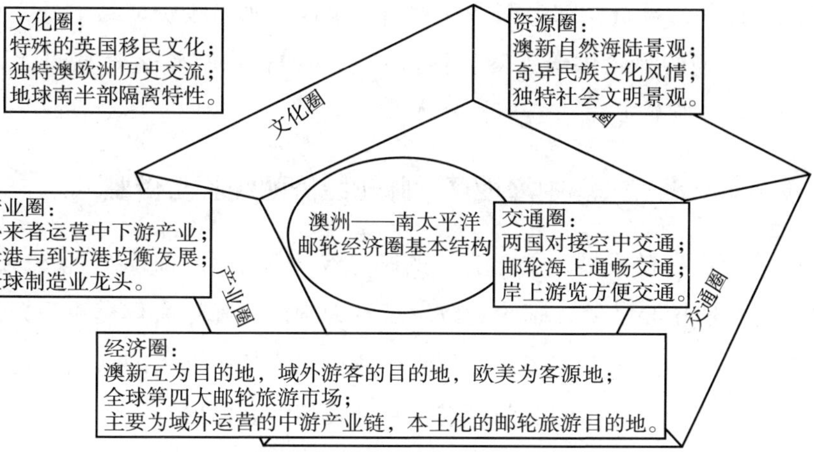

图6　澳洲——南太平洋地区邮轮经济圈结构

2. 澳洲——南太平洋邮轮经济圈的要素功能特征

邮轮需求要素表现：投资偏向，主要集中于邮轮下游到访港的岸上产品开发与营销；邮轮消费较为固定；旅游出口，主要吸引欧美游客的目的地。

邮轮供给要素表现：邮轮下游人力资源体系较为可靠，邮轮目的地供给人才丰富。邮轮资本市场，相应的邮轮旅游市场金融支撑保障，市场增长较缓慢。

邮轮技术支持能量，邮轮下游的产品制造、设计、开发、营销经验十分丰富。

三　全球主要邮轮经济圈典型模式的经验借鉴

（一）北美洲——加勒比海地区，邮轮经济圈经验与借鉴

（1）需求强劲，供给充分的邮轮经济圈结构，邮轮文化辐射力强，邮轮资源丰富多彩，邮轮产业展现强劲。

（2）要素齐全，功能配置合理的邮轮圈内生动力；强烈的邮轮旅游消

费，催生强劲的投资；邮轮消费一直引领全球，邮轮投资体系十分完整。

（3）坚强的邮轮供给保障，促进强烈的增长；邮轮运营高级，人力资源十分丰富，邮轮旅游核心支撑技术非常强大。

（二）欧洲——地中海地区，邮轮经济圈经验与借鉴

（1）全产业链发展，要素齐全的邮轮经济圈结构：邮轮产业链条最长、全球邮轮制造核心区域、邮轮经济发展较为均衡；邮轮文化交流频繁，交通畅通无阻，邮轮资源类型多样，邮轮产业快速成长；强大的欧洲邮轮制造 + 邮轮组织运营 + 客源休闲度假需求 + 互补强烈的客源国与目的地互动。

（2）制作需求旺盛，供给要素全面的内在机制：悠久的海运与造船历史，催生全产业链的增长，为全球邮轮建造核心，上中下游发展全面；邮轮消费历史最为悠久，邮轮旅游消费观念成熟。

（3）邮轮供给三要素保障充分，促进全产业链增长：全产业链劳动力供给充分，邮轮金融资本支撑强度巨大，全产业链技术支持能量超强。

（三）澳洲——南太平洋地区，邮轮经济圈经验与借鉴

（1）规模适度，巧借外力的邮轮经济圈结构：适合本区经济发展状态的邮轮旅游市场与规模，双向的邮轮文化交往。

（2）独特的邮轮资源特征开发体系，南太平洋自然风光 + 特殊的移民文化与土著历史文化景观，凭借外力的邮轮产业。

（3）适合到访，注重下游的要素功能特征：旅游服务的投资需求，区域内外合成的邮轮消费，重点保障邮轮旅游的技术支持。

四　东北亚邮轮经济圈形成所面临的主要障碍

（一）中国——东北亚邮轮经济圈的基本结构

快速增长的全球第三大邮轮旅游市场区域、新生的上中下游邮轮产业链

区域，以日韩为主的邮轮接待地文化、到访与母港输送不均衡的邮轮旅游区域文化，访问港目的地交通不是十分畅通，邮轮开发处于起步阶段，温带季风气候的自然景观 + 日韩民俗文化与历史文化景观，强大的欧美邮轮运营商 + 正在成长的中国本土邮轮运营商 + 日韩岸上观光目的地 + 中国输出客源 + 日韩输出旅游服务，见图 7。

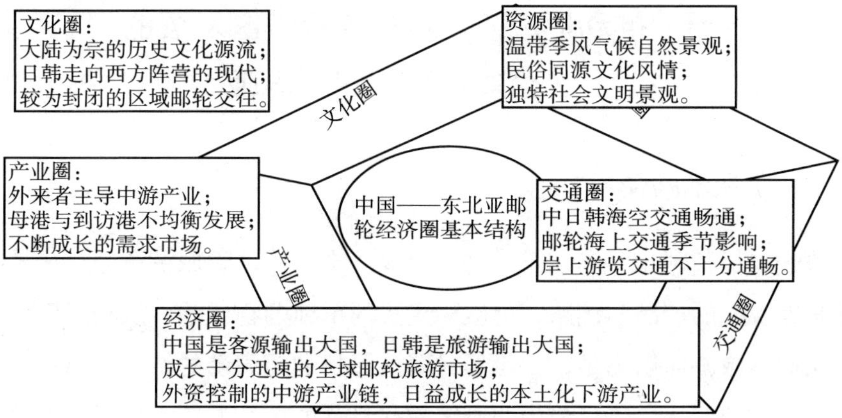

图 7　中国——东北亚地区邮轮经济圈结构

（二）中国——东北亚邮轮经济圈要素功能分析

邮轮需求要素表现：投资偏向全球邮轮旅游第三大区域，邮轮公司区域总部不断增长区域；邮轮消费较大，但是属于不平衡的单极市场；旅游出口，单向流动，中国单边客源地，日韩单边邮轮目的地，邮轮旅游消费不成熟。

邮轮供给要素表现：邮轮劳动力供给不充分，邮轮技术支持动力不足，邮轮上中下游开发、经营、管理、保障的技术和经验缺少。

（三）中国——东北亚邮轮经济圈发展的主要障碍分析

首先，邮轮经济圈五大圈层的发育不全，发展不良。邮轮经济体系不完整，受益不平衡，发展不平衡，邮轮文化交流单向开展不平衡，邮轮资源结构性缺失。

其次，邮轮经济圈的内在要素支撑不力，不强。邮轮消费与邮轮旅游投资需求旺盛同金融保障能力弱小的矛盾十分明显，邮轮管理与邮轮经营难度增大，但人力资源和技术支撑能力不足矛盾突出，邮轮旅游体验需求越发强烈，但邮轮服务保障和邮轮供给能力对接不足。

五　推动形成东北亚邮轮经济圈发展的有效路径和保障措施

（一）技术路径

第一，拓展邮轮资源开发思路，形成多维立体邮轮旅游产品。一是拓展日韩岸上观光的产品与线路，突破买买买的单纯购物体验，从物质层面拓展到全层面的旅游需求满足；二是形成海上无目的地旅游的特色产品；三是加强多港挂靠的开拓。将目前中国游客前往日韩的单纯游览，拓展为国内、海上、出境三重游。

第二，扩展邮轮文化交往范围，形成船上+岸上+海上文化圈。将岸上景观观赏、船上主题休闲、海上活动观光融为一体，形成休闲度假与观光旅游的系统机制，拓展游客体验。

第三，形成邮轮金融支撑体系，保障邮轮全产业链发展需求。解除邮轮市场拓展、邮轮船舶制造、邮轮海上运营、邮轮旅游组织的资金等方面的瓶颈。将民间和机构的投资动力充分激发出来。

第四，大力强化邮轮人力资源培养，形成强劲的邮轮技术保证体系。形成邮轮上中下游人力资源保障平台。形成邮轮建造、设计、船供、评估、运营、产品设计、市场营销人才体系。构建中国本土化的邮轮上中下游制造、设计，港口规划、线路开发、经营、管理、各项保障的技术和规范；邮轮船供、产品设计、线路开发、应急保障系统以及邮轮运营和顾客维护的规范与管理系统。

（二）保障措施

1. 产业政策激励

一是邮轮制造金融鼓励政策，二是邮轮运营产业鼓励政策，三是邮轮产品拓展鼓励政策，促进中国本土机构和民间愿意买船、租船、运营船，更多的邮轮船只是邮轮进一步发展的硬件基础。

建议形成：东北亚区域邮轮产业发展促进机制、东北亚邮轮运营促进指导意见、东北亚邮轮投资鼓励和管理细则等规制，促进东北亚邮轮产业的投资更加制度化和程序化。

2. 区域协调机制

公海邮轮旅游，核心吸引力之一是出境旅游，所以中国与客源国之间的关系保障至关重要，形成中日韩三国间的邮轮到访与岸上旅游服务体系，可以促进邮轮旅游游客更好地感知邮轮旅游的魅力，因此，在没有重大外交、政治风波的情况下，尽可能让旅游线路和产品多元化是本地区邮轮旅游发展的关键。

建议形成：中日韩邮轮旅游信息共享机制，中日韩邮轮旅游岸上访问服务协商机制，中日韩邮轮船供协商机制，中日韩邮轮游客互访与激励协商机制。

（三）重点工作内容

1. 加大产业扶持力度

宏观规划，应尽快形成全国性邮轮产业总体规划与指导意见；政策指导，尽快具体可执行、可操作的邮轮金融准则、邮轮外资进入、特殊地区邮轮航线审批、邮轮出入境管理简便化、邮轮装备与制作激励等系列产业支持与管理法规，不断优化邮轮运营环境；形成可控、分层的沿海邮轮港口分区发展格局，区别不同区域的邮轮港口功能分化，形成不同层次、不同级别的邮轮母港和综合性邮轮枢纽，从而使得邮轮产业发展规范而有序。

2. 制定阶段性发展规划

第一是作为邮轮挂靠港，吸引国际邮轮停靠，争取入境客源；第二是加快国内邮轮旅游市场开发，形成规模，为邮轮产业升级奠定基础；第三是加快邮轮母港建设的步伐，提升我国邮轮产业的国际竞争能力。

3. 区域合作开发邮轮经济

邮轮经济是规模经济，邮轮母港建设必须依托周边地区资源，共同开发邮轮旅游市场。一是加强国内区域合作，对国内各区域旅游资源进行重新整合，形成国际著名旅游目的地。二是与周边地区合作，加强国内四大区域的合作。三是加强与港、澳和东南亚地区的合作。

4. 建立国际化市场运作机制

制定与国际邮轮经济发展同步的产业规范标准，建立与国际接轨的市场运作机制是发展邮轮经济的关键。

参考文献

唐茂华：《经济全球化背景下的我国城市圈域经济发展》，《现代经济探讨》2006 年第 7 期，第 17 ~ 20 页。

赵仁康：《世界三大经济圈集团化的特点及影响》，《南京师大学报（社会科学版）》2003 年第 4 期，第 25 ~ 31 页。

江小涓：《服务全球化的发展趋势和理论分析》，《经济研究》2008 年第 2 期，第 4 ~ 18页。

刘志彪、刘晓昶：《垂直专业化：经济全球化中的贸易和生产模式》，《经济理论与经济管理》2001 年第 10 期，第 5 ~ 10 页。

王缉慈、童昕：《论全球化背景下的地方产业群——地方竞争优势的源泉》，《战略与管理》2001 年第 6 期，第 34 ~ 42 页。

李柏青：《邮轮产业生态系统研究》，《经济地理》2009 年第 6 期，第 1000 ~ 1004 页。

蔡晓霞、牛亚菲：《我国邮轮产业发展潜力测度研究》，《发展研究》2010 年第 3 期，第 62 ~ 66 页。

潘勤奋：《国际邮轮经济发展模式及对我国的启示》，《科技和产业》2007 年第 10 期，第 13 ~ 17 页。

陈玲玲、黄建设：《“海峡邮轮圈”发展探究》，《中国水运（下半月）》2014 年第 11 期，第 51 ~ 53 页。

G.9

长三角旅游一体化背景下上海邮轮旅游发展研究

黄　璜*

摘　要： 当前，长三角地区是中国经济发展水平最高的地区之一。长三角区域旅游一体化发展现状主要表现为：长三角是全国重要的旅游客源地和目的地、长三角内部旅游产业规模趋于均衡化、上海是长三角旅游集散和服务中心、长三角旅游一体化已经具备良好基础、上海邮轮港口与旅游城市一体化已取得显著进展等；但也存在长三角尚未形成完善的邮轮港口体系、长三角邮轮港口和旅游腹地一体化还有待发展等方面的问题。本文将以长三角旅游一体化为背景，基于翔实的数据分析和政府调研，结合上海邮轮旅游的发展趋势，研究并提出推进长三角邮轮旅游目的地一体化的发展路径：形成完善的邮轮港口体系、形成多个单港口邮轮旅游目的地、形成单个多港口邮轮旅游目的地。

关键词： 长三角　邮轮旅游　旅游一体化　目的地一体化

一　长三角区域旅游一体化发展现状

1. 长三角是全国重要的旅游客源地和目的地

上海、浙江、江苏两省一市组成的长三角地区，是中国经济发展水平最

---

* 黄璜，博士，中国旅游研究院研究员，研究方向：邮轮旅游、居民休闲、养老旅游。

高的地区之一。2016 年上海、江苏和浙江的人均国内生产总值分别为 11.36 万元、9.53 万元和 8.35 万元，折合 1.71 万美元、1.43 万美元和 1.26 万美元，超过或接近世界银行 2016 年确定的 12736 美元的高收入经济体门槛。

表 1　2016 年长三角区域的部分经济和旅游指标

地区	人均国内生产总值(元)	城镇居民人均可支配收入(元)	农村居民人均纯收入(元)	客源地潜在出游力	客源地潜在出游力全国排名	国内旅游总收入全国排名
上海	113600	57692	25520	1.000	1	19
江苏	95259	40152	17606	0.7381	4	2
浙江	83538	47237	22866	0.7309	5	3
全国	53980	33616	12363	—	—	—

资料来源：2016 年全国及各省市国民经济和社会发展统计公报、《中国国内旅游发展年度报告（2017）》。

随着经济水平提升，长三角居民的旅游需求随之快速增长。中国旅游研究院的《中国国内旅游发展年度报告（2017）》显示①，上海、江苏和浙江作为客源地的潜在出游力在全国排名分别为第 1、第 4 和第 5 位，是全国重要的旅游客源地。为了研究全国各区域间旅游流联系，中国旅游研究院分析全国区域间的每日航班数，可以在一定程度上反映我国区域间旅游流特征。如表 2 所示，区域间旅游流呈现“中心—外围”特征。

表 2　2017 年中国主要区域间旅游流特征

客源地＼目的地	环渤海地区	长三角地区	珠三角地区	中部地区	东北地区	成渝地区	云贵地区
环渤海地区	4(0)	**132(+9)**	**137(+13)**	52(-2)	15(-4)	**116(+19)**	83(+18)
长三角地区	**122(0)**	2(0)	**218(+35)**	101(+18)	41(+9)	**139(+34)**	106(+20)

① 中国旅游研究院：《中国国内旅游发展年度报告（2017）》，旅游教育出版社，2017。

续表

目的地 客源地	环渤海地区	长三角地区	珠三角地区	中部地区	东北地区	成渝地区	云贵地区
珠三角地区	**142**(**+18**)	**219**(**+36**)	20(+1)	64(+1)	30(+7)	**124** (**+23**)	64(+21)
中部地区	50(-4)	82(-1)	95(+32)	0(0)	25(+10)	62(+13)	60(+10)
东北地区	15(-4)	40(+8)	31(+8)	24(+9)	0(0)	22(+10)	14(+5)
成渝地区	**117**(**+19**)	**135**(**+33**)	**121**(**+19**)	66(+17)	22(+9)	0(0)	65(+9)
云贵地区	83(+16)	110(+20)	66(+7)	60(+1)	14(+5)	67(+11)	2(-14)

资料来源：《中国国内旅游发展年度报告（2017)》

注：括号内是与上一年度相比的增减数量，较强旅游流以粗体表示。

环渤海、长三角、珠三角和成渝地区等四大区域是全国经济最发达的区域，它们两两组合在全国地图上构成一个四边形，是全国区域间旅游流的中心骨干。全国其他区域与四大区域的联系构成旅游流的外围支撑。可以看出，长三角是全国重要的旅游目的地。

2. 长三角内部旅游产业规模趋于均衡化

上海是我国首批发展起来的入境旅游门户城市。在国内旅游刚兴起的年代，上海又成为重要的国内旅游目的地。在 20 世纪 90 年代，上海旅游业在产业规模上领先于江苏和浙江。图 1 和图 2 分别显示了 1990 年以来长三角"两省一市"的旅游发展演变轨迹，其中柱形图表示旅游接待人数，折线图表示旅游人均消费。

1990 年上海入境旅游人数达到 89. 3 万人次，而江苏和浙江则分别为 72. 5 万人次和 45. 6 万人次，入境旅游者在上海的人均消费也显著高于在江苏和浙江。随着近 30 年入境旅游快速发展，上海、江苏和浙江的内部差距在不断缩小，特别是浙江省的入境旅游人数已超过上海，江苏省的入境旅游人均消费已超过上海。

长三角的国内旅游发展也遵循了类似的规律。从 1997 年开始上海的国内旅游发展就领先于江苏和浙江。但是从 2002 年开始上海的国内旅游人数

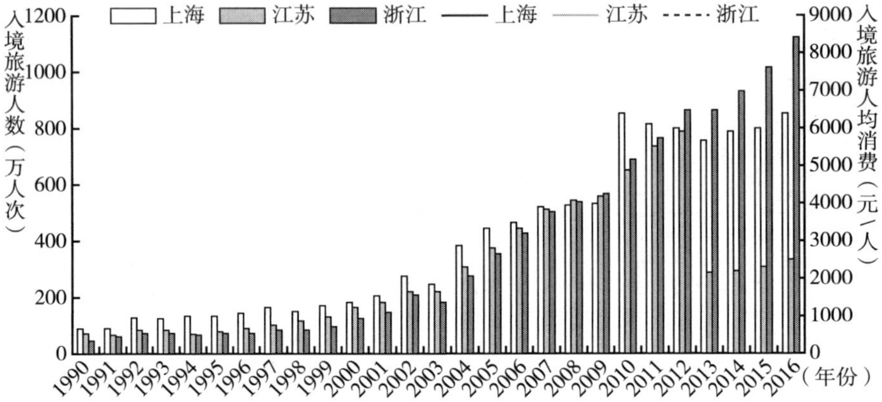

图1　1990～2016年长三角地区入境旅游人数和人均消费

数据来源：资料来源：《中国国内旅游发展年度报告2017》。

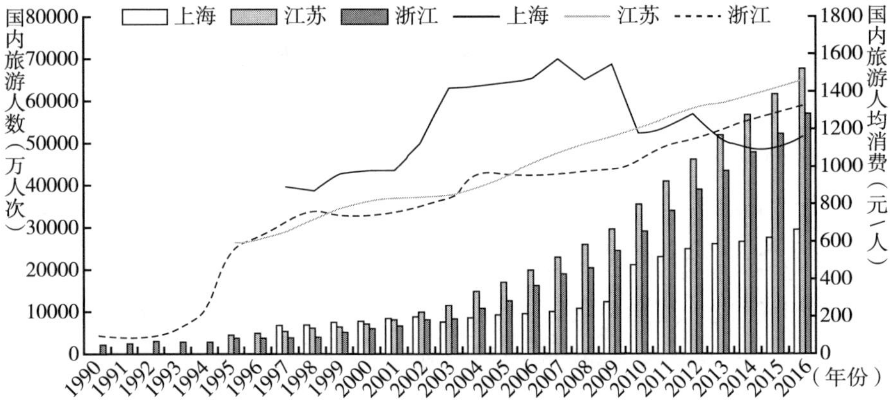

图2　1990～2016年长三角地区国内旅游人数和人均消费

数据来源：资料来源：《中国国内旅游发展年度报告2017》。

逐渐被江苏和浙江赶超，国内旅游人均消费也于2010年和2013年分别被江苏和浙江超过。总体来看，长三角内部的旅游产业规模趋于均衡化。

3. 上海是长三角旅游集散和服务中心

上海是长三角的区域旅游集散中心。表3显示了2016年长三角各省市的民航机场吞吐量。

表 3　2016 年长三角地区民航机场吞吐量

地区	旅客吞吐量(人次)		起降架次(次)	
	数值	比重(%)	数值	比重(%)
上海	106462549	54.8	741883	47.6
江苏	37256715	19.2	422638	27.1
浙江	50504216	26.0	393538	25.3
合计	194223480	100.0	1558059	100.0

资料来源：作者依据《2016 年民航机场吞吐量排名》将各省市的民航机场加总。

在 2016 年长三角的民航机场旅客吞吐量和飞机起降架次中，上海分别占到 54.8% 和 47.6%，具有最为重要的入境和国内旅游集散功能。

为了研究长三角区域内旅游流联系，中国旅游研究院分析了长三角内部主要城市间每日通行列车数，可以在一定程度上反映长三角区域内旅游流特征。如表 4 所示，上海在区域内的优势十分明显，随后是南京和杭州，每天停靠和发出的区内列车数显著多于长三角其他城市。因此，上海是长三角内的初级旅游集散中心，南京和杭州是长三角内的次级旅游集散中心，苏州、宁波和绍兴等是长三角重要的区内旅游目的地。

表 4　2017 年长三角地区内部旅游流特征

<table>
<tr><th colspan="2" rowspan="2">目的地 / 客源地</th><th rowspan="2">上海</th><th colspan="3">江苏</th><th colspan="3">浙江</th></tr>
<tr><th>南京</th><th>苏州</th><th>扬州</th><th>杭州</th><th>宁波</th><th>绍兴</th></tr>
<tr><td colspan="2">上海</td><td>—</td><td>281</td><td>237</td><td>0</td><td>182</td><td>57</td><td>48</td></tr>
<tr><td rowspan="9">江苏</td><td>南京</td><td>277</td><td colspan="3" rowspan="9">—</td><td>120</td><td>38</td><td>35</td></tr>
<tr><td>苏州</td><td>246</td><td>41</td><td>16</td><td>15</td></tr>
<tr><td>扬州</td><td>0</td><td>0</td><td>0</td><td>0</td></tr>
<tr><td>常州</td><td>175</td><td>29</td><td>14</td><td>13</td></tr>
<tr><td>连云港</td><td>2</td><td>1</td><td>0</td><td>0</td></tr>
<tr><td>无锡</td><td>184</td><td>32</td><td>15</td><td>14</td></tr>
<tr><td>泰州</td><td>0</td><td>0</td><td>0</td><td>0</td></tr>
<tr><td>徐州</td><td>105</td><td>53</td><td>14</td><td>13</td></tr>
<tr><td>镇江</td><td>130</td><td>22</td><td>10</td><td>9</td></tr>
</table>

续表

客源地＼目的地		上海	江苏			浙江		
			南京	苏州	扬州	杭州	宁波	绍兴
浙江	杭州	176	121	41	0	—		
	宁波	51	40	17	0			
	温州	47	42	13	0			
	绍兴	45	34	15	0			
	嘉兴	130	27	28	0			
	金华	53	34	5	0			
	衢州	46	17	9	0			
	台州	26	18	8	0			
	丽水	15	19	2	0			

资料来源：《中国国内旅游发展年度报告（2017）》

中国旅游研究院开展的居民休闲行为调查显示，我国居民旅游行为主要集中在近程范围。随着长三角居民出游能力不断增强，长三角共享区内旅游客源和旅游资源，对于促进长三角旅游一体化有重要意义。

上海是长三角的旅游服务中心。2015 年上海市有 3 个 5A 级景区和 65 家五星级饭店，从数量上看少于江苏和浙江，说明上海的高品质旅游吸引物和旅游接待能力总量均低于江苏和浙江。但是，从反映旅游吸引物质量的指标来看，首次到上海旅游的入境游客比重仅为 36.8%，入境过夜游客在上海一座城市平均停留 3.01 天的时间，说明上海旅游吸引力较强，能够吸引旅游者停留较长时间，并且能够有效提升旅游者的重游率。另外，上海星级饭店每间客房年收入 33.25 万元，远高于江苏和浙江水平，说明上海旅游企业创造价值的能力远高于江苏和浙江。

综上所述，上海在长三角具有较强的旅游集散功能和服务中心功能。上海的旅游景区和星级酒店数低于江苏和浙江两省，但是旅游吸引力和旅游企业创造价值能力又比江苏和浙江两省强。因此，上海与江苏和浙江的旅游发展具有较强的互补性。上海的优势主要体现在旅游集散功能和旅游服务质量

表 5　2015 年长三角地区部分旅游统计指标

地区	旅游吸引物				旅游接待能力		
	5A 景区（个）	A 级景区（个）	入境过夜游客平均停留时间（天）	入境游客到各地区首次旅游比重（%）	饭店床位（张）	五星级饭店（家）	星级饭店每间客房年收入（万元）
上海	3	100	3.01	36.8	87113	65	33.25
江苏	20	624	3.74	51.4	137777	85	19.00
浙江	14	488	2.54	46.9	193765	78	19.20
合计	37	1212	—	—	418655	228	—

资料来源：《中国旅游统计年鉴（2016）》

上，江苏和浙江的优势主要体现在旅游发展空间和旅游产业规模上。应该充分利用长三角“两省一市”间的互补性优势实现区域旅游一体化。

4. 长三角旅游一体化已经具备良好基础

“十二五”以来，沪苏浙皖四地充分发挥长三角旅游合作联席会议的平台作用，加强沟通协调、完善合作机制，先后签署实施《沪苏浙皖旅游一体化合作框架协议》、《共同推进长三角休闲度假旅游发展合作协议》、《长三角地区率先实现旅游一体化行动纲领》、《长三角旅游发展合作苏州共识》、《长三角区域旅游一体化发展杭州方案》等文件，长三角旅游一体化进程不断加快。

表 6　长三角旅游一体化主要类型和措施

主要类型	功能目标	具体措施
长三角自由旅游区	破除旅游者在区域内自由流动的交通和制度障碍，实现旅游者在长三角区域内无障碍自由流动	长三角高铁旅游联盟合作机制、外国人 144 小时过境免签、外国旅游团乘邮轮入境 15 天免签、长三角区域旅游“一卡通”工程、延续 G20 旅游优惠政策
长三角共同旅游市场	推动区域内旅游产业要素自由流动，实现产业要素合理配置，促进旅游项目和产品一体化发展	联合推出中短程旅游精品线路和特色旅游产品、长三角区域主要景区产品联动优惠机制、长三角智慧旅游公共服务体系

续表

主要类型	功能目标	具体措施
长三角旅游目的地	通过旅游信息、基础设施和公共服务等方面的整合，打造一体化的旅游线路，塑造统一的区域旅游形象并共同对外推广	长三角境外宣传整体标识系统、沪苏浙皖联合外文旅游网站、“畅游沪苏浙皖，乐享品质旅游”统一品牌形象、“长三角之夜”联合推介会、在境外联合开展中国长三角旅游主题推广活动、共同参加重点旅游展会、联合开展大型旅游节事活动
长三角旅游合作联盟	建立常态化机制来协调长三角区域内旅游发展制度和政策，保障旅游合作效益	一年一度长三角旅游合作联席会议、共同编制长三角区域旅游一体化发展规划、共同加强市场监管
长三角一体化旅游区	建立常设性共同旅游管理机构，保障区域旅游合作顺利进行，旅游合作的各种障碍均被打破，旅游发展完全实现一体化	—

资料来源：作者基于戴斌、黄璜：《区域旅游一体化的理论建构与战略设计——以京津冀为例》，《人文地理》2016 年第 3 期，第 128 ~ 135 页整理。

表 6 依据列出了长三角旅游一体化的主要类型、功能目标和具体措施。可以看出，长三角旅游一体化主要措施集中在建设长三角自由旅游区、共同旅游市场、旅游目的地和旅游合作联盟等方面。长三角内部的旅游者流动障碍已被打破，已建成无障碍的自由旅游区。区域旅游产品通过旅游线路串联，并建设长三角智慧旅游公共服务体系，初步形成共同旅游市场。区域形成“畅游沪苏浙皖，乐享品质旅游”的旅游品牌形象并面向国内外推广，初步建成长三角旅游目的地。区域内每年举行一次“长三角旅游合作联席会议”，已形成常态化的旅游发展协调机制，初步建成旅游合作联盟。但是，也应看到长三角尚未建立起常设性的共同旅游管理机构以及权威的制度体系，区域旅游一体化程度离“一体化旅游区”还有较大差距。

二　长三角邮轮旅游目的地一体化发展现状

1. 上海邮轮港口在长三角具有最强竞争力

2016 年，上海吴淞口国际邮轮港接待出入境游客 284.7 万人次（占全国 63%），接靠邮轮 471 艘次（占全国 47%）。2017 年 1～8 月，上海吴淞口国际邮轮港共接待出入境游客 187 万人次，接靠邮轮 308 艘次。上海吴淞口国际邮轮港吞吐量已稳居亚洲第一、全球第四，从规模来看已经成为世界一流邮轮母港。预计到 2020 年，将有 20～30 艘邮轮以上海吴淞口国际邮轮港为母港，每年以吴淞口为始发港的邮轮艘次将达到 800～1000 艘次，从吴淞口始发的邮轮旅游者将达到 500 万～600 万人次，吴淞口国际邮轮港将成为全世界排名前三位的邮轮母港，并在长三角邮轮旅游目的地中具有最强竞争力。

2. 长三角尚未形成完善的邮轮港口体系

上海市内部已经形成了“两主一备”的市内邮轮港口体系，7 万吨以下的邮轮靠泊国际客运中心，7 万吨以上的邮轮靠泊吴淞口邮轮码头，外高桥海通码头作为备用码头。2016 年上海三个邮轮港口共接待 290.5 万人次，其中吴淞口国际邮轮港接待了 284.7 万人次（占 98.0%），上海港国际客运中心接待了 5.75 万人次（占 2.0%），吴淞口国际邮轮港占据了上海邮轮旅游者吞吐量的主体。

长三角现有两个城市拥有三个专用邮轮港口（上海吴淞口国际邮轮港、上海港国际客运中心、舟山群岛国际邮轮港）。舟山群岛国际邮轮港从 2014 年 10 月开港到 2017 年 3 月共接待 3.8 万人次邮轮旅游者。这三个邮轮港口主要承担邮轮始发功能，以中国人乘坐邮轮出境旅游为主，挂靠的访问邮轮较少，外国人乘坐邮轮入境旅游不多。在不多的外国入境旅游者中，由于上海城市吸引力和入境 15 天免签政策的影响，又主要访问上海。

依据《江苏省沿江沿海港口布局规划（2015－2030 年）》和《浙江省海洋港口发展“十三五”规划》，长三角地区的江浙两省在建的专用邮轮港口有温州国际邮轮港（预计于 2017 年底前首航），拥有客运码头经适当改造后具备邮轮停靠条件的港口有宁波港、台州港、嘉兴港、连云港港、南京港、镇江港、无锡（江阴）港、南通港、苏州港。

长三角邮轮旅游客流主要集中在吴淞口国际邮轮港，其他邮轮港口数量较少且发展相对滞后，还没有形成遍布长三角的邮轮港口体系。从发展现状来看，长三角主要承担邮轮始发功能，而较少接待邮轮挂靠。由于长三角邮轮港口总量较少且功能不齐，难以串联形成长三角邮轮旅游航线，因此制约了长三角邮轮入境旅游的发展。

3. 上海邮轮港口与旅游城市一体化已取得显著进展

为了推进邮轮旅游目的地一体化，上海市宝山区确定了从“邮轮码头”到“邮轮港”再到“邮轮城”的转型发展目标，实现从“钢铁之城”向“邮轮之城”的宏观战略转型。

从港城空间互动来看，宝山区坚持“水岸联动，港城融合”发展理念，依托邮轮港口发展，以滨江大道南北延伸、邮轮港后续工程、邮轮城核心区、上海长滩等重点项目和板块为抓手，高标准规划建设邮轮滨江带和邮轮新城。

从邮轮产业联动来看，宝山区推进邮轮产业加快向上下游延伸，通过成立上海中船国际邮轮产业园、启动建设上海国际邮轮港综合改革示范区、引进国际邮轮公司总部、建设邮轮物资配送中心、建立邮轮跨境电商平台等方式，打造综合性的邮轮产业经济。

从城市旅游发展来看，宝山区围绕“魅力宝山·邮轮之城”主题定位，大力发展旅游产业。在全域旅游发展方面，宝山旅游通过与邮轮、农业、工业、商业、文化、绿化、科技、教育等 8 个领域的深度融合，形成邮轮旅游、农业旅游、工业旅游、文化旅游、生态旅游等全域旅游格局。2016 年全区接待游客 1133. 63 万人次，比上年增长 8. 3%；实现旅游收入 110. 12 亿元，增长 78. 3%。

4. 长三角邮轮港口和旅游腹地一体化还有待发展

长三角现在的邮轮航线以始发航线为主，主要满足中国人乘坐邮轮出境旅游的需求，远道而来长三角乘坐邮轮始发的外国人极少，满足外国人入境旅游需求并挂靠长三角的航线较少，缺乏串联长三角各邮轮港口的近海邮轮航线。

因此，长三角现阶段的旅游腹地发展，主要以乘坐邮轮出境旅游的中国人在乘坐邮轮前后在长三角的岸上旅游为主，主要表现为中国人在长三角的国内旅游。少量挂靠航线主要挂靠上海并停留时间较短，主要表现为外国人在上海的城市旅游。从始发航线来看，缺乏国内旅游者乘船前后在整个长三角的跨省市深度旅游，缺乏外国旅游者乘坐长三角始发航线前后在长三角的入境旅游，也缺少上海以外始发航线带动的相应腹地旅游。从挂靠航线来看，缺乏通过邮轮在访问港挂靠带来的长三角各邮轮港口城市旅游。整个长三角尚未成为成熟邮轮旅游目的地。

长三角邮轮航线和邮轮目的地较为单一，制约了邮轮企业的产品创新空间和运营弹性空间。由于旅游者选择邮轮产品的最主要决定因素是目的地，而中国邮轮旅游市场渗透率不断提高，因此长远来看这不利于提高长三角邮轮旅游的重游率，可能会制约到长三角邮轮旅游的可持续发展。

另外，长三角的邮轮总部、邮轮船供、邮轮服务、邮轮建造等相关产业集群主要集中在上海市，很少辐射到江浙两省，还没有形成覆盖整个长三角的邮轮产业经济分工体系。

三　长三角邮轮旅游一体化发展趋势

欧盟委员会①和世界旅游组织②对邮轮旅游的现状和发展趋势进行了深入研究，结合笔者对邮轮旅游目的地发展趋势的研判，区域旅游一体化是邮轮旅游发展的趋势，可以依据发展程度将其分为三个阶段。

初级阶段。在邮轮旅游发展的初期，具有优势资源的邮轮港口和邮轮航线开始崛起。但是邮轮港口、旅游城市和旅游腹地的一体化程度不高，邮轮旅游目的地尚未形成。

中级阶段。随着邮轮旅游进一步发展，有条件的港口纷纷建设邮轮码头，邮轮港口和邮轮航线数量逐步增加，但港口与航线的功能和性质相对同质化，它们之间的竞争大于合作。邮轮港口、旅游城市和旅游腹地逐步一体

---

① European Commission. *Blue Growth-Scenarios and Drivers for Sustainable Growth from the Oceans, Seas and Coasts*［R］. Brussels：European Commission，2012.

② UNWTO. *Cruise Tourism-Current Situation and Trends*［M］. Madrid：UNWTO，2010.

化，形成邮轮旅游目的地。但是各邮轮港口对应的邮轮旅游目的地相对独立。

高级阶段。到邮轮旅游发展的成熟阶段，邮轮港口和邮轮航线进一步整合细分，开始形成一体化的邮轮港口和邮轮航线体系，港口和航线之间的合作大于竞争。邮轮港口对应的邮轮旅游目的地逐步整合，从多个单港口邮轮旅游目的地融合成为单个多港口邮轮旅游目的地。邮轮旅游目的地进入区域一体化阶段。

四　长三角邮轮旅游目的地一体化发展路径

根据邮轮旅游目的地一体化发展的规律，可以将长三角邮轮旅游一体化的发展过程分为三个阶段。

1. 形成完善的邮轮港口体系

建设邮轮港口是发展邮轮旅游的基础。长三角在现有三个专用邮轮港口（上海吴淞口国际邮轮港、上海港国际客运中心、舟山群岛国际邮轮港）的基础上，可进一步新建专用邮轮港口，改造现有沿海沿江客运码头并增加邮轮停靠功能，形成以上海港为邮轮母港，宁波港、舟山港、温州港、台州港、嘉兴港、连云港港、南京港、镇江港、无锡（江阴）港、南通港、苏州港等为始发港和访问港的邮轮港口体系。

邮轮港口体系的布局、规模、结构和功能合理，能够满足多元化的邮轮始发、邮轮挂靠和岸上旅游需求，能够串联成为有世界吸引力的长三角邮轮航线，邮轮港口间形成良性的竞合关系。有常设机构的邮轮港口合作机构来协调长三角邮轮港口间的合作，企业集团在邮轮港口体系整合中发挥重要作用。

2. 形成多个单港口邮轮旅游目的地

结合城市旅游发展总体规划，长三角各邮轮港口与所在旅游城市从宏观城市规划、微观城市设计、港城旅游功能、港城旅游产品等方面实现一体化。邮轮旅游成为城市旅游的重要驱动力，城市旅游成为邮轮旅游的重要发展空间。长三角形成多个各具特色的单港口邮轮旅游目的地。

在此阶段，邮轮港口间的竞争转变为邮轮旅游目的地间的竞争，由于长三角邮轮旅游目的地一体化尚未最终实现，邮轮旅游目的地之间的竞争可能大于合作。

3. 形成单个多港口邮轮旅游目的地

长三角在形成多个单港口邮轮旅游目的地的基础上，各邮轮港口组成完善的邮轮港口体系，通过区域旅游一体化的深入推进，各旅游城市优势互补，各旅游腹地融合互动，长三角多个单港口邮轮旅游目的地逐步融合形成单个多港口邮轮旅游目的地，长三角邮轮旅游目的地一体化的目标初步实现。

在此阶段，长三角内部各邮轮旅游目的地之间的合作大于竞争。长三角作为一个整体区域与加勒比海、地中海等世界级邮轮旅游目的地展开竞争。

参考文献

国家旅游局：《中国旅游统计年鉴（2016）》，中国旅游出版社，2016。
中国民用航空局：《2016 年民航机场生产统计公报》，中国民用航空局，2017。

G.10 邮轮旅游一体化与长三角区域旅游一体化

孙晓东　倪荣鑫　侯雅婷*

摘　要： 长三角地区是中国大陆的排头兵和引领者，构建一个基础牢固、市场活跃、开放包容、标准统一的“邮轮旅游一体化”有利于深化长三角旅游一体化内容，提升地区旅游业的整体竞争力。本报告主要借鉴国内外经验，探讨长三角地区如何实现邮轮旅游一体化问题。首先对邮轮旅游一体化与区域旅游一体化之间的关系进行了分析；然后对国内旅游一体化、欧盟旅游一体化、佛罗里达邮轮旅游、欧洲内河邮轮旅游等发展经验进行了讨论；最后提出构建长三角邮轮旅游一体化的对策建议，旨在通过邮轮旅游一体化与区域旅游一体化的双向互动，打通长三角地区客源、资源、信息、服务、渠道等要素瓶颈，构建大市场状态下的“长三角邮轮旅游经济圈”。

关键词： 邮轮旅游　长三角　旅游一体化

一　邮轮旅游一体化与旅游一体化的关系

中国邮轮业经历了十余年快速发展，已经形成了比较完备的邮轮港口系

* 孙晓东，博士，华东师范大学工商管理学院旅游学系副教授，研究方向：邮轮旅游、邮轮产业与邮轮经济，决策分析；倪荣鑫，华东师范大学工商管理学院硕士研究生，研究方向：邮轮旅游；侯雅婷，硕士，中共临海市委党校，研究方向：邮轮经济。

统。在长三角地区，上海、舟山、温州、连云港等地均具备了邮轮接待的硬件条件。在港口建设和邮轮接待达到一定规模后，腹地客源充足、港腹有效联动、出入境市场结构合理、邮轮旅游服务标准统一、岸上产品既体现国际特性又展现中国特色是保持邮轮产业长久繁荣的必备条件。港口城市应该走出“节点型”发展的封闭模式，实现客源地、目的地、始发港之间的有效互通合作与资源整合，构筑全要素协同下一体化的“大市场”状态。

从两者关系来看，邮轮旅游一体化与区域旅游一体化相辅相成。一方面，邮轮旅游一体化是旅游一体化的重要组成部分，其开放性和互通互联性能有效提升旅游一体化程度。另一方面，区域旅游一体化又是邮轮旅游一体化的重要依托，能有效推动腹地与港口之间的客源互通、腹地与腹地之间的资源互用以及不同利益相关者之间的利益共享，如图 1 所示。作为中国旅游经济的发展重地，长三角地区凭借地缘优势、资源优势、客源优势、经济优势、信息优势、人才优势，开始慢慢形成了优势互补、市场共享的网络化发展态势，应该说已经率先进入了旅游一体化发展的实质性阶段。长三角旅游一体化既有利于上海拓展市场纵深和弥补旅游资源的不足，又有利于江浙皖

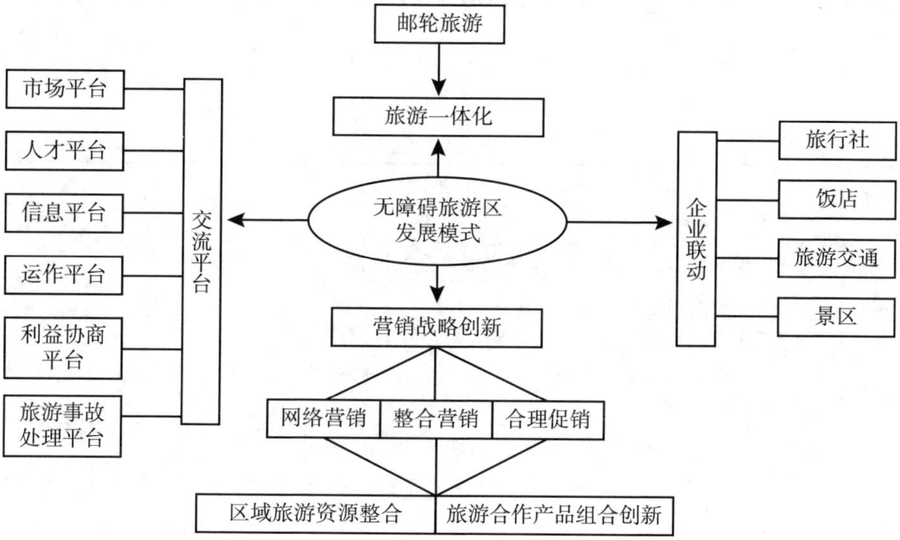

图 1　邮轮旅游嵌入下的长三角旅游一体化

借力上海的客源吸引力，促进旅游人次和旅游收入的增长。上海目前是中国大陆邮轮旅游发展最迅速、最成熟的地区，已经成为亚洲第一、全球第四大邮轮母港城市。在邮轮旅游方面，长三角旅游一体化很大程度上是江浙皖地区接轨上海的过程。

二　长三角旅游一体化发展现状及问题

（一）长三角旅游一体化发展现状

从 1986 年上海提出“大旅游”开始，长三角旅游一体化在经历萌芽阶段和快速发展期后，进入了一体化发展的关键阶段，已从局部的、零星的松散型合作转向了较高层次、较全面的紧密型合作，特别是每年都会举行旅游一体化的工作会（如表 1 所示），共同出台各项政策、措施来完善区域内的旅游基础设施、旅游公共服务体系、旅游市场标准体系等制度性建设。上海通过系列制度建设保障了旅游功能的连续性，在合作营销、节庆举办、人才培养、发展战略、旅游标准、品牌建设等方面取得了显著成果，旅游一体化进程走在了国内前列。

表 1　长三角旅游一体化演进历程

年份	主要工作内容
1986	提出“大旅游”概念
1997	《长三角地区城市合作协议》确立旅游联席会议、旅游高峰论坛机制等
2001	15 个城市旅游经济合作会议召开
2003	签署《长江三角洲旅游城市合作宣言》，确定为“江浙沪旅游年”
2004	成立“江浙沪旅游市场促进会”，出台《关于进一步推进长三角区域旅游教育培训合作的实施意见》
2006	通过了《运河沿线城市旅游合作宣言》，打造运河沿线城市精品旅游区
2007	制定《关于全面推进长三角地区旅游合作的若干意见》、《主要旅游景区（点）道路交通指引标志设置规范》
2007	环太湖旅游合作组织发表宣言，倡导实现太湖旅游一体化
2010	签订长三角水上旅游合作框架协议，统一旅游服务的标准和规范

续表

年份	主要工作内容
2011	签订《苏浙皖沪旅游一体化合作框架协议》,安徽融入长三角旅游合作圈
2012	签署《共同推进长三角休闲度假旅游发展合作协议》,发布《长三角房车旅游大纲》,举行长三角“游邮联合”启动仪式,首次将邮轮旅游纳入一体化旅游发展框架中
2014	签署《长三角地区率先实现旅游一体化行动纲领》
2015	签署《长三角旅游发展合作苏州共识》
2016	出台《长三角区域旅游一体化发展杭州方案》
2017	签署《推进长三角区域旅游一体化发展2018年行动计划》,对接“一带一路”建设做大入境旅游市场

（二）长三角旅游一体化的主要障碍

1. 公共服务一体化不够，旅游便利化有待提升

虽然长三角地区旅游发展历史悠久，旅游资源独特，基础设施较完备，但部分景区仍然存在交通盲点，交通网络系统和旅游服务质量还有待提升，而且信息咨询、紧急救援体系不够完善，游客存在旅游安全隐患。特别是对于邮轮旅游而言，信用卡支付、外币兑换等金融系统和外文指引标识的缺失给游客造成了极大的不便，旅游便利化提升刻不容缓。

2. 旅游的统筹规划和深度合作缺乏

旅游一体化发展的总体规划文件还未出台，旅游项目的实施也缺乏统一部署，导致项目重复建设，同质竞争，造成资源浪费。长三角各地区之间也未开展邮轮旅游相关的多层次对接、全方位合作，港口腹地优良资源及产品开发不足。

3. 旅游产品结构不合理，国际竞争力不强

旅游资源未被充分利用，开发设计上缺乏体现创新、整合的思想，存在产品单一雷同、质量参差不齐等问题，制约了世界级旅游品牌的形成和产业能级的提升。

4. 旅游市场一体化未真正形成，旅游企业主体薄弱

旅游企业的主体作用未得到充分发挥。第三方组织不到位，使得旅游企

业仍然处于区域旅游合作的边缘地带，没有充分发挥国际竞争意识，企业创新能力不强。

5. 旅游制度一体化不足，缺乏强有力的协调机制和法律约束

旅游合作联席会议没有充分发挥其职能，协调机制无力，缺乏可操作性和强制性。旅游法规建设滞后，没有形成独立的体系。各部门仍处于分散状态，还未形成一个统一的整体，政府、协会、企业、居民四个主体未能实现有效对话，多层次、多元化的合作机制和利益协调机制亟待建立。

6. 旅游高素质人才和创新人才短缺

激励机制的缺失导致旅游创新人才和高素质人才的缺失，旅游管理者的主动性和积极性未被充分调动，对市场和产品的反映缺乏主动性。我国推出的国际旅游产品以“华东线”为主打产品已持续多年，尚未见新产品，旅游吸引力持续弱化。旅游创新型人才的培养和激励机制的建设刻不容缓。

7. 区域旅游形象一体化推广缺乏

缺乏对旅游资源的有效整合、提炼和文化脉络的梳理，没有形成能够代表长三角旅游资源内涵的推广形象。以太湖为例，无锡称“太湖佳绝处，毕竟在鼋头”；苏州说“太湖风光美，一半在姑苏”；湖州则宣扬自己是“环太湖地区唯一因湖而得名的城市”；各打各招牌，没有形成统一的品牌形象。

三　国内外旅游一体化经验借鉴

（一）国内旅游一体化经验借鉴

除长三角地区，目前我国已初步形成了京津冀、环渤海、泛珠三角等多个旅游一体化区域，并分别取得了若干重要成果。比如，京津冀已组建旅游营销合作联盟；初步建立了区域旅游合作机制；协同发展的顶层设计基本完成，推动战略实施的总体方针已经明确；已开通京津冀旅游直通车和火车专列等。环渤海则成立了环渤海五城市旅游协作会；逐渐形成了具有一定关联

度的环渤海经济圈；区域海陆空立体交通网络体系初步建成。珠三角地区的区域“旅游一体化”格局也初步形成，特别是文化旅游一体化成效显著，成功打造了“绿”、“红”、“蓝”、“金”四大色块，自然资源、传统习俗、历史遗迹等开发较完善，定位鲜明；连接南北、横跨东西的交通网络初步形成，共同打造了多条“一程多站”旅游线路等。

1. 打造统一的区域旅游品牌

统一的区域旅游品牌有助于扩大宣传推荐力度，且容易给游客留下鲜明的印象特征。将核心旅游产品纳入区域旅游品牌体系框架中，有助于统筹宣传区域旅游形象特征，促进营销推广，达到事半功倍的效果。

2. 开发完备的旅游产品体系

区域旅游一体化发展需要一个完备的旅游产品体系。要做到全域产品相联系，分区产品不冲突，一区一品，特性与共性相统一，对于核心旅游产品加大开发力度，深度挖掘产品内涵，同时兼顾其他旅游产品，实现集约化而非同质化开发运营，实现整体旅游经济效益。

3. 优化智能的旅游管理机制

充分利用网络信息技术，建设官方网站，打造智慧旅游平台，汇聚各区域旅游信息，及时发布旅游服务信息，对旅游突发事件进行及时管控，同时定期督查，防患于未然，通过管理机制的优化来提升旅游服务水平，提升游客满意度。

4. 引入多样的二次分配机制

从国内一体化发展经验看，资金是保证旅游发展必不可少的硬性条件。而目前，我国的二次分配机制还未建立。政府需要为旅游发展划拨专项资金，专款专用。不同的区域可以合作设立“区域旅游发展专项基金”，构建完善的二次分配机制，拓宽融资渠道，为旅游发展提供强大的资金后援，以实现区域旅游一体化发展。

5. 建立友好的环保联防机制

既要金山银山，又要绿色青山，邮轮旅游一体化发展也需要肩负起责任，在可持续发展理念倡导下，构建具有前瞻性的生态环境补偿机制和公共安全预警机制。只有为游客创造一个安全、稳定、和谐的旅游环境，才能免除游客的后顾之忧，扫除出游障碍，激发旅游动机。

（二）国外旅游一体化发展借鉴

1. 欧盟旅游一体化借鉴

1948 年，欧洲旅游委员会的成立，标志着欧盟旅游一体化的开始，至此已经成为区域旅游一体化的典范。1986 年欧盟成立了旅游咨询委员会，开始有了代表各国利益成员的专设机构，负责组织成员国制定对外旅游合作基本战略，开展旅游政策和理论研究，联合开发客源市场，提高旅游接待水平，在旅游一体化发展过程中处于核心地位，统筹协调各个机构组织，包括欧盟理事会、旅游可持续发展组织（TSC）、欧盟旅游局以及欧洲航空业协会、欧洲旅行商协会、欧洲商会、欧盟船主协会等协会组织，如图 2 所示。从 2012 年开始，欧盟进一步加强了与中国旅游的合作与交流。

成立专门机构。1986 年欧盟成立了旅游一体化的专设机构——旅游咨询委员会。从 1988 年起，负责旅游业的官员定期举行会议，每年还举办

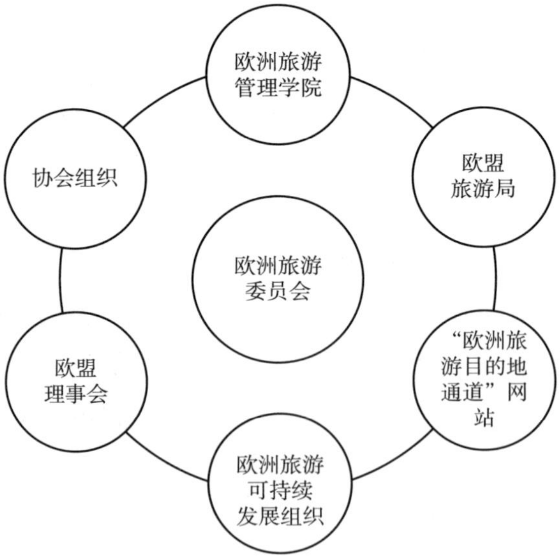

图 2　欧洲旅游一体化合作机制

“欧洲旅游论坛”，讨论发展中的难题，共享成功经验，加强各方的合作关系。

编制旅游服务标准与发展规划。制定统一的旅游行业纲领，开发富有体验性的旅游项目，成立欧洲旅游管理学院，并制定《欧洲共同体旅游发展规划》和《关于共同体旅游政策的主要原则》等文件，对旅游一体化发展做出详细规定。

提供资金支持。欧盟理事会设立了结构基金和凝聚基金，提供额外援助来减少、消除欧盟内部存在的各地社会经济发展不平衡现象。还设立了“欧洲社会基金”、“欧洲农业保障和指导基金”、“欧洲区域发展基金”等专项基金，促进旅游开发，提升旅游服务质量，推动旅游人才的培养，从而推动了欧洲的旅游一体化进程。

构建交通网络。交通在旅游发展中具有举足轻重的作用。实现旅游一体化，首先需要构建完善的交通网络。一方面，各国交通部门以优化整体交通网络为基础，对基础设施进行了详细规划；另一方面，利用先进技术促进区域交通联网，并大力发展运输流量大、利用频率高的公共交通。

统一旅游宣传推广。提出《新欧盟旅游政策框架》，确定欧洲统一的旅游形象品牌，建立欧洲旅游官网，共同策划旅游节庆活动。欧洲非常注重对旅游文化内涵的挖掘，推出了没有区域界线的“欧洲文化之路”系列旅游产品，并且每年只选定一个欧洲旅游主题，以此推动旅游一体化发展。

制定政策法规体系。早在1900年，在首次举办的“欧洲旅游年”上就提出要建立旅游专门法规政策的想法。此后，欧盟颁布了第一个旅游业的专门文件《关于共同体旅游政策的主要原则》，通过了《关于建立旅游地区分布及在旅游业中建立咨询和合作程序的决议》。2006年制定了欧共体统一的旅游发展规划，时隔五年，欧洲提出了《新欧盟旅游政策框架》，以文件的形式保护了旅游一体化成果，协调各区域政府之间的利益冲突，为欧盟旅游企业提供了一个相对公正和平等的竞争环境。

政府、行业与企业分工合作。欧盟政府充分重视各区公共机构之间的密切合作，主张发挥旅游协会、欧洲旅行代理商协会、欧洲旅游运营商协会等行业组织的作用。同时充分发挥企业的主体作用，给予航空公司、旅行社等优惠政策，大力推动旅游企业做大做强。此外，积极开展与其他国家定向的交流合作，举办各种统一的推介会和旅游节事，进行整体的旅游推广营销。

2. 佛罗里达州邮轮旅游发展经验

美国的邮轮业起步于20世纪，佛罗里达州（简称佛州）是最发达地区。佛州的迈阿密港、卡纳维拉尔港和埃弗格莱兹港是三大重要邮轮港口，其中迈阿密港拥有“世界邮轮之都”的美誉，另外两大港也是世界上最具活力的邮轮港口之一。佛罗里达州对州内邮轮港口统筹发展、错位竞争、整体营销，并主导成立了佛罗里达－加勒比邮轮协会（FCCA）共同助推加勒比海地区的邮轮旅游一体化发展。

政府制定区域整体发展规划，积极与邮轮公司合作，采用区域差异化发展战略。佛州各个港口主题特色鲜明，发展方向明确，形成了母港、门户港、区域港协同发展的一体化趋势，如埃弗格莱兹港以岸上生态旅游为主题，与国家公园联合开发旅游产品；嘉年华港以海上游乐为主题，与迪士尼公司合作打造海上主题公园；基维斯特港以浪漫落日为主题，打造集夜市、艺术表演、美食、音乐、酒店等功能齐全的商业港。

邮轮供应全州化。佛州建立了完备的邮轮旅游供应链，在食品与饮料供应、岸上活动统筹安排、各港口行程统一安排、燃料采购、技术采购和酒店采购等方面统一调配，统一管理，通过数据分析预测需求，并进行有效地供应控制。

寻找合适的当地代理人。邮轮旅游一体化的重要推动者是当地代理人，特别是对区域深入了解的代理人。佛州充分发挥企业的主体作用，鼓励当地居民共同参与邮轮业发展，对服务提供者和供应商精细挑选。

建立良好的通信系统。佛州通过建立全域通信系统，实现了各港口之间24小时畅通无阻的及时沟通，通过构建大数据网络平台实现了船务公司、旅行社与游客之间的信息实时交流，通过建立邮轮旅游信息平台有效提高了口岸通关效率，改善邮轮港口整体对外服务，有效地解决了各港口物资供应不足、游客超载轮换、邮轮停滞换港等突发情况。

积极与邻近地区合作，实现强强联合。佛州充分利用地缘优势与墨西哥和加勒比海联合，于1972年成立非营利性贸易组织佛罗里达－加勒比海邮轮行业协会（FCCA），就立法、旅游业发展、港口、安全以及其他邮轮产业事务构建双边建设性对话机制。

3. 欧洲内河邮轮的启示

在邮轮旅游促进区域旅游合作与一体化发展方面，内河邮轮（River Cruise）堪称集大成者。内河邮轮的关键要素是航线节点的岸上观光与活动。邮轮航线将不同区域最具特点的人文资源与自然资源有机串联，发挥旅游资源的集成效应，最大限度地展现区域旅游整体品牌形象，协调各方利益，促进区域合作，推动旅游协同发展。

维京游轮（Viking River Cruises）是全球最大的内河邮轮运营商，同时兼顾远洋邮轮业务。2016年，维京游轮直面中国客源市场，推出了以莱茵河和多瑙河为载体的多条内河邮轮航线（包括11日莱茵河浪漫之旅、11日莱茵河经典之旅、11日多瑙河之旅、8日莱茵河之旅和8日多瑙河之旅），可串联上千公里最具特色的旅游目的地，景点具有很强的自由组合空间，极大地拓展了河轮旅游的辐射效应。比如，莱茵河之旅的航程规划中涉及荷兰阿姆斯特丹、荷兰小孩堤防、德国科隆、德国海德堡、法国巴黎、法国斯特拉斯堡、瑞士琉森、瑞士少女峰、瑞士巴塞尔等地，航线总长可达1200公里，通常以休闲度假为基调，对荷兰到瑞士一线的顶级特色资源进行整合，打造了一条既经典又浪漫的内河航线，如图3所示。多瑙河之旅则东西向串联了由德国开始到奥地利、匈牙利的著名景点，航次涉及奥地利维也纳、奥地利瓦豪河谷、德国慕尼黑、奥地利萨尔斯堡、捷克克鲁姆洛夫、奥地利梅尔克、斯洛伐克布拉迪斯拉发、匈牙利布达佩斯等目的地，航线总长超过800公里，文化氛围浓厚，主题丰富多样，如图4所示。

因此，在大力发展远洋邮轮业务的同时，长三角可借以维京游轮为代表的内河邮轮发展模式，通过航线设计与岸上旅游产品的整合，将地域相近、水系相通、文脉相连、各具特色的旅游地资源集成起来，以丰富长三角邮轮旅游一体化内容。比如可凭借江南水系优势，深挖“中国文化、江南韵味”

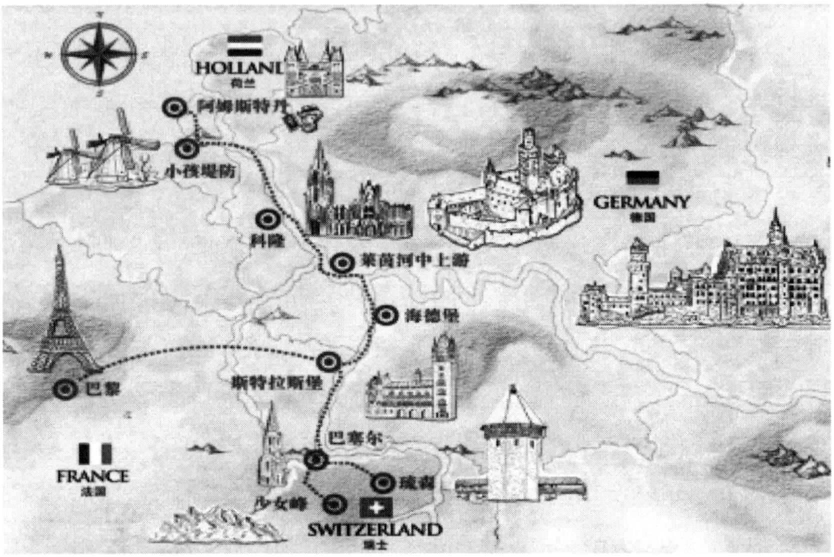

图3　莱茵河11日浪漫之旅

资料来源：维京邮轮官网。

图4　多瑙河11日航线

资料来源：维京邮轮官网。

内涵，围绕长江、大运河、杭州湾等主要水系和沿岸历史文化名城、江南水乡等特色资源，共同推出水上旅游、内河邮轮精品旅游项目。

四 长三角邮轮旅游一体化对策建议

1. 联动联促，成立邮轮旅游一体化联席会议

由上海牵头，组成长三角邮轮旅游一体化联席会议，组织编写长三角邮轮旅游总体规划，提出和制定邮轮旅游一体化发展的建议、政策和法规，协调各方利益冲突，统一实施跨区域的重大邮轮旅游合作项目等。“联席会议”必须强化整体发展的系统规划，包括港口功能定位与合作、腹地客源市场开发模式、腹地旅游产品开发模式、邮轮游客岸上旅游线路设计、内河邮轮线路与产品设计、邮轮旅游全程服务的标准化统一，并选举成立跨越行政边界的“长三角邮轮旅游合作委员会”，创立制度化的专题小组，提出邮轮旅游一体化发展的重大问题、共建目标和可行计划，并实施具体工作。

2. 港腹联动，打造长三角邮轮母港资源集聚平台

发挥上海邮轮母港、舟山、温州、连云港等邮轮始发港的辐射效应，依托长三角腹地旅游资源，整合优秀旅行社及优质景点，打造都市风光、生态山水、园林古镇、文化民俗等跨区域特色旅游产品，通过优化资源配置、创新旅游产品和提升服务质量丰富邮轮岸上观光旅游产品供给，拓展入境邮轮业务；通过多方协作做大客源市场，实现港口与城市、腹地与腹地之间“面上推开、点上突破、融合互动”的协同发展局面。

3. 推己及人，推进当地旅游政策区域化

在旅游政策方面，将长三角旅游一体化成果与邮轮旅游对接。探索建立长三角景区联动优惠政策，推出“邮轮 + 旅游”产品；完善长三角高铁旅游联盟的合作机制，创新“邮轮 + 高铁”产品；打造长三角与区外客源市场的互动平台，多渠道巩固和扩大客源；借鉴欧盟旅游一体化经验，通过区域发展基金和长三角社会基金等解决不同发展水平的成员利益分配与激励问题；开展区域边检合作模式，全面推进邮轮窗口模块建设，探索推进建立长三角单一窗口，实现立体化合作；共同申请更高开发度的免签政策等。

4. 标准统一，优化长三角邮轮旅游岸上产品配备

长三角旅游资源丰富，“江南水乡”在游客心中的品牌认知度高，非常适合开发邮轮旅游与内河邮轮产品。可全面梳理与深入分析区域内的旅游资源，借鉴国际邮轮港口岸上产品配备与资源配置经验；设计既能与国际邮轮业相匹配又能与国内旅游资源特色有效结合的岸上产品，打造“高品质、高服务标准”的邮轮旅游岸上产品与活动；建立质量管理联动机制，统一旅游服务质量规范标准。比如，为了保证产品品质和服务质量，可构建“大社主导、小社参与”下的邮轮旅游产品设计与质量控制体系，建立以游客满意度为核心的邮轮旅游服务评价体系和信用评价体系。

5. 品牌整合，实现长三角邮轮旅游集成推广效应

将长三角地区的邮轮旅游形象与江南文化旅游形象相结合，建立以旅游形象整合为主题的发展模式。明确树立长三角邮轮旅游整体形象，通过各种渠道向外传播，建立良好的美誉度和口碑，吸引区外旅游者。要充分挖掘中华传统文化元素，以文化为灵魂，以邮轮旅游为载体，推动长三角旅游一体化发展。

6. 营销创新，共同做大长三角邮轮旅游客源市场

采取“政府投资 + 补贴，景区投入 + 让利，旅行社参与 + 经营”的三位一体模式，将邮轮旅游船票与岸上景点、酒店、主题乐园等结合，制定联票优惠机制，提升长三角邮轮旅游人气。特别是长三角地区可借助大交通优势创新“邮轮 + 交通”旅游产品，降低游客出游成本；通过“邮轮 + 高铁 + 大巴”快捷通道，打造长三角“由家门到舱门”的一体化邮轮服务模式，通过“邮轮 + 高铁 + 景区门票”、“邮轮 + 高铁 + 酒店”等旅游产品来吸引区外游客；通过建立长三角目的地营销信息中心，进行邮轮旅游产品测试与消费者满意度调查。

7. 星罗棋布，完善旅游集散与信息中心建设

（1）推进三大交通网集散功能建设。利用长三角轨道网、铁路网，在主要接驳口设立旅游集散中心，做好交通衔接，开通旅游专线巴士，与各邮轮港口连接，逐步形成由长三角轨道网和铁路网连通的旅游集散中心网络，延伸客运港口旅游服务功能。加快推进长江水系沿岸客运港口建设，形成功

能完善、配套齐全的客运港口体系。依托上海、连云港、舟山等邮轮母港码头，逐步完善港口旅游集散中心功能。

（2）推进旅游咨询服务体系建设。加强对邮轮旅游咨询中心的统一规划和监管，在口岸、机场、火车站、客运码头、酒店、景区等公共场所及相关单位建立旅游咨询网点，推出长三角整体邮轮旅游宣传品、岸上产品指南等；推动长三角设立统一的邮轮旅游服务呼叫中心，为游客提供咨询服务。

8. 点线融合，开发长三角内河邮轮产品

通过内河邮轮线路将不同地区风格独特的旅游资源进行串联，以深厚的文化底蕴，形成长三角区域内河邮轮旅游精品路线。对长三角全区码头设施及交通网络进行整合，将各城市的旅游景点串联，形成整体化、体验化的精品线路。比如，基于内河邮轮多日之旅特点，打造从水上到岸上的内河邮轮航线，设置以佛教文化为中心的普陀山、天台山、九华山、庐山等精品佛教线路；以上海滨海旅游度假区、普陀山、象山影视城、蚂岈山为中心的滨海线路；以定海古城、上海孙中山故居、南京为中心的历史古城线路；以舟山丝路遗址、上海外滩、河姆渡文化遗产为中心的历史文化线路等。

9. 术业专攻，实现邮轮旅游人才培训一体化

要明晰长三角旅游发展的需要，从需求出发制定旅游人才用人制度，培养稀缺型服务人才；可借鉴欧盟旅游发展成立长三角旅游管理学院，充分利用长三角地区旅游专业高校资源，与国外著名旅游教育培训机构、邮轮公司等联合举办境外培训，按照国际化标准培养高素质人才，全面提升长三角地区的邮轮旅游教育水平和科研能力；提高人才薪资待遇，留住稀缺人才；定期对各级各类旅游人才进行定向培训，提升其管理水平和专业技能；通过跨国招聘、培训等方式吸引和培养长三角邮轮旅游复合型人才。

参考文献

Cruise Lines International Association（CLIA）. Cruise Lines International Association

(CLIA) 2016 North America Cruise Industry Update [EB/OL]. http://www.cruising.org, 2016-7-15.

Rodrigue, J.-P., & Notteboom, T. The Geography of Cruise Shipping: Itineraries, not Destinations [J]. *Applied Geography*, 2013, 38, 31-42.

S Véronneau, J Roy. Global Service Supply Chains: An Empirical Study of Current Practices and Challenges of a Cruise Line Corporation [J]. *Tourism Management*, 2009, 30 (1): 128-139.

Weeden, C., Lester, J-A., & Thyne, M. Cruise Tourism: Emerging Issues and Implications for a Maturing Industry [J]. *Journal of Hospitality and Tourism Management*, 2011, 18 (1), 26-29.

Xiaodong Sun, Xuegang Feng, Dinesh Gauri. The Cruise Industry in China: Efforts, Progress and Challenges [J]. *International Journal of Hospitality Management*, 2014, 42: 71-84.

白长虹、妥艳媜:《京津冀旅游一体化中的理论与实践问题——多中心治理理论的视角》,《旅游学刊》2014 年第 11 期,第 16~19 页。

陈晓、胡晓:《"慢旅游"将成为长三角旅游一体化新优势》,《浙江早报》2012 年 10 月 14 日。

楚义芳:《旅游空间经济分析》,陕西人民出版社,1992,第 80~81 页。

戴斌、黄璜:《区域旅游一体化的理论建构与战略设计——以京津冀为例》,《人文地理》2016 年第 3 期,第 128~135 页。

戴斌:《把京津冀建设成区域旅游一体化的国家样本》,中国网新闻中心,2014 年 9 月 24 日。

侯兵、黄震方、范楚晗:《区域一体化进程中城市旅游经济联系的演变与思考——以南京都市圈为例》,《人文地理》2013 年第 5 期,第 94~100 页。

靳诚、陆玉麒:《区域旅游一体化进程中边界效应的定量化研究——以长江三角洲地区入境旅游为例》,《旅游学刊》2008 年第 10 期,第 34~39 页。

李洪明:《区域旅游一体化创新——关于推进我市旅游一体化创新的调查与思考》[J/OL], https://wenku.baidu.com/view/1b051ca480eb6294dd886c8b.html。

李先军:《旅游区域一体化是大势所趋》,《中国旅游报》2015 年 12 月 7 日。

刘昌雪、汪德根:《长江三角洲国际旅游市场一体化发展研究——基于市场亲景度和竞争态分析》,《经济问题探索》2008 年第 4 期,第 107~111、115 页。

《旅游资源与市场一体化管理的观察与思考》,北京:中国社科院旅游研究中心,2016。

《迈阿密旅游指南》[EB/OL], http://www.yododo.com/area/detail/4-01-10。

《区域旅游一体化理论基础》[J/OL], http://www.lunwenstudy.com/mba/mbalygl/59297.html。

孙浩亮、孟祥君、张馨木：《长吉图区域旅游合作制度基础：跨界治理理论与欧盟旅游一体化经验》，《特区经济》2011 年第 8 期，第 128 ~ 130 页。

孙晓东、冯学钢：《中国邮轮旅游产业：研究现状与趋势》，《旅游学刊》2012 年第 2 期，第 101 ~ 112 页。

汪泓：《中国邮轮产业发展报告（2015）》，社会科学文献出版社，2015，第 237 页。

王慧敏：《长三角区域旅游一体化的若干建议》，《江南论坛》2007 年第 11 月，第 19 ~ 20 页。

王建喜：《长三角旅游一体化阻滞与突破》，《资源开发与市场》2013 年 10 月，第 1110 ~ 1113 页。

王永刚、李萌：《旅游一体化进程中跨行政区利益博弈研究——以长江三角洲地区为例》，《旅游学刊》2011 年第 1 期，第 24 ~ 30 页。

《维京邮轮、维京航线》[EB/OL]，https：//www. vikingcruises. cn/cruises/。

吴泓、林竞君、陈修颖、周章、赵翔翔、袁新敏：《长三角旅游一体化研究》，《科学发展》2009 年第 9 期，第 60 ~ 78 页。

吴泓、吴晓梅：《长江三角洲旅游一体化格局和机制研究》，《东华大学学报（社会科学版）》2008 年第 4 期，第 308 ~ 310 页。

《详解佛罗里达的邮轮母港》[EB/OL]，http：//www. cnboat. com/news/201311/12/18774. html。

徐敏：《基于 SSM 分析的城市旅游竞争力评价及协调发展研究——以长江三角洲地区为例》，南京师范大学硕士学位论文，2010。

杨振之：《区域旅游一体化的设想与建议》，《中国旅游报》2015 年第 6 期，第 15 页。

张补宏、韩俊刚：《珠三角区域旅游一体化机制创新探析》，《地理与地理信息科学》2011 年第 6 期，第 96 ~ 100 页。

《长三角区域旅游一体化的成功做法》[EB/OL]，http：//www. 360doc. com/content/16/0726/17/16954316_ 578552922. shtml。

《长三角区域旅游一体化发展杭州方案》，《浙江日报》2016 年第 12 期，第 9 页。

郑江宁、颜澄：《长三角无障碍旅游之“障碍”探究》，《生产力研究》2008 年第 16 期，第 78 ~ 80 页。

周知秋：《佛罗里达的邮轮母港》，《东方早报》2013 年第 11 期，第 12 页。

朱一鸣：《欧盟旅游业一体化发展模式对我国长三角地区的启示》，《对外经贸》2013 年第 4 期，第 48 ~ 51 页。

《珠江三角洲地区旅游一体化规划（2014 ~ 2020 年）》[EB/OL]，http：//zwgk. gd. gov. cn/006939748/201411/t20141127_ 557111. htm。

政策建议篇

Policy Recommendations Section

G.11 “绿洲级”豪华邮轮设计特点与建造启示

叶欣梁　汪雪婷　王亚男　罗玉杰　杨　刚　孙瑞红*

摘　要：　邮轮经济的高速发展及邮轮产业东移对我国发展邮轮制造产业提出迫切需求。近年来，我国造船产业发展迅猛，但尚未有豪华邮轮设计建造经验，发展豪华邮轮建造产业对我国迈入世界造船强国及造船工业产业链转型升级具有重大意义。当前国际邮轮建造大型化趋势愈加明显，全球最大邮轮已达到22.8万吨，其船型和船内设施设备的特点，不仅对船舶功能性设备建造技术提出严格要求，也对邮轮整体速度、安全性、舒

* 叶欣梁，博士，上海工程技术大学副教授，上海国际邮轮经济研究中心副主任，上海吴淞口国际邮轮港副总经理，研究方向：邮轮经济；汪雪婷，上海工程技术大学硕士研究生，研究方向：邮轮经济；王亚男，上海工程技术大学硕士研究生，研究方向：邮轮经济；罗玉杰，上海工程技术大学硕士研究生，研究方向：邮轮经济；杨刚，上海工程技术大学硕士研究生，研究方向：邮轮经济；孙瑞红（通讯作者），博士，上海工程技术大学副教授，研究方向：邮轮经济。

适性、个性化配置设计与制造提出巨大挑战。本文对全球在运营“绿洲级”豪华邮轮的特点、建造难点及核心建造技术进行梳理，期望能为我国发展豪华邮轮制造产业带来启示。

关键词： “绿洲级”邮轮　邮轮建造　关键技术　邮轮产业

引　言

近年来，全球邮轮产业呈现出高速发展态势，邮轮经济的快速兴起，为我国发展邮轮产业带来巨大机遇。尽管当前全球经济下行压力较大，中国仍以持续增长的市场规模和巨大的市场需求，成为世界邮轮业中最具增长潜力的新兴经济体，并获得了广泛关注。邮轮产业结构群具有多层次、多环节的特点，产业链条较长。目前我国邮轮产业短板十分明显，大多停留在产业链中下游，即承接国外邮轮港口服务等方面，而极具技术性、附加性和经济效益带动性的邮轮建造业却几乎等同于空白状态。在此背景下，大力发展邮轮建造业、突破邮轮建造核心技术难点对推动我国邮轮产业尽早进入全产业链化具有重要意义。

从全球邮轮建造数据看，豪华邮轮建造呈现大型化趋势。20 世纪 80 年代建造的邮轮单船平均达 2.6 万吨，到 90 年代建造的邮轮平均达 4.6 万吨/艘[①②]，2000 年后建造的邮轮平均 7.66 万吨/艘，2010 ~ 2017 年为 9.8 万吨/艘，其平均吨位已经是 20 世纪 80 年代的 3.7 倍。尤其 2009 年“海洋绿洲号”邮轮的出现，使得全球邮轮发展步入“绿洲级”时代，大型化趋势愈加明显。2018 年 4 月刚刚首航的目前全球最大邮轮“海洋交响号”

① 崔燕：《世界邮轮技术发展路径》，《中国船检》2011 年第 9 期，第 44 ~ 48 页。

② 李华、杨宇焜：《基于关键参数分析的全球邮轮船型特征研究》，《海洋开发与管理》2017 年第 2 期，第 10 ~ 16 页。

已达到22.8万吨，更有专家预测，预计不久的将来会出现25万吨级超大型邮轮。大型豪华邮轮建造是现代工业与城市建设相融合的系统工程，建造难度甚至大于航空母舰的建造难度，被称为高端装备制造业典型代表，豪华邮轮建造能力和技术的发展对相关产业的带动力极强，现实应用意义十分重大。目前，全球豪华邮轮建造主要集中在欧洲地区，尽管近年来我国作为亚洲地区新兴造船经济体不断崛起，并以全年造船完工量、新船订单量和手持订单量三项造船指标稳居世界第一造船大国地位，但我国建造船型多以散货船、油船和集装箱船等船舶为主，豪华邮轮的自主设计与建造尚在探索阶段。受世界经济疲软、船舶市场需求萎缩等外部因素影响，全球造船业深陷低迷，我国船舶建造业手持订单也存在下降趋势，且船舶建造业产能过剩问题突出，推动造船业产业升级势在必行。2016年，中船集团联合美国嘉年华集团等组建的邮轮船东运营合资公司向中船集团与芬坎蒂尼合资组建的邮轮建造公司下单，计划订造2艘Vista级大型邮轮，此外还拥有另外4艘大型邮轮的订单选择权。此次订购两艘新邮轮的设计由中船邮轮科技发展有限公司与芬坎蒂尼邮轮专家联合负责，将在中船集团旗下上海外高桥造船有限公司建造。2018年6月，中船正式通过了《中国船舶工业集团有限公司邮轮产业发展总体方案及下一步工作计划》，中国豪华邮轮项目建造以及产业建设的进程正式启动。发展大型豪华邮轮建造业符合我国船舶行业转型需求，对我国尽早攻克邮轮建造技术难关、解决船舶行业产能问题具有积极意义。

一 “绿洲级”豪华邮轮概念及特点

（一）“绿洲级”邮轮概念

“绿洲级”豪华邮轮（Oasis-class）概念源于皇家加勒比邮轮公司旗下第一艘总吨位20万吨以上的豪华邮轮——“海洋绿洲”号。2009年“海洋绿洲”号从美国劳德代尔堡的埃弗格雷斯港（Port Everglades）出发，正式开启其航程。"海洋绿洲"号作为曾经的全球最大超级邮轮，其建造耗资和豪华度在当时属史无前例，开辟了豪华邮轮巨型化的新时代，自此之后业内将22.5万吨以上的豪华邮轮统称为"绿洲级"豪华邮轮。目前已在运营的"绿洲级"豪华邮轮共计4艘，即"海洋绿洲"号（Oasis of the Seas）、"海洋魅力"号（Allure of the Seas）、"海洋和悦"号（Harmony of the Seas）和"海洋交响"号（Symphony of the Seas），4艘超级邮轮全部隶属于皇家加勒比邮轮公司，其中2018年4月首航的"海洋交响"号为目前世界上最大的邮轮，详见表1。

表1 "绿洲级"豪华邮轮参数对比

参数	"海洋绿洲"号	"海洋魅力"号	"海洋和悦"号	"海洋交响"号
总吨位数（万吨）	22.5	22.5	22.7	22.8
长度/m	361.8	362	362.1	362.1
宽度/m	65.5	65.5	65.7	65.7
载客量/人	5400	5400	5479	5518
机组人员/人	2165（首航时）	2165（首航时）	2300（首航时）	2300（首航时）
客房数量/间	2742	2742	2747	2759
乘客甲板/层	16	16	16	16
平均航速/km	22	22	23	22
首航时间	2009.12	2010.12	2016.5	2018.4
运营区域	加勒比海、北美洲	加勒比海、北美洲	加勒比海、地中海、北美洲	加勒比海、地中海、北美洲

资料来源：皇家加勒比国际游轮公司官网，www.royalcaribbean.com。

（二）"绿洲级"豪华邮轮特点

1. 体量大

"绿洲级"邮轮在体量上远远超过普通船舶，表现为型长、型宽及船高较大。目前4艘运营绿洲邮轮船体的平均长度为361.9米，平均宽度为65.6

米，水面平均高度为72米，船型体量标准较为统一，尺寸变化度较小。

2. 总吨位数大

总吨位（Gross Tonnage，GT）指按照《船舶吨位丈量规范》确定的船舶所有围蔽处所总容积，是体现邮轮运力大小的核心指标之一。作为连续打破世界邮轮吨位纪录的系列邮轮，“绿洲级”邮轮在总吨位数上一直保持在22.5万吨以上，最新交付的“海洋交响”号更是突破22.8万吨级，建造耗资高达14亿美元。

3. 载客量多

载客量（Passenger capacity）指船舶规定的游客标准承载人数，是表达邮轮运力大小的另一关键指标。邮轮载客量与邮轮总吨位有不可分割的关系，两者共同决定邮轮的规模。随着邮轮总吨位数的增长，“绿洲级”邮轮载客量不断提高。标准载客量从“海洋绿洲”号的5400人提高到“海洋交响”号5518人，最大载客量从“海洋绿洲”号的6296人提高到“海洋交响”号6780人，标准船员从“海洋绿洲”号的2165人提高到“海洋交响”号的2300人，最小的海洋绿洲号可以载人8461人，而“海洋交响”号更是高达9080人，远远超过普通邮轮的载客数量。

4. 功能设施齐全

“绿洲级”邮轮极其注重船上游客的品质感受，船上设施齐全，功能多样，最大限度满足了游客的休闲度假需求。“绿洲”系列邮轮船体上层拥有比以往任何一条邮轮都要壮观开阔的露天中央公园和皇家大道，并开创性地将陆地“社区”概念运用到邮轮上，打造了中央公园、欢乐城、皇家大道、游泳池和运动区、海上水疗和健身中心、娱乐世界及青少年活动区7个主题区域，提供餐厅、酒店及特色客房、购物中心、酒吧、游乐场、剧场、高尔夫球场等生活娱乐设施，如表2所示。独具创新性的社区概念、丰富刺激的娱乐设施、极致奢华的客房布置等，处处都彰显出“绿洲”系列邮轮在设施服务上的创新，可以满足不同年龄、不同类型游客的度假需求。

表 2　"绿洲级"邮轮设施对比

<table>
<tr><th>设施</th><th>"海洋绿洲"号</th><th>"海洋魅力"号</th><th>"海洋和悦"号</th><th>"海洋交响"号</th></tr>
<tr><td>餐厅(Dining)</td><td>17 家</td><td>16 家</td><td>18 家</td><td>20 家</td></tr>
<tr><td>特色客房
(Stateroom)</td><td>阳台房
海景房
内舱房
景观房
残障专用房</td><td>阳台房
海景房
内舱房
景观房
残障专用房</td><td>阳台房
海景房
内舱房
景观房
残障专用房
虚拟阳台内舱房</td><td>阳台房
海景房
内舱房
景观房
残障专用房
虚拟阳台内舱房</td></tr>
<tr><td>购物中心
(Shopping)</td><td>购物街
(Shopping Street)
皇家大道
(Royal Promenade)</td><td>购物街
(Shopping Street)
布里托画廊
(Britto)</td><td>购物街
(Shopping Street)
布里托画廊
(Britto)</td><td>购物街
(Shopping Street)
布里托画廊
(Britto)</td></tr>
<tr><td>酒吧(Bar)</td><td>11 个</td><td>8 个</td><td>8 个</td><td>8 个</td></tr>
<tr><td>标配设施
(Standard Facilities)</td><td colspan="4">绿色植物区、家庭户外娱乐区、游泳区、海上水疗中心、健身中心、剧场、室内及户外运动区域、儿童和青少年活动中心、游艺室、电玩室、网吧等</td></tr>
<tr><td>特色娱乐设施
(Entertainment)</td><td>旋转木马
(Carousel)
高空滑索
(Zip Line)
水上剧场
(Aquatheater)</td><td>旋转木马
(Carousel)
高空滑索
(Zip Line)
水上剧场
(Aquatheater)
水滑道
(The Perfect Storm)
海上滑道
(Ultimate Abyss)
机器人酒吧
(Bionic Bar)</td><td colspan="2">旋转木马(Carousel)
高空滑索(Zip Line)
水上剧场(Aquatheater)
水滑道
(The Perfect Storm)
海上滑道
(Ultimate Abyss)
机器人酒吧(Bionic Bar)</td></tr>
</table>

资料来源：Royal Caribbean Press Center。

5. 能耗及排放大

巨大的体量和吨位、复杂多样的船上设施意味着"绿洲级"邮轮在航行时不可避免地会产生能耗和废弃物排放过量的问题。"绿洲级"邮轮共有 6 台发动机，为了支持着船上设备及系统的正常运行，邮轮主发动机在全功率下每小时要消耗 5210 升柴油，日燃料消耗量高达 11 万升；此外，邮轮锚泊、停靠或移动时会排放出大量废弃物，如黑水、灰水、空气污染物、固体废弃物等，如果不妥善处理，会对海洋生态产生一系列负效应①。

6. 独特上层设计

“绿洲级”邮轮拥有独一无二的上层船楼设计，其上层建筑实际分为两部分，左右舷两边各成一体，中间采取开放式结构，中庭内为“绿洲”系列邮轮引以为傲的中央公园社区，并由此设计出独树一帜的中央公园景观客舱。这种独特的上层设计得益于邮轮足够大的船宽，为游客提供了更加丰富多元化的船上体验。

二 “绿洲级”邮轮建造要求与难点

相较于普通船舶的建造，邮轮建造更为综合复杂。“绿洲级”邮轮在船型和船内设施设备上的特点，对邮轮整体速度、安全性、舒适性和个性化配置提出巨大挑战，因此“绿洲级”邮轮在动力系统、转向与可操控性、保持船体稳定等方面比一般船舶建造要求更加严格和精细，需要船厂集中精力解决，并且能够不断在这些方面寻求技术创新和突破。

（一）强化动力系统

“绿洲级”邮轮体量更大、吨位更大的特点，要求船载动力系统能够提供强大的推进力，以克服邮轮起航或航行时受到的巨大阻力。此外，邮轮的交通工具属性要求整个航程必须按期完成，这就要求邮轮动力系统在维持一定航速的基础上，具有足够的续航能力，既能够推动邮轮的正常航行，又能够在特殊情况下调整航速，完成预期航程。

（二）转向与可操控性

为保证邮轮大型化趋势下船舶吃水深度的稳定性，邮轮船型逐渐向宽大

① Carić H. Challenges and Prospects of Valuation-cruise Ship Pollution Case [J], *Journal of Cleaner Production*, 2016, 111: 487 ~ 98.

型发展。一些传统港口的入港航道对于这样的庞然大物来说显得过于狭窄，一丝一毫的航向偏差都有可能造成入港事故。邮轮体型越大，在微调航向和速度方面越难以操控。为了能够安全顺利地入港靠岸，邮轮必须配备精准灵活的转向系统来调整入港方向。

（三）保持船体稳定性

邮轮的交通工具属性与旅游属性要求建造邮轮时必须要考虑到邮轮的安全性和舒适性。邮轮的高度较高，实际航行时可能遭遇到的恶劣海况容易造成船体颠簸，且邮轮本身包含复杂的装备、设施，即使在风浪较小的海况下，也会产生自摇。此外，国际海事组织对客船的稳定性提出了严格要求，因此，保持船体的稳定性是建造邮轮时必须要考虑的问题。

（四）运用模块化技术

建造邮轮是一项耗时又耗力的庞大工程，邮轮内部布局的复杂性及邮轮建造的高成本耗费，要求造船企业在建造邮轮之前必须制定完善的建造计划。为了简化邮轮的建造过程、缩短船坞使用周期，降低建造成本，目前国际各大造船厂一般都采用模块化建造技术，即将整艘邮轮具有相同功能的部分分成各个模块单元，承包给多家专业配套厂商同时完成，可以极大提高建造效率。

（五）满足绿色发展要求

邮轮在锚泊、停靠或移动时会产生大量的废水、废气和固体废弃物，进而对海洋和大气环境造成影响。为了尽量降低邮轮活动产生的负外部性，促进邮轮旅游业的可持续发展，邮轮建造时应充分考虑环保性要求，应用先进的废物处理技术，优化废物处理系统。此外，大量含硫燃料油的消耗是邮轮造成大气污染的主要原因，未来更倾向于开发清洁能源和核能为邮轮提供动力。

（六）缺乏风险投资

大型豪华邮轮在设计建造期间对资金需求庞大，“绿洲级”邮轮造价最低是12亿美元（海洋魅力号），两艘是13.5亿美元（海洋和悦号和海洋交响号），最高是14亿美元（海洋绿洲号）。对于新进入邮轮建造行业的造船企业来说，高标准的设计、建造技术要求使得其流动资金的需求量更大。同时，邮轮后期管理运营的风险性及效益的不确定性也使得国内一些风险投资者望而却步。想要突破我国豪华邮轮自主建造投资少、融资难的问题，仅从政府政策方面加大引导是远远不够的。如果不能从根本上解决邮轮建造技术上难题，提高我国自主建造邮轮按期交付的成功性，这一问题恐难以有实质性突破。

三 “绿洲级”邮轮建造关键技术

“绿洲级”邮轮从直观的感受来说，最大的特点就是“大”，因此在邮轮设计、建造和管理方面都提出了全新的要求和挑战。邮轮设计的某些具体技术问题国内可以进行正确的判断并加以妥善解决，但很难提出具有创意思维的新的设计理念[①]。为了提高邮轮建造质量，打造高品质邮轮，国际造船厂在邮轮建造过程中普遍实施精度管理，来提高企业的市场竞争力[②]。但是，目前中国没有一艘自主建造的邮轮，对中国的各大造船企业来说，能够建造出邮轮并积累邮轮建造经验显得更为重要。在基本具备建造邮轮能力的基础之上，再去开展全面精度管理，提高邮轮建造质量，力争在国际领域打响“中国邮轮”品牌。通过详细分析绿洲系列邮轮的建造过程发现，工程师们往往耗费大量的时间和精力，采用计算机模拟分析、建造模型、对比实验等方法和手段，集中解决动力、转向、稳定、模块组装、环保问题。因此，下面将从建造过程的角度，对这五个方面的技术进行具体分析。

（一）动力推进技术

由于“绿洲级”邮轮排水量大、吨位重，这就需要强大的引擎提供强

① 张敏健、杜拥军、孙家鹏：《关于发展中国邮轮制造业的思考》，《船舶工程》2016年第38期，第252~254页。

② 毛亮：《船舶建造中的精度管理开展》，《中国科技投资》2017年第30期，第309页。

劲可持续的推动力。“绿洲级”邮轮目前采用的是电力推进系统，其工作原理是将原动机产生的机械能量转变为电能，并以电机驱动推进器的一种推进方式①。其中的原动机是整个推进系统的动力来源，通常采用柴油机或燃气轮机，但“绿洲级”邮轮在发动机上又应用了涡轮增压技术，涡轮增压器能提高柴油机功率，改善经济性能，比普通发动机提供更强的动力，将会被邮轮公司更加青睐。如 2017 年皇家加勒比可持续报告披露，公司已为 8 艘船配备了燃烧清洁燃料并减少大气污染的燃气涡轮发动机。

“绿洲级”邮轮采用的是 ABB 吊舱式电力推进系统，包括三台 ABB Azipod 推进装置，三台 ACS6000 中压变频器，六台主发电机，11 千伏主配电板，六台推进变压器，四台推进器电机，配电和推进力磁变压器以及变电站开关设备。其原动力来自 6 个中速发电机组，这些原动力的总产出约 97020kW（130110 马力），远高于非“绿洲级”邮轮（见表 3），这些能量被转换为电力，除了为船上的电力设施提供电力供应外，更重要是驱动 3 套 Azipod 吊舱推进器工作，能在一个节省空间的设备中提供船舶推进和转向。与传统的轴线推进器相比，发电机组提供的动力使得 Azipod 吊舱推进器能够使用更少的能量以更高的速度运输更多的有效负载，更加高效地工作。Azipod 吊舱推进器拥有卓越的操纵性（全方位全推力），巡航速度平稳，噪音和振动难以察觉，并能显著降低燃料消耗和温室气体排放。“绿洲级”邮轮船首还配备了四套侧推进器，主推系统加上辅助推进系统使得“绿洲级”邮轮拥有邮轮动力史上最强推进力，这种推进系统令“绿洲级”邮轮具有更高的可操作性，在没有拖船帮助的情况下，邮轮也能轻松停靠码头。同时，吊舱式电力推进系统使得燃料消耗和废气排放大幅度减少，船舶能够拥有无与伦比的燃油效率、船舶操纵性和乘客舒适度，既节约了能源成本又满足了环保的需要。

---

① 王滢：《浅谈船舶电力推进系统的发展现况与趋势》，《科技资讯》2010 年第 35 期，第 102 页。

表 3 “绿洲级”邮轮和非“绿洲级”邮轮动力推进系统性能对比

<table>
<tr><th>级别
(Class)</th><th>代表邮轮
(Name)</th><th>吨位
(Gross tonnage)</th><th>原动力
(Installed power)</th><th>侧推动力
(bow thrusters)</th><th>推进器
(Propulsion)</th></tr>
<tr><td rowspan="4">绿洲级</td><td>海洋绿洲号</td><td>225282</td><td rowspan="2">3×13860kW
(18590hp)
Wärtsilä 12V46D
3×18480kW
(24780hp)
Wärtsilä 16V46D</td><td rowspan="2">4×5500KW
(7400hp)
WärtsiläCT3500,
bow thrusters</td><td rowspan="2">3×20000KW
(27000hp)
ABB Azipod,
all azimuthing</td></tr>
<tr><td>海洋魅力号</td><td>225282</td></tr>
<tr><td>海洋和悦号</td><td>227000</td><td rowspan="2">4×14400kW
(19300hp)
Wärtsilä 12V46F
2×19200kW
(25700hp)
Wärtsilä 16V46F</td><td rowspan="2">4×5500KW
(7400hp)
WärtsiläCT3500,
bow thrusters</td><td rowspan="2">3×20000KW
(27000hp)
ABB Azipod,
all azimuthing</td></tr>
<tr><td>海洋交响号</td><td>228081</td></tr>
<tr><td rowspan="4">非绿洲级</td><td>海洋量子号</td><td>167800</td><td rowspan="2">2×14400kW
(19300hp)
2×19200kW
(25700hp)
2×2500kW
(3300hp)</td><td rowspan="2">4×3500kW
(4694hp)</td><td rowspan="2">2×20500K
(27500hp)</td></tr>
<tr><td>海洋赞礼号</td><td>167800</td></tr>
<tr><td>地中海传奇号</td><td>171600</td><td>4×38400KW
(51500hp)</td><td>—</td><td>2×19200KW
(25700hp)</td></tr>
<tr><td>诺唯真喜悦号</td><td>167400</td><td>2×16800KW
(22520hp)
3×14400KW
(19300hp)</td><td>—</td><td>2×40000KW
(53600hp)</td></tr>
</table>

资料来源：CruiseMapper，ABB 官网，Wärtsilä 官网等。

（二）转向控制技术

对于普通邮轮来说，吊舱推进器不仅是邮轮的推动装置，其拥有的可以360°水平旋转并全方向产生助推力的优势还可帮助邮轮改变航向①，满足邮

① 聂鹏瑜、张维竞、刘卓：《吊舱式电力推进的现状及应用前景》，《造船技术》2003 年第 2 期，第 5～7 页。

轮日常海上航行时调整方向的需要。但是在进出港时，由于对邮轮停靠码头的精准度要求高，过去邮轮只能依靠大型的拖轮提供侧推动力实现靠泊和离泊时的转向控制。对于“绿洲级”这种巨型邮轮来说，其超乎寻常的体量加大操纵难度，只用吊舱推进器作为转向也只是勉强满足大多数转向的需要。当“绿洲级”邮轮靠离港口时，船速越慢，舵效越差，邮轮操纵难度越大。为满足具有20多万吨的“绿洲级”邮轮在海上转向和进出狭窄航道与入港的转向机动性，配备转向操控装置极其重要。

随着侧推技术发展，目前“绿洲级”邮轮除依靠吊舱推进器之外，还需要借助船艏侧推器技术完成转向控制。侧推器是设于邮轮艏部横向管道内由电动机带动的螺旋桨，这种灵活的螺旋桨能将一舷的水排向另一舷，借助海水的反作用力助推船转变方向。与普通的海工船相比，邮轮进港的频度不仅较高，而且游客的安全性、舒适性的要求更高，邮轮的转向控制技术就显得非常关键。对于一般的海工船，如果没有DP定位要求，其一般只有一个艏侧推器。而且大吨位的货船在船艏也只安装一个轴流侧推器。目前“绿洲级”豪华邮轮全部采用芬兰瓦锡兰公司生产的5.5kW侧推器（见表3），在绿洲级邮轮船艏安装4个（见图1），这些位于船艏的侧推器不仅使得这种海上“巨无霸”有了无与伦比的转向控制力和转向精度，还大大提升了邮轮整体的可操作性。

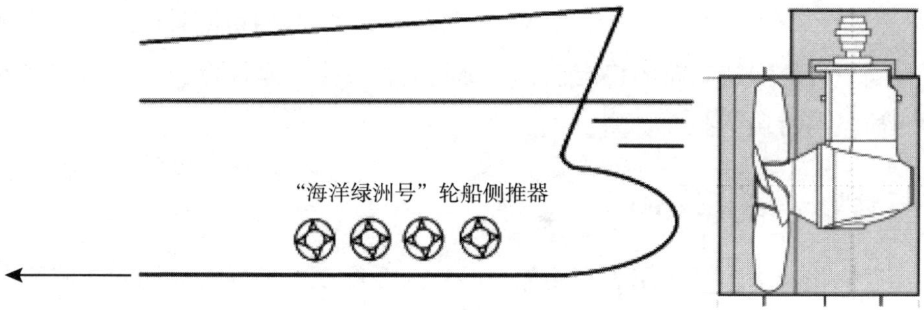

图1　“绿洲级”邮轮侧推器

（三）船身稳定技术

相对于常规邮轮，“绿洲级”邮轮行驶时的风速剖面较大，恶劣海况、随机波浪及船上各种活动、加速度都会对船身的稳定性产生较大影响，不仅会降低游客的舒适满意度，甚至会影响船舶安全，因此在邮轮中安装稳定装置显得尤为重要。船舶在海上航行时会产生六种运动：横荡、纵荡、升浮、横摇、纵摇和艏摇，其中横摇对于行进中的船舶危害最大，因此船舶稳定装置常指横摇减摇装置。“绿洲级”邮轮上主要应用减摇鳍装置来保持船身稳定，其原理是利用鳍在行进过程中产生的升力力矩抵消船舶横摇力矩，以抵抗海浪等因素对船只产生的干扰。其减摇鳍系统由控制分系统、液压分系统及机械分系统构成，以一台微型陀螺仪作为传感器，由它通过电脑来控制机械稳定器。如“绿洲级”邮轮在风浪情况下航行而发生横摇的运动，减摇鳍就能在控制系统作用下，依据海浪的扰动规律做出对应转动，以减摇鳍所产生的升力来抵抗海浪扰动，以达到减小船身横摇的目的①。

尽管减摇鳍技术在海工船和工程船等船舶上已有应用，但邮轮不同于其他任何舰船，其因客运属性及旅游属性，而对船舶航行过程中的安全性及舒适性要求极高。在这种情况下，普通船舶减摇鳍技术并不能满足大型邮轮稳定程度的要求，根据邮轮具体参数定制减摇鳍装置，在最大化其阻横摇的同时避免过大的减摇鳍在伸展时对邮轮行进产生强大阻力，显得尤为关键。“绿洲级”邮轮载客量一般都在5000人以上，采用减摇鳍技术能在复杂海况环境下有效保持邮轮的稳定性，为邮轮航行提供安全性保证，且为游客提供高质量的游玩体验。

（四）模块化技术

模块化技术最早应用于军用船只的建造，第二次世界大战期间，美国大量建造军用船只，模块化技术逐渐引起重视，其他国家也陆续开展模块化技

---

① 朱伟欣：《大型船舶减摇系统的研究》，《中国水运》2012年第5期，第69～70页。

术研究和应用。我国在 20 世纪 80 年代中期引入模块化造船概念，在 90 年代开始将模块化技术运用到军用船只建造，目前 052C 型驱逐舰建造总数达到 6 艘，052D 型驱逐舰建造数量预计会达到 12 艘。此外，还大批量建造了 054A 和 056 型护卫舰，实现一船多型的建造目标。在民用船舶建造方面，模块化技术也得到广泛应用，如机舱模块、卫生单元模块和部分上层建筑模块等。从表面上看，我国已经广泛运用模块化技术，但实际情况表明，现有对模块化技术的掌握程度和应用程度并不足以支撑完成豪华邮轮的建造，尤其是“绿洲级”邮轮的建造，这是由邮轮本身建造特点所决定的。从船体结构来看，可分为主体部分和上层建筑部分，主体部分是指上甲板以下的部分，由上夹板、船底和船侧围成，用于布置动力装置、装载货物、储存燃油和淡水，以及布置其他功能舱室等，是其他船舶的主要建造部分。邮轮除了主体部分的建造以外，更重要的是上层建筑部分。邮轮上甲板以上的可见区域全部属于上层建筑，包括客房、酒吧、餐厅、赌场、歌剧院等数千个舱室，每个舱室模块都在专业配套厂提前铺设管系和电缆，舾装率近 100%，其建造复杂程度和建造精度要求远超其他船舶。因此，只有对现有模块化技术进行更加深入的研究和创新，才能够在邮轮建造领域有所突破。

“绿洲级”邮轮建造工程浩大，每艘邮轮的建造往往需要数万吨高强度、高弹性的优质钢材。通过规模惊人的生产线和自动化设备，将这些钢材切割成数以万计的独立部件，包括钢片、钢梁和其他较小构件等。组装流程如图 2 所示。在单层甲板上将钢片、主梁和较小构件焊接起来形成船体基本框架，再焊上舱壁、立柱和天花板，就形成了含有多个舱室单元空间的分段模块，一般分段模块只有一层甲板的高度。目前，国际各大造船厂都采用预制模块建造的方式对分段模块进行处理，即在分段模块阶段提前铺设电路系统和管道系统，预留出尺寸、形状相同的接口。完成舾装设备的安装之后，将各分段叠加起来，焊接成一个总段，并对总段外表涂层。例如，“海洋和悦”号邮轮的建造过程被划分为 90 个总段，其中最大的一个总段有 5 层甲板的高度，包含 10 个分段。按照搭建积木的原理，将各总段拼接起来，就形成了一个完整的邮轮船体建筑。

现代造船厂一般都将船体建造和舱室建造分开进行，舱室建造和内饰由专业化的配套厂商完成，最后整体吊装上船，完成组装。因此，模块化技术不仅仅是一种建造技术，更是设计技术和管理技术的综合体现①。对于目前国内邮轮制造现状来说，形成高效的系统集成网络是运用模块化技术的前提和保障。系统集成的本质就是最优化的综合统筹布局，整合各项资源，使各个独立模块单元连接在一起后不但能工作，而且整个系统的成本最低、效率最高。一个发展成熟的产业必然是设备、技术和功能高度集成的产业。利用先进的计算机技术完善和优化设计过程，有助于从宏观层面上把握整体布局，更好地指导建造过程。采用先进的管理模式，加强船厂与配套厂商之间的紧密协调和默契配合，对邮轮建造也非常重要②。

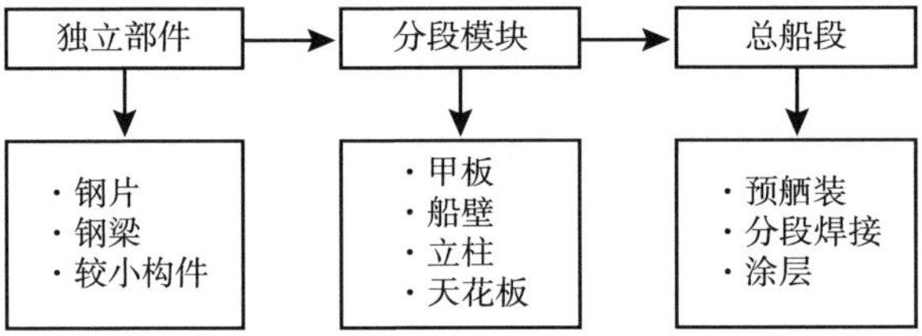

图 2　模块化组装流程示意图

（五）环保技术

“绿洲级”邮轮被誉为“移动的海上城市”，数千名游客每天在邮轮上生活、休闲、运动和娱乐会产生大量的生活垃圾，一般采用焚烧炉装置进行焚烧碳化处理③。邮轮每天需要消耗大量的能源燃料，燃料的不充分燃烧不

① 王华荣、池建文：《模块化造船技术发展研究》，《船舰科学技术》2003 年第 4 期，第 31 ~ 33 页。

② Margherita Pero，Martin Stößlein，Roberto Cigolini. Linking Product Modularity to Supply Chain Integration in the Construction and Shipbuilding Industries［J］. *Int. J. Production Economics*. 2015，170：602 –615.

③ 王建强、陈纪赛：《船舶污染物处理技术及发展方向探讨》，《船海工程》2010 年第 39 期，第 71 ~77 页。

仅会增加邮轮的运营成本，而且产生的有害废气会严重污染大气环境。在"绿洲级"邮轮上，工程师们通过减小阻力的方法尽可能提高燃油效率。一方面，按照流体动力学原理，船身一般设计成前窄后宽的形状，这种船形在前进时引起水面波动的幅度最小，所受阻力也最小；另一方面，在航行时球型船首底部会产生大量气泡沿着船体向后流动，这些气泡能够有效减少船体受到的阻力，球型船首结合空气润滑技术可以将燃油效率提高5%左右，从根本上减少有害废气的排放①。此外，邮轮上还配置了最大的船用排气洗涤器——瓦锡兰混合洗涤系统，采用最新的排气清洁技术，在开环和闭环系统中利用海水去除废气中的有害杂质，有效减少硫氧化物和氮氧化物的排放。

除了动力、转向、稳定、模块组装、环保技术以外，"绿洲级"邮轮还运用了很多高新技术，如兼具卫星导航与自动避碰的全球自动定位系统、堪比地级市级别的气象监测系统、由科技公司为其研发的互联网技术、状态监测软件，以及全自动化调酒机器人、虚拟内舱房等。这些高新技术不仅提升了邮轮的信息化水平、安全性、可操作性，还为游客提供了智能、便捷、舒适、奢华的游玩体验。"绿洲级"邮轮是集先进技术于一身的现代化"海上城堡"，其作为船舶工业皇冠上的一颗明珠将闪耀出更绚丽的光芒。

四　结论与启示

随着邮轮旅游市场的开发和邮轮产业的快速发展，邮轮越来越趋向于大型化，"绿洲级"邮轮的出现引领并强化这一趋势。具体而言，包括以下几个方面启示。

（一）掌握大型豪华邮轮的关键技术要求

"绿洲级"邮轮的吨位大、体积大，需要强劲的动力系统和可操作的转

① 章新智、王驰明、郭昂：《豪华邮轮球艏的新型设计》，《船舶工程》2016年第36期，第12~15页。

向装置，以使其达到较快的航速和方向调整的便捷性。这种巨型邮轮内部各种设施齐全，功能完善，并且载客量多，需要良好的减摇和减震设计，以保证邮轮平稳运行，为游客提供舒适的游玩环境。当今低碳环保理念已成为全球的共识，“绿洲级”邮轮在设计建造时也践行了这一理念，其采用的吊舱式电力推进系统就具有节能减排的效果。从整体上看，建造“绿洲级”邮轮往往需要各个供应链的合作，采用模块化组装模式，不仅大大提高了建造效率，还满足了邮轮公司的个性化需要。“绿洲级”邮轮无论是在吨位、载客量、内部构造、休闲娱乐性，还是在动力、稳定、转向、组装等先进技术的使用上都超过了之前的邮轮，引领邮轮产业进入新篇章。

（二）提高大型船舶建造的工程管理水平

豪华邮轮建造，特别是“绿洲级邮轮”的组织管理是一项复杂的系统工程，其专业化配套涉及范围已经远远超过了船舶行业配套的范围，涉及了酒店、文化、娱乐以及艺术等领域。

在生产管理、安全管理及成本控制等各方面会面临如下问题：管理上万公里的、堆积如山的管线、风管和电缆；管控设备厂商和他们的舾装，以便使几百个承包商能按船厂的意图按期、按质交货；掌握上千间住舱的生产和舾装工艺，防止薄钢板切割、焊接变形和分段吊装时变形，造船精度控制，大功率电力推进装置的施工，精工细雕的内装工程的协调；分段划分有利于各机械设备安装；确保船舱区域无噪音和降低振动，准确测量船舶稳定性；了解船级社、挂旗国、国际劳工组织和美国海岸警备队对豪华邮轮的具体要求、了解美国残障法对整个旅客舱室安装残障人士通道的要求、了解国际港口对豪华邮轮的最新要求；多层静音空调的施工，消防防火设施的施工，人数众多的逃生、救生设施的施工等；鉴定家具和内装防火测试结果、保证船上食品和卫生安全、乘客及船员住舱达到西方的高档标准；应对复杂的技术规格书、了解签订豪华邮轮商务合同和签订货船商务合同的区别等。邮轮内装检验，国外的惯例是在合同上写明与某某邮轮一致，如找不到母船一般用样板房作为检验标准，避免与船东有不必要的纠纷。

建造过程控制严格。邮轮船东要求必须在合同约定的精确日期交船，若延期交船邮轮公司将产生巨大损失。因此，船厂对豪华邮轮建造过程控制就非常严格，且生产计划较难更改。为了防止交船拖期，假如改订单会使船坞周期延长，船厂拒绝改动。船东也会控制改订单的数量和形式，所有改动都要经过船东高管的核准。舱室安装工作在船坞中期开始，至试航后才完全结束。显然，舱室建造占了全船建造大部分的工作量，其建造计划控制就更加关键。

（三）提前研究邮轮建造技术的最新动向

邮轮建造技术代表了造船业的先进技术水平，“绿洲级”巨型邮轮的出现将邮轮建造技术又推上了一个新的高度，国际各大造船厂和邮轮企业不断追求邮轮建造的技术创新。船舶工业科技水平在不断进步，越来越多的新技术也将会在巨型邮轮上得到应用。例如：采用柴油－液化天然气（LNG）作为动力的混合动力邮轮已经在建造中；随着民用核能技术的发展，未来核动力邮轮也很有可能变成现实，这些动力技术都能为“绿洲级”邮轮提供更强劲、更清洁的推动力，从而提高航速，延长航程。另外，当下人工智能技术得到飞速发展，已应用到各行各业，若在科技感十足的“绿洲级”邮轮上使用人工智能超控系统也将是一个很好的创新，不仅能提升这种“巨无霸”邮轮的可操控性，也能提高整艘邮轮的智能化水平。“绿洲级”邮轮的出现也许只是一个开始，未来会有更大更先进的邮轮出现并将再次惊艳于世人。对于中国船厂来说，从设计，到建造，再到试水，每一个阶段都需要严格谨慎的管理和控制。中国船厂要想早日实现在巨型豪华邮轮建造方面零的突破，必须借鉴国际各大造船厂的成功经验，同时也必须汲取各大船厂建造失败或发生重大事故的教训，防范风险，认真分析其建造技术的要求难点并对其进行逐一突破。

目前我国在豪华邮轮建造领域仍然处于空白状态，也缺乏建造豪华邮轮的相关技术和经验。但是我国也在积极筹建本土邮轮，2017 年，中船集团与嘉年华集团、芬坎蒂尼签署中国首艘国产大型邮轮建造备忘录协议，宣告我国开始了本土邮轮的建造。我国作为世界造船大国，也拥有丰富的大型船舶建造经验，在维持船身稳定的减摇技术和帮助船舶转向的侧推器技术上，我国的中船重工集团和中船工业集团都有相当的技术基础。但豪华邮轮的整体设计和建造领域仍是我国船舶制造业的短板，在邮轮上应用的动力推进技术、模块化组装技术也长期被国外公司垄断。因此我国邮轮建造应积极学习“绿洲级”邮轮的建造经验，一方面在先进发动机、减摇和减震、低碳环保、信息化、安全稳定性等技术方面向其学习，另一方要借鉴国外船厂的模块化组装技术，提高邮轮建造项目的管理水平，特别是精细化管理。另外，我们应在学科研究和核心技术研发上寻求突破，以高起点、高标准化、高技术水平建造完成我国本土邮轮。

G.12

全国邮轮口岸诚信管理体系构建与应用

——以上海邮轮口岸为例

顾京军*

摘　要： 随着邮轮产业的快速发展，邮轮诚信问题也逐渐受到关注，上海政府相关部门和口岸单位针对邮轮诚信问题制定颁布了一系列政策法规并取得了一定效果，但各单位的发展并不同步。本文主要基于现有研究成果，结合我国诚信发展、上海邮轮口岸诚信管理现状以及邮轮产业自身发展特性，秉持全面细致、科学合理、充分量化、可操作性强的原则系统地构建邮轮口岸诚信管理体系，以期在实际应用中能够促进上海邮轮产业诚信的积极建立，维持邮轮经济的发展秩序，助推邮轮产业的可持续健康发展，努力形成可复制、可推广至全国的经验和模式，为上海经济乃至全国经济的增长贡献力量。

关键词： 邮轮口岸　诚信管理体系　体系构建　上海

引　言

在我国社会主义市场经济发展中，信用是不可或缺的，为维护社会主义市场经济健康有序发展，发展并完善与我国发展现阶段相适应的诚信体系势在必行。但在现实生活中，诚信缺失无处不在，如逃税漏税、弄虚作假、不正当

* 顾京军，中华人民共和国浦江出入境边防检查站边检处副处长，研究方向：邮轮口岸管理。

交易和竞争等等诚信缺失行为都阻碍了社会主义市场经济的可持续健康运行。

上海邮轮口岸经过10年的高速发展，已逐步建成亚太第一、世界第四邮轮母港，与邮轮经济增速相比，口岸诚信体系建设严重滞后。近年来，政府职能部门逐渐意识到邮轮口岸诚信制度建设的重要意义，并开始在这方面展开积极探索。

一 国内外同类课题研究状况

（一）国外关于诚信评价的研究

诚信在社会生产关系发展的任何阶段都是必需的。21世纪，全球化高速发展，经济交往对诚信提出了更高的要求。

经济史学家Olegario（2008）在《信用文化》一书中写道："信用成为整个国家社会经济的运转要素，共同遵循的社会规则和文化具有自我强化的特点：越多的人依赖于信用，信用就越不可或缺。"在资本主义发展的几百年中，西方的资本主义经济已经高度发达，在发展过程中也出现了各种诚信危机，对于诚信以及信用危机的研究已经成为经济学家们研究的重要问题。

近40年来，国外学者对于企业信用的研究不断取得重要进展。阿罗（Arrow，1972）认为，如果交易双方缺乏信用基础，将很大程度地提高交易成本，而交易成本的提高减少了企业的利润，进而使得社会的运行成本提高而降低社会效益。克雷普斯（Kreps，1984）的研究指出，诚信的缺失或者交易双方在信任程度不足的情况下，比较难以获得长期稳定的收益，在不断重复的交易中，信用对于交易的任何一方来说都至关重要。所以，任何个体和交易主体的信用都是信用经济中不可缺少的，任何一方信用的缺失将导致一系列的连锁反应，信用是社会资本的一部分（Fukuyama，1998）。另外，有关诚信研究的方法论也是该领域研究成果颇丰的一块。为了能够量化诚信研究，越来越多的学者试图通过运用交叉学科的诸多分析方法去研究诚信管理及其评价问题，并由此取得了富有成效的成果，如整数规划、医学和生物学中的生存分析法以及数据包络分析法等（Kolesar&Showers，1985；Trouttetal，1996；Malhotra，2002）。

（二）国内关于诚信体系的研究

20世纪90年代，我国开始对诚信理论进行初步研究。曾康霖的《信用论》（1993）的出版标志着我国社会主义市场经济的发展中，诚信问题已经开始引起社会的重视。覃有土和李正华（2003）认为，商业信用的缺乏对于经济的运行有极大的损害，认为关于信用的制度建设至关重要，因此，强化法律、公开信息等方法势在必行。刘海（2004）认为信用的基础、形式及体系是一个有机的整体，它们共同形成了最终的信用资本。把信用当作社会资本进行有效管理具有重要的现实意义，不仅需要从理念上进行指导和教育，更要通过一系列的法律法规以及经济运行制度的建设，构建个体以及交易主体的信用记录并使其信用历史透明化。而政府在这其中扮演着非常重要的角色，政府既是诚信社会的参与者又是管理者，其在执法过程中对无关国家或商业机密的所有信息都有义务向公众公开，也有义务加强对诚实守信的个体权益的保护，以宣扬和鼓励诚信，更有权力对失信行为的个体进行惩罚，警戒他人，杜绝失信行为的发生（李镇华，2010）。

（三）研究述评

国内外的学者对于诚信的研究从多种角度和维度展开，包括对社会运行的经济效率、信息不对称、个体、社会交易主体等方面的影响，从专业细分的角度对于诚信设计的相关问题进行了系统的研究，对于社会运行中具体问题的解决起到积极的作用。

虽然现有成果在旅游业尤其是邮轮行业的诚信问题方面的研究较少，但学者们的研究成果对于上海邮轮口岸诚信管理体系的构建具有积极的参考价值，比如其中的交易成本问题、信息不对称问题、诚信的外溢效应等，都是上海邮轮口岸诚信管理实践中所面临的现实问题。上海邮轮口岸诚信管理体系针对的主要是经营邮轮业务的相关企业，诚信体系既要考虑到上海邮轮口岸的建设发展，也要考虑到相关企业经营中的现实问题。因此本文在现有研究的基础上将结合我国诚信现状和上海邮轮口岸诚信管理的现状系统地构建上海邮轮口岸诚信体系，以期在实际应用中能够促进上海邮轮产业诚信体系的积极建立，从而助推邮轮产业的可持续健康发展。

二 上海邮轮口岸诚信管理现状

（一）政府的支持

2009 年国务院《关于加快上海金融中心和航运中心建设意见》中提出，上海到 2020 年要基本达成建成国际航运中心目标，明确要保障邮轮产业持续健康发展。各口岸查验部门抓住发展机遇，共同致力于优化口岸开放格局、推进口岸信息化建设、提高口岸通关便利化程度，提升邮轮口岸能级，不断提高邮轮口岸国际竞争力。早在上海世博会期间，上海邮轮口岸就出台了《推进邮轮旅客通关便利有关措施》，明确了邮轮通关信息沟通和共享、优化入境通关作业流程、简化出境通关手续、规范邮轮随船联合查验、提高通关信息化水平、健全通关应急联动机制等六个方面的举措。

（二）邮轮口岸监管单位诚信管理实践

2001 年，国家质检总局在借鉴国际通行做法的基础上，符合我国相关规定并结合我国出入境现状，出台了《出入境检验检疫风险预警及快速反应管理规定》。2005 年国家海事局推出《中华人民共和国海事局安全诚信船舶、安全诚信船长评选规定》，转制后的上海边检总站于 2007 年推出“绿、黄、红”牌奖惩规定，2014 年海关总署颁布《中华人民共和国海关企业信用管理暂行办法》，这些规定从原则上表明了参与出入境经营活动的企业或交通运输工具与口岸联检单位建立互信机制的重要性，但还没有针对邮轮运营中发生的通关问题采取针对性的治理措施。2015 年，上海边检总站推出《母港邮轮信誉管理工作实施办法》并建立诚信事件档案，对当年母港邮轮开展信誉等级评定，并实施差别化管理，取得了一定效果，但各单位的发展并不同步。

（三）建设上海口岸诚信管理体系的必要性

随着邮轮产业的高速发展，当前上海邮轮口岸通关环节主要存在三个方面问题：一是邮轮公司及旅行社在港组织影响通关效率；二是邮轮数据申报准确率影响联检单位通关效率；三是邮轮公司运营中的突出问题给通关工作带来潜在隐患。

（四）构建上海邮轮口岸诚信管理体系的依据

2013 年 11 月，党的十八届三中全会《中共中央关于全面深化改革若干重大问题的决定》明确提出“推动内陆同沿海沿边通关协作，实现口岸管理相关部门信息互换、监管互认、执法互助”。

2014 年 12 月，国务院公布了《落实“三互”推进大通关建设改革方案》，包括从改革的目标，到“三互”协作内容、完善大通关管理体制及整体环境保障，再到推进步骤和组织领导等五大方面二十个具体内容，口岸管理“三互”大通关建设进入快车道。

2014 年 6 月，国务院印发《社会信用体系建设规划纲要（2014～2020 年）》，《纲要》指出：全面推进社会诚信建设，到 2020 年，要基本建成覆盖全社会的征信系统，保障失信惩戒和守信激励机制全面发挥作用。

2016 年 6 月 27 日，《上海市邮轮旅游经营规范》发布。《规范》涉及邮轮旅游经营的信用管理方面规范，上海市邮轮旅游市场的秩序，保障消费者权益，同时也能够保障邮轮公司、旅行社、国际船舶代理企业、邮轮码头的合法权益。

三　上海邮轮口岸诚信管理体系建设框架

（一）诚信管理工作领导机构

由上海市口岸办牵头，设立上海邮轮口岸诚信管理工作组，对上海邮轮口岸诚信管理工作进行统一协调管理。

目前成员单位由上海市口岸办、上海市旅游局行业监督管理处、上海市文化市场行政执法总队稽查六处、上海市出入境管理局外国人管理处、宝山区滨江委、浦江边检站、吴淞海关、宝山检验检疫局、宝山海事局、吴淞邮轮港公司、上海国际邮轮旅游服务中心组成。

考虑到上海邮轮口岸诚信管理工作初期机制尚未健全，在筹建初期吸收与上海邮轮出入境通关业务密切相关单位作为发起人。待该项机制运转顺畅后，工作组将根据邮轮运营实际情况吸收更多的成员单位参与诚信管理工作评估，不断完善邮轮诚信管理机制。

（二）《上海邮轮口岸诚信管理通关规则》

《上海邮轮口岸诚信管理通关规则》由上海邮轮口岸诚信管理工作组统一制定。以参与邮轮运营的各类企业为适用对象，要求各成员单位应当根据各自在邮轮通关管理中的职责，对所涉管理对象在邮轮通关查验过程中所积累的各类常遇问题进行梳理，汇总为菜单式列表，经工作组商议决定后，形成《规则》内容。

该内容是针对多年来邮轮运营过程中各成员单位发现的邮轮经营企业人员在配合本单位通关查验过程中违反诚实守信原则所实施的不规范行为、严重影响口岸顺畅通关和邮轮港环境秩序的行为所做的行为规范。《规则》制定完成后，由工作组统一对外公布，以使监管对象知晓，并起警示作用，促使企业杜绝和避免不规范行为。

（三）诚信管理工作模式

诚信管理工作采用三种模式结合进行管理。

1. 成员单位对监管对象的日常管理

日常管理由各成员单位独立开展进行，成员单位通过上海邮轮口岸诚信管理信息平台统一录入诚信事件信息，系统根据事件信息，自动计算监管对象日常得分，以供参考。同时，允许成员单位在各自执法权限内可以依据诚

信管理事件清单，对各监管单位遵守和配合本单位通关工作情况开展内部自主评级，并对企业实行差别化管理。（见表 1）

表 1　浦江边检站 2015 年度母港邮轮信誉管理评定情况

文件依据	信誉等级	邮轮公司	邮轮名称	评级依据	信誉措施
《浦江边检站母港邮轮信誉管理实施办法》	A 级	公主邮轮公司	蓝宝石公主	全年未发生旅客境外滞留不归事件；未被边检机关开具《整改告知单》和行政处罚	1. 授予 2015 年度“诚信邮轮”牌匾； 2. 对邮轮业务代理单位申报有误现场整改不影响通关效率的，从轻或者免予行政处罚； 3. 特殊情况经联检单位沟通，边检可延长通关时间； 4. 适当增加所属单位一年有效《登轮证》数量
		皇家加勒比游轮公司	海洋量子	发生旅客境外滞留不归事件低于万分之 0.3，未被边检机关开具《整改告知单》和行政处罚	
	B 级	皇家加勒比游轮公司	海洋水手千禧年	能自觉遵守出入境管理法律法规和边检有关规定，无严重违法违规行为；或存在管理隐患情节轻微，经边检机关提醒后能及时改正	按照一般要求接受边检机关管理
		歌诗达邮轮公司	赛琳娜大西洋		
		渤海轮渡公司	中华泰山		
		大昂天海公司	天海新世纪		
	C 级	歌诗达邮轮公司	维多利亚	因信息申报不准被行政处罚 2 起；发生旅客境外脱团事件 4 起 11 人，占万分之 1.1，比例最高	在沪运营期间，边检机关将予以从严管理。包括联检期间增加船员人证对照比例、加强境外新登轮船员检查；严格控制访问人员登轮数量等

2. 对特殊事件的重点管理

对于特殊事件，以重点管理的形式，建立特殊事件联动工作机制。对触发监管红线、引起突发性事件等的监管对象，任一成员单位均可启动联动工作机制，经工作组联席会议讨论决定后，对监管对象综合诚信等级进行临时调动，并采取联合措施。

3. 年度综合评级

上海邮轮口岸诚信管理信息应用平台根据各成员单位在日常管理中录入的诚信事件信息，自动计算监管对象的年度综合得分及等级，并按对象所属行业，分类排序，以供参考。

最终的年度综合评级由工作组于每年年末联席会议讨论调整后，统一决定。

（四）诚信等级评定规则

1. 评定方法

（1）参评对象在对其履行监管职责的各主体名下，分别拥有 100 分的年度诚信基准分，每年重置。（年度评级为 C、D 等的对象，来年诚信基准分分别自动减 10 和 20 分。）

（2）以各单位录入的诚信管理事件为依据，在诚信基准分基础上，每正面事件加 1 分，每负面事件减 1 分。

（3）年度综合得分计算方法：监管对象在对其履行监管职责的各主体名下所获日常得分的平均分。

表 2　年度综合得分计算示例

监管对象		日常得分		
		蓝宝石公主号	中外运	……
监管主体	市口岸办	/	/	……
	市旅游局	/	/	……
	市文化执法总队	/	/	……
	市出入境管理局	/	/	……
	宝山区滨江委	/	/	……
	浦江边检	90	95	……
	吴淞边检	95	90	……
	吴淞海关	100	92	……
	宝山检验检疫	80	87	……
	宝山海事	90	/	……
	吴淞邮轮港公司	/	/	……
	上海国际旅游服务中心	/	/	……

$$蓝宝石公主号年度综合得分：= \frac{90+95+100+80+90}{5} = 91$$

$$中外运年度综合得分 = \frac{95+90+92+87}{4} = 91$$

（4）各成员单位拥有一票否决权。行使否决权的单位需提供相关依据，并录入系统。

（5）被行使否决权的监管对象年度等级自动下调一级。若有两家及两家以上成员单位行使否决权的，经讨论决定，可下调多级。

（5）若某行业 A 等对象数量较少，工作组可根据实际情况，适当进行增补。

（6）年度内未发生邮轮口岸业务的对象不计入当年评级范围。

2. 等级分类

诚信等级采取国际通行“四等十级制”，具体如表 3 所示。

表 3　诚信等级分类标准

诚信等级	系统评判标准	诚信程度	A 等对象增补资格条件	
A 等	AAA	年度得分＞100	优秀	分类排名为前三名内
	AA	年度得分＞95		分类排名为前六名内
	A	年度得分＞90		分类排名为前十名内
B 等	BBB	年度得分＞85	良好	/
	BB	年度得分＞80		/
	B	年度得分＞75		/
C 等	CCC	年度得分＞70		/
	CC	年度得分＞65	欠佳	/
	C	年度得分＞60		/
D 等	D	年度得分＜60	极差	/

（五）诚信管理措施

按照奖优罚劣的原则，对不同诚信等级的企业应当给予不同的便利化措施。

1. 便利化措施

年度综合评级为 A 等的对象，工作组各成员单位对其统一给予各项便利措施。同时，按照监管对象级别由高到低，即 AAA = > AA = > A，按序给予优先待遇。

2. 联合执法

年度综合评级为 C 等和 D 等的对象，由工作组各成员单位于下一年度对其分别实行不少于一次和三次的联合执法。

3. 对外通报

各行业中年度综合评级为 A 等和 C/D 等的对象，工作组视实际情况，通过上海邮轮口岸诚信管理信息应用平台，不定期分别对其进行通报表扬和警示。

4. 授权宣传

对于 AAA 级对象，授权其于下一年度可以“年度上海邮轮口岸诚信企业”的标语在本企业网站、微信公众号等推送媒介上进行主题宣传，以提升企业形象。

5. 同等条件下的优先权

在同等条件下，被评定为 A 等诚信等级的企业可享有优先权。

6. 协同执法

年度诚信评级为 C、D 等的对象，在下一年度参与上海邮轮运营的，工作组成员通过协同执法，对其适当加强监管。

7. 邮轮港奖励措施

基于邮轮口岸诚信体系建设需要，邮轮港可以针对部分诚信度高的企业，通过自主决定免收或者减收部分服务费项目的方式实现差别化管理，以督促邮轮公司审慎看待通关管理工作的重要性及其经济效益。

（六）信息公开及社会互动

上海邮轮口岸诚信管理信息平台通过对外信息发布模块统一公布监管对象的年度综合等级及因特殊事件引起的临时等级调整。其他各类信息，由各成员单位在录入时进行分类，经由工作组决定后定期对外发布。

上海国际邮轮旅游服务中心有限公司作为权威渠道，与其信息平台同步发布相关信息。同时其作为上海邮轮口岸诚信管理信息平台与社会之间的互动窗口，统一接受消费者投诉与建议，举办网络投票评选等活动，并将相关信息审核汇总后，统一反馈给工作组。

四 诚信管理信息应用平台建设及应用

上海邮轮口岸诚信管理信息应用平台依托于上海口岸单一窗口统一研发，主要包含信息查询及关联模块、诚信事件录入模块、诚信等级评定模块、对外信息发布模块等四类信息模块，其系统框架示意如图 1 所示。

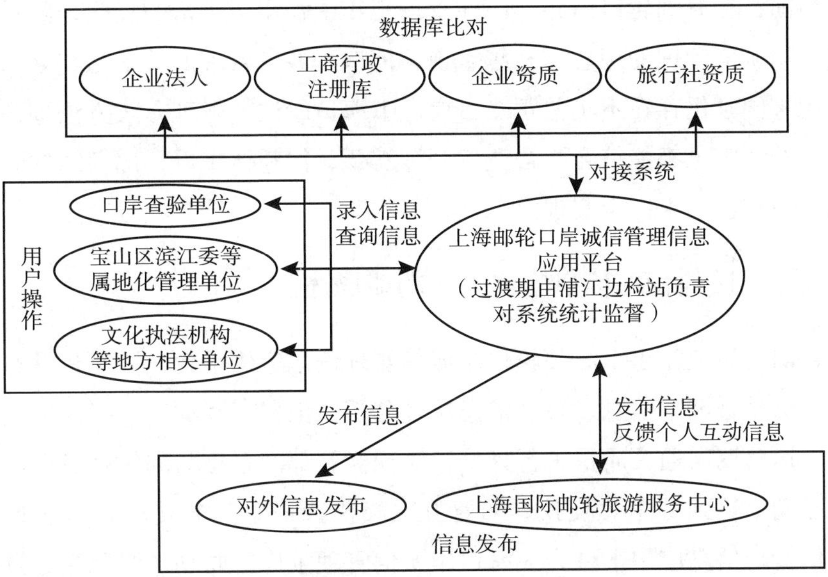

图 1　诚信管理信息应用系统框架

五 上海邮轮口岸诚信评价体系管理

邮轮口岸诚信评价体系管理应当包括标准制定、系统应用等内容。

（一）评价标准的制定

评价标准是对邮轮产业相关企业的诚信状况进行评估的依据，是全面的并且量化的指标评估体系。

诚信评价必须采用量化的方式，制定出统一的评价标准，最终要计算出评价总分，这是根据之前拟定的重要程度对各个评价内容给予合适的权重。同时，评价标准的制定需要结合邮轮口岸的发展阶段，制定出符合实际情况的、科学合理且具有可操作性的内容。

（二）评价管理

当前，上海邮轮口岸各部门在管理工作中积累了丰富的经验，其对口岸领域运用诚信管理的理念越来越重视，但口岸诚信管理的共享与整合水平与国际先进国家仍存在不小差距。目前，上海口岸诚信管理方式方法多样，信用类别的评定也都能符合各自业务开展需要，但整体来看，部门间的联动和信用资源整合尚未完全实现。

（三）诚信管理信息应用平台功能描述

目前已经建立了上海邮轮口岸诚信管理信息应用平台，该平台具有信息录入、信息查询、信息发布、信息统计分析、消费者互动等功能，通过对邮轮公司运营期间通关质量进行评估，实现监管部门管理与邮轮企业信用建设良性互动。达到“信息互换、监管互认、执法互助”的要求，上海邮轮口岸诚信管理信息应用平台为上海口岸诚信管理工作的联动与资源整合提供了一套工作机制，为诚信管理工作的执行提供了一套规则，为各单位间的信息交流提供了一个统一的平台。

（四）系统开发目的

该系统的开发目的主要表现在五个方面：一是固化信用管理规则，实现信息采集标准化；二是发挥网络平台优势，实现管理事件信息共享；三是运用特定算法，实现数据智能分类比对；四是评估邮轮通关综合质量，提供信誉管理决策依据；五是落实政府信息公开，发布邮轮通关质量报告，营造提升邮轮服务质量竞争格局。

六 总结

建立《上海邮轮口岸诚信管理通关规则》主要目的在通过差异化管理形成自觉守信的行业经营氛围，最终实现管理部门、企业、游客三者的利益平衡协调。规则的建立既是解决突出问题的需要，同时也是平衡各方利益的现实需求，诚实信用原则作为社会经济运行的基本原则对邮轮旅游的发展壮大将起到保驾护航的作用。加大宣传力度、发挥政府职能作用及建立有效约束机制等都是建立和完善上海口岸诚信管理体系的有效途径。

参考文献

杨登峰：《行政法诚信原则的基本要求与适用》，《江海学刊》2017 年第 1 期，第 133 ~ 140 页。

魏红：《社会主义市场经济建设中的诚信问题》，《中外企业家》2017 年第 1 期，第 9 ~ 10 页。

淮孟姣、潘云涛、袁军鹏：《美国科研诚信管理体系建设研究——以美国科研诚信办公室为例》，《全球科技经济瞭望》2016 年第 12 期，第 8 ~ 13 页。

窦淑媛：《关于市场经济条件下诚信现状的思考》，《商场现代化》2016 年第 30 期，第 251 ~ 252 页。

王晨曦：《加强我国的诚信建设推动经济发展》，《商场现代化》2016 年第 30 期，第 256 ~ 257 页。

朱姿蓉：《企业构建诚信伦理机制的意义》，《全国商情》2016 年第 23 期，第 11 ~ 12 页。

熊小满：《国外科研诚信管理典型模式分析及对广东的启示》，《广东科技》2015 年第 14 期，第 6 ~ 8 页。

熊富标：《大数据时代诚信机制建设的机遇、特点与路径》，《中州学刊》2015 年第

6 期，第 89 ~ 93 页。

翟胜宝、李行天、徐亚琴：《企业文化与商业信用：“诚信”起作用吗》，《当代财经》2015 年第 6 期，第 118 ~ 129 页。

王毅磊、王鹏、林立娜：《高校学生诚信评价体系构建研究——基于全面质量管理的视角》，《征信》2015 年第 3 期，第 56 ~ 59 页。

栗超：《论社会诚信档案管理体系建设》，《科技视界》2015 年第 1 期，第 243 ~ 244 页。

史扬、叶良均：《我国食品工业企业诚信管理体系的问题与对策研究》，《山西农业大学学报（社会科学版）》2014 年第 12 期，第 1211 ~ 1215 页。

黄昆：《诚信评价系统在陆运交易平台中的应用》，《天津科技》2014 年第 11 期，第 7 ~ 9 页。

高冬东、乔红晓、李晓玉、高昂：《诚信领导对教师知识分享的影响：有调节的中介效应》，《中国临床心理学杂志》2014 年第 5 期，第 914 ~ 916、919 页。

于涛、阎孟伟：《构建当前中国社会诚信体系的内在运行机制——构建社会诚信体系研究报告（二）》，《理论与现代化》2014 年第 1 期，第 5 ~ 13 页。

G.13
中国邮轮港大数据建设应用研究

高艳辉　陈　丞　秦欣磊*

摘　要： 随着国内邮轮产业的深入发展和邮轮旅游市场的逐渐成熟，基于国内互联网的高速发展和游客智慧服务需求的推动，我国邮轮港口的发展重点已由“硬件平台”建设转向“信息化水平”提升，“智慧邮轮港”作为重要的发展点，迫切需要以邮轮大数据为核心支撑智慧邮轮港建设。本文借鉴智慧旅游大数据平台建设经验，分析了国内邮轮港大数据发展现状，并通过对国内邮轮港大数据平台需求分析，提出建设邮轮港大数据的主要实施路径及风险控制方案，从而在全国智慧邮轮港的高效运营、精确营销及个性化服务、邮轮港运行态势感知系统方面发挥重要作用。

关键词： 大数据　智慧邮轮港　风险控制

一　引言

大数据（big data），是一种数据集合，这种集合要求在有限的时间范围内不能用常规软件进行收集、管理和整合，同时也是一种信息资产，其主要特点是海量化、高增长率和多样化，必须依托于独有的处理方法才能发挥其

* 高艳辉，上海吴淞口国际邮轮港副总经理，上海国际邮轮旅游服务中心总经理，研究方向：邮轮经济；陈丞，上海国际邮轮旅游服务中心副总经理，研究方向：邮轮经济；秦欣磊，上海国际邮轮旅游服务中心经理，研究方向：邮轮经济。

更高效率的决策力、洞察发现力和流程优化能力。而大数据平台建设集数据整合、数据处理、数据存储、数据分析、可视化等功能于一体，具有挖掘数据背后的业务逻辑，发现数据背后的问题并及时调整问题的重要意义。基于此，国内传统行业纷纷通过大数据平台建设寻求新的增长点，新兴行业也将大数据平台建设作为行业发展的重点。

我国邮轮产业作为高速发展的新兴产业正在进一步布局中，邮轮旅游市场已逐渐成熟，国内邮轮港口的发展重点已由“硬件平台”建设转向“信息化水平”提升，“智慧邮轮港”作为国内邮轮港口新的发展点也变得尤为迫切和重要，而支撑智慧邮轮港建设的一个核心就是邮轮大数据的建设。

二　智慧旅游大数据平台建设经验借鉴

（一）智慧旅游信息化大数据平台构建过程

智慧旅游信息化大数据平台的建设由三个部分组成：专业化阶段是首要阶段，在本阶段，不管景区和旅游主管部门的大小，全部都要建设相关的网站与数据库，以此来达到实现基础数据与专题数据统一管理的目的，推动单一功能转换为专题综合使用。

第二个阶段要进一步推进数字旅游与数字景区的建设，在这个阶段，要增强部分分布式数据集成管理功能，并且要加快资源共享与服务机制的相关建设进程，增加空间信息基础设施，从而提高数据与业务资源的流动性。

最后一个阶段是智慧旅游，这个阶段要求智能化。旅游信息化建设的目标是要进一步提升应用、用户和整个旅游产业升级的速度，在旅游产业链的每个部分，都要把新的 IT 技术的作用发挥得淋漓尽致，在旅游资源中装入相应的感应芯片，在云计算与超级计算的基础上，把物联网、互联网与通信网络的资源有机地结合起来，使人与人之间的联系、人与物之间的联系以及物与物之间的联系更加密切，进一步提高景区和旅游资源精细化与动态化管理的能力，从而使旅游的整个过程都呈现出智慧化状态。

（二）大数据平台需求架构

采集层——这个层面的主要任务是使旅游信息的感知更加全面化，在外部数据与内部数据两个方面的数据采集过程中都要做到更加的实时化、准确化与客观化。

网络层——网络层的关键任务是传输，移动互联网、物联网、无线网等构成了它的网络架构体系，将采集层所产生的数据资源传送给数据处理层是它的主要作用。

数据处理层——在这个层面以人工智慧与云计算等科技对各种各样的信息进行归纳与分析，从而使信息的整理、归纳与应用等更加方便快捷。

应用层——这个层面涵盖了各式各样的应用系统，其中包括：电子商务系统、票务系统与政务系统等，不同的应用系统所面临的客户端也不同，比如：不同层面的旅游管理者，各种各样的服务供应商，还有游客等。

用户层——用户层来源于应用层，是应用层各级用户应用的重新归类，包括各级旅游管理者、游客、服务供应商等。

（三）经验总结

1. 建立完整的大数据产业链

智慧旅游发展的大数据产业链不完善，缺乏合理、科学的引导机制，大数据市场应用乏力，随着邮轮港大数据的不断更新完善，在这个过程中，大数据上下游发展的全生态链产业结构是主要的发展对象，其中，构建邮轮港大数据产业链的关键内容是数据的来源、如何处理数据、怎样更好地运用数据以及如何保证数据的安全性等。

2. 注重顶层设计，在战略层面高度重视大数据平台建设

智慧旅游在发展初期，全国共同推进旅游的智慧发展，智慧旅游一度上升到战略层面的高度。智慧邮轮港及港口大数据的建设将为国内邮轮港口建设、发展带来重要的指导意义，应积极将智慧邮轮港和大数据的建设上升至国家级战略层面，合理规划邮轮港大数据建设。目前邮轮港智慧化发展已经列入相关

法律标准和“十三五”规划，为邮轮港大数据的建设提供更好的支持。

3. 夯实基础，把大数据平台基础建设放在首要位置

智慧旅游大数据的主要信息源渠道多样，数据覆盖面广，在打造智慧旅游过程中优先进行基础建设。邮轮港数据源与智慧旅游有一定的类似和重合之处，在智慧邮轮港建设过程中注重基础支持，优先推进基础建设，如邮轮港全面覆盖免费 WiFi，为后续大数据平台建设的推进工作奠定基础。

三 建设中国邮轮港大数据平台需求分析

中国邮轮港大数据平台建设除了受大数据应用迅速发展的环境影响外，邮轮旅游服务各要素需求是催生其建设的必要因素。

（一）邮轮旅游服务体系

邮轮旅游的服务体系是由各服务主体在游客购买邮轮旅游服务起，到邮轮旅游结束的整个过程中，为游客提供服务而构成的完整体系。

1. 邮轮旅游服务主体要素

（1）邮轮港口（2）邮轮公司（3）旅行社（4）相关监管单位

2. 邮轮旅游服务内容要素

（1）港口服务（2）邮轮服务（3）航线观光（4）邮轮船票（5）领队服务（6）交通服务（7）保险

3. 邮轮旅游服务流程要素

邮轮旅游服务接待流程大体如下：

（1）邮轮公司与旅行社提供邮轮的相关信息；

（2）邮轮公司结合旅行社共同售卖邮轮船票；

（3）船票售卖方（邮轮公司或旅行社）与游客签订合同；

（4）旅行社面向游客开展行前说明会，并发布行前说明通知；

（5）邮轮停靠港口；

（6）旅行社工作人员与领队人员交接工作；

（7）领队人员协助游客进行办票以及登船；

（8）邮轮离港；

（9）在邮轮上，工作人员及领队帮助游客解决各类问题；

（10）游客下船进行岸上观光行程；

（11）行程结束，邮轮公司及旅行社进行售后工作。

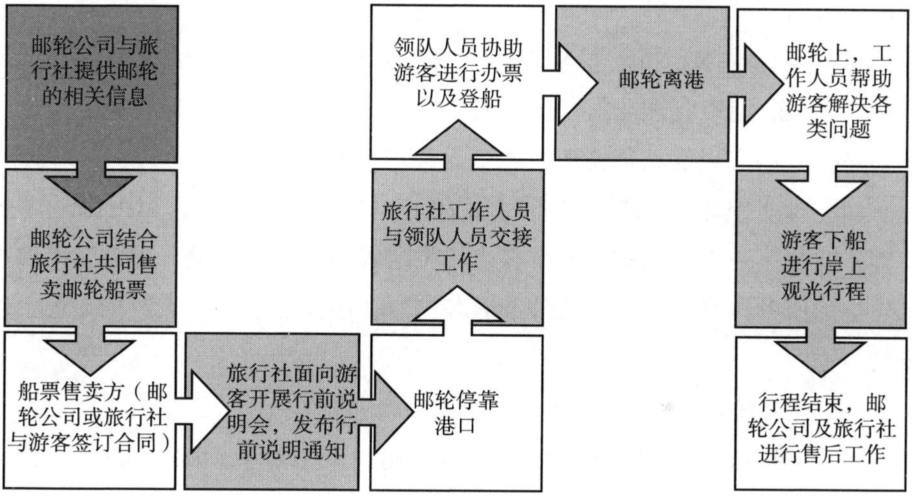

图 1　邮轮旅游服务流程

（二）邮轮旅游服务需求要素分析

根据邮轮旅游服务接待流程，不同的需求方，可分为五个方面进行邮轮要素分析。

1. 邮轮游客对中国邮轮港大数据平台的需求

邮轮游客作为邮轮承载的主体，在进行邮轮旅游选择时，首先需要中国邮轮港大数据平台提供关于不同邮轮公司的官方信息和服务，包括价格、邮轮类型、航线、时间、交通设施、邮轮港的服务设施、船上服务娱乐设施、目的地停留时间等。

2. 邮轮监管单位对中国邮轮港大数据平台的需求

目前，口岸信用管理方式方法多样，信用类别的评定也都能符合各自业务开展需要，但整体来看，部门间的联动和信用资源整合尚未完全实现。而建立中国邮轮港大数据平台是对接邮轮口岸诚信管理信息应用平台、落实口岸通关诚信体系建设的重要窗口。

3. 邮轮港口对中国邮轮港大数据平台的需求

邮轮港口对中国邮轮港大数据平台的需求主要包括运营需求、服务需求等两个方面。

（1）运营需求。目前邮轮港口的信息化建设不足，在运营上仍处于传统操作阶段，港口管理非信息化，与船公司、旅行社、口岸监管单位信息联动不足，无法实现信息化管理，港口运营效率不高。

（2）服务需求。邮轮港口的主要服务对象是邮轮游客，目前邮轮港的游客多数为第一次乘坐邮轮的游客。该类游客不熟悉邮轮港，难以获得现有邮轮港的服务信息，以及获取外部服务信息，因此需要一个大数据平台予以支持。

4. 邮轮公司对中国邮轮港大数据平台的需求

中国邮轮旅游快速发展，外资邮轮公司加大了对中国邮轮市场的投放，邮轮公司需要关于邮轮政策、中国邮轮旅游游客的数量、邮轮港停泊费用、年龄性别、经济收入、邮轮游客偏好、实时天气等信息。

5. 旅行社对中国邮轮港大数据平台的需求

中国游客旅游普遍喜欢通过旅行社，为了增加游客对旅行社专业度、信誉度的认可，旅行社需要邮轮及邮轮公司的信息、目的地介绍、票务营销、签证、领队服务等方面的要素信息。

四　中国邮轮港大数据建设的主要实施路径及风险控制方案

（一）实施路径

中国邮轮港大数据平台建设的关键要素是：（1）需要有稳定的、持续的、多渠道的数据源；（2）需要有数据仓库、数据挖掘等信息技术作为技术支持；（3）定位于正确的用户群体；（4）精准确认用户需求信息。

基于大数据技术和用户需求分析基础，实施路径为：收集数据资源、建设数据库、处理数据、对业务方面的需求进行详细分析、数据挖掘、处理相关业务等。如图 2 所示：

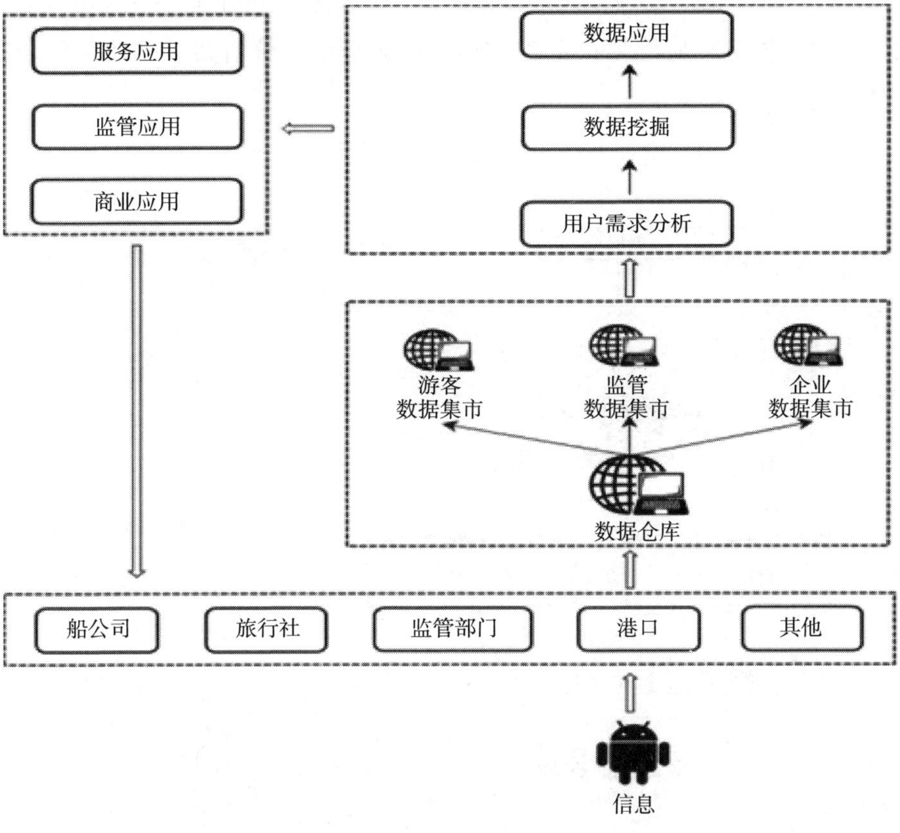

图 2　中国邮轮港大数据平台建设实施路径模型

（二）实施步骤

1. 建立畅通有效的数据收集渠道

邮轮旅游基本涉及整个邮轮母港产业链，包括邮轮港口、邮轮公司、旅行社、港口地接、交通服务、船供服务、金融服务、观光服务、酒店服务、行政监管等，但是目前产业链上各个环节的信息共享程度低，难以实现信息联动，这一壁垒是制约中国邮轮港口大数据建设的瓶颈所在。

此外，大数据快速发展的一个重要因素是数据流高速流动，关键在于背后的商流和资本流的推动，因此要建立畅通有效的数据收集渠道，除了监管单位的牵头组织外，还应该进一步研究邮轮产业链上的企业共享经济发展模式，建立“以邮轮监管单位牵头，邮轮产业链商业价值共享驱动”的数据共享渠道。

综上分析，建立邮轮数据共享渠道模型如图 3 所示。

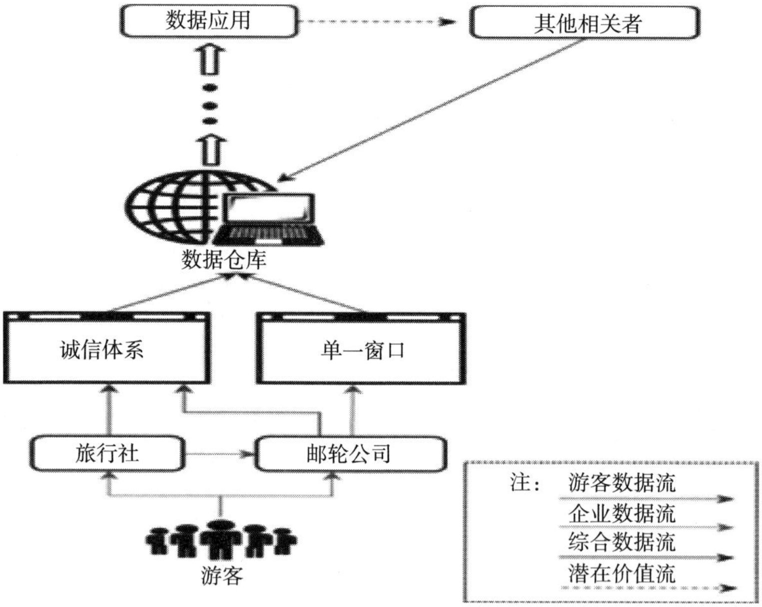

图 3　中国邮轮港大数据平台数据共享渠道模型

2. 建立科学规范的数据仓库应用模型

鉴于所收集信息的安全性、隐私保护和应用性，在数据应用前应建立科学规范的数据仓库应用模型，如图 4 所示。

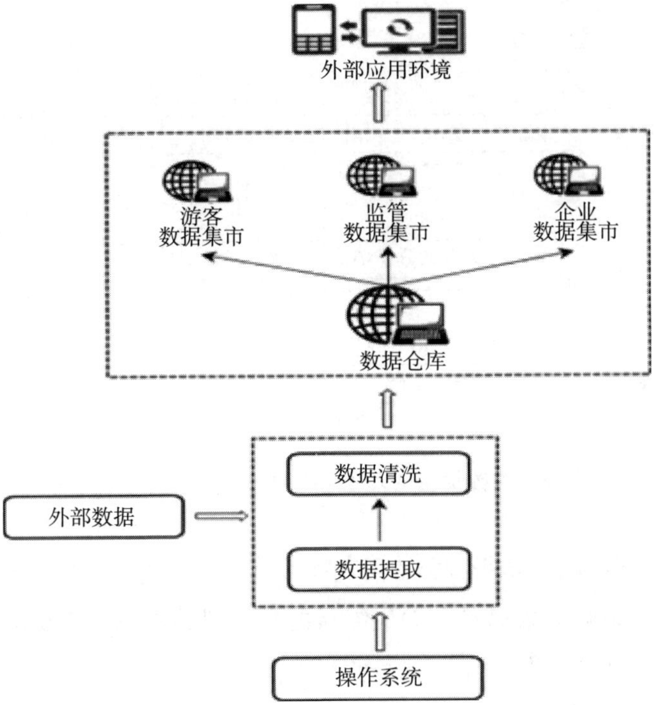

图 4　中国邮轮港大数据平台数据仓库应用模型

3. 数据挖掘算法设计

在数据仓库中进行数据挖掘是中国邮轮港大数据平台建设的核心，通过对数据仓库中记录的所有游客信息、相关企业信息、相关监管单位信息等的深度分析，在此基础上，更加详细地划分旅客群体，对群体的行为规律与购买模式进一步分析，确定企业类型、企业经营需求、企业与游客关系等，确定邮轮相关监管单位的监管情况、监管服务需求、监管政策发布需求等，实现为游客旅游服务、为邮轮相关企业开展经营活动服务、为邮轮相关监管单位实现有效监管服务。其中数据挖掘技术、联机分析处理（OLPA）技术以及其他相关的数据统计工具等是其重要的使用工具。本文主要应用聚类分析方法对旅客信息进行全面和智能的分析。

中国邮轮港大数据平台的数据分为两个层次：（1）挖掘算法群；（2）商

业逻辑层。

具体分析模型见图5。

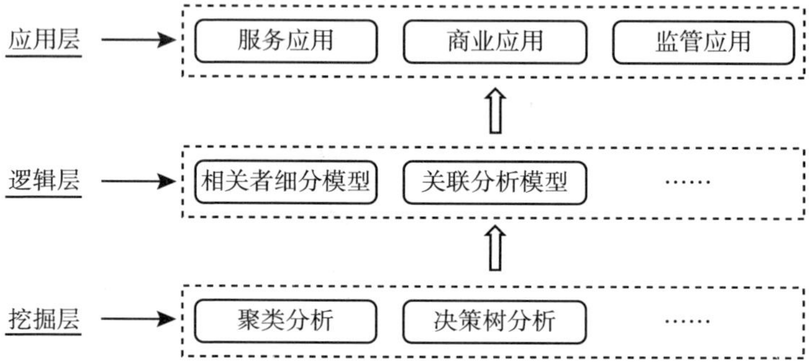

图5　中国邮轮港大数据平台数据挖掘模型设计

4. 实现中国邮轮大数据业务应用功能

建立中国邮轮大数据平台的最终目的是实现其业务应用功能，即实现邮轮服务功能、邮轮商业功能、邮轮监管功能。

（1）邮轮服务功能

邮轮大数据平台的邮轮服务功能主要是邮轮游客服务，邮轮游客服务主要是基本旅游功能服务（例如：信息查询、交通服务、引导服务、咨询服务等），增值服务（例如：船票预定、酒店预定、旅游产品购买、保险服务等）。

经过前期调研基本确定邮轮游客的服务需求如6图所示。

（2）邮轮商业功能

在中国邮轮港大数据平台建设的过程中，旅游企业能够通过邮轮旅游与地区旅游资源的整合，使旅游公司的销售宣传途径更加广泛，从而为企业更好地发展提供机会。现阶段，在亚洲市场上，大型国际邮轮公司的占比越来越高，然而不足的是，规模比较小的旅行社与邮轮旅游服务商的发展前景并不乐观，这是因为他们尚没有形成完善的数据平台，因此对邮轮产品宣传效果也不理想，这也成为邮轮旅游发展过程中的短板。所以，在建设邮轮大数

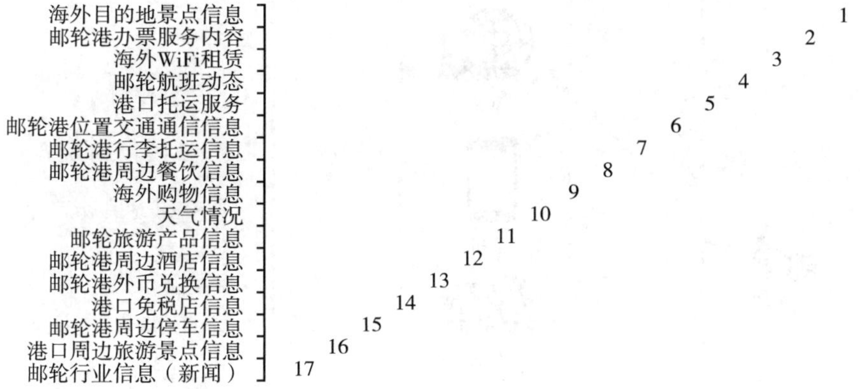

图6　服务项目邮轮游客需求排序

注：图6仅为服务项目排序图，条形长度无数学意义，仅表示排序等级

据平台的过程中，要仔细考虑邮轮旅游服务商的想法，对他们的宣传工作进行支持与引导，鼓励他们积极开展有关邮轮旅游的宣传活动，进一步增强邮轮对游客的吸引力。

（3）邮轮监管功能

如今，港口城市的邮轮旅游业越来越受到政府相关部门的重视，并且希望邮轮旅游的快速发展能够推进第一产业与第三产业的发展，但是，邮轮旅游服务商却单打独斗，经营方式分散，这导致邮轮旅游业在信息化与一体化的发展过程中受到严重阻碍。在邮轮旅游业发展的初期阶段，相关政府部门就要主动出击，从而使中国邮轮旅游自主品牌在形成的过程中更加顺利、有效。所以，政府管理部门的需求要被考虑进去，首先要提升邮轮旅游大数据平台的安全性与信誉度，其次，在进行集中化管理时，使用一定的数据分析软件分析数据并制定相应的政策，第一时间处理来自乘客和经营者的投诉、咨询与建议，从而对中国邮轮旅游市场实现有效的监控与管理，确保邮轮旅游业健康快速的发展。

综上中国邮轮大数据平台应用功能模块主要由游客服务功能、企业服务功能、主管单位服务功能，以及设备运维组成。具体模型见图7。

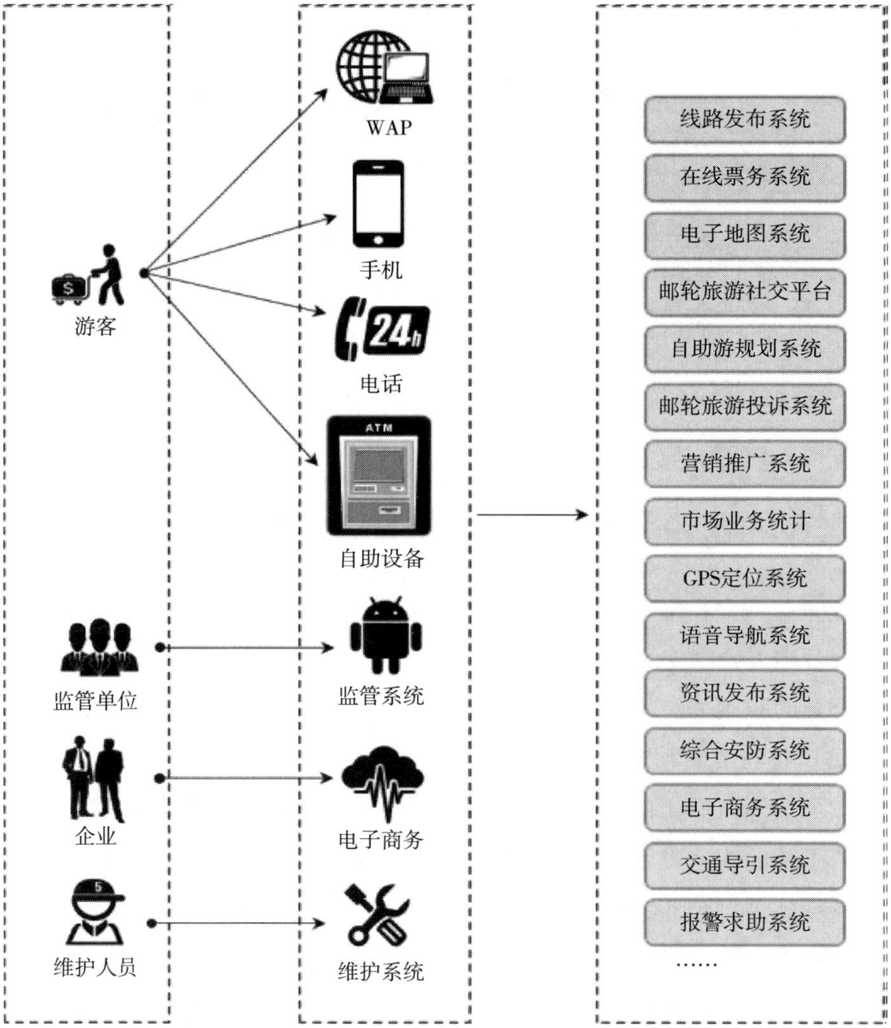

图 7　上海邮轮大数据平台应用功能模型

（三）风险控制方案

中国邮轮港大数据平台建设的主要风险是数据风险，主要表现为数据泄露和数据分析可信性风险。因此，在建立中国邮轮港大数据的风险控制方案时，应该重点围绕数据安全性和数据可行性建立风险控制方案。

1. 数据安全性管控方案实施规范及原则

中国邮轮港大数据平台的数据安全性管控设计包括三个方面：对接触数据的运营人员和技术人员的管控、硬件设备运营风险管控、对系统安全性的技术管控。依据上文所分析出来的信息安全的风险，则可以分析出下面几种风险控制的方式。

避免：避免可能再次发生的风险，避免所有可能会产生风险的活动。

转移：通过一些组织形式如外包、合资，将可能产生风险的一些活动移交给其他系统。

削减：减少风险发生的概率，通过采取一定的措施，比如说采取一定的方法来控制风险，使用一些防范机制来降低风险。

接受：一般情况下，完全不让风险发生是不可能的，在采取一定的措施、转移和削减风险之后，可能还会存在一定的风险，并且风险越低，所付出的降低风险的成本越高。企业一定会考虑降低风险所付出的成本与所收获到的效益相对称，所以企业应该接受其能够承担的风险。

2. 安全与隐私保护管理

（1）加强操作人员操作安全风险管理

1）建立数据接触人员背景审查登记制度，签订信息安全保密制度。

2）实行数据系统操作日志记录制度，对每次登录系统操作进行操作记录登记，明确操作人员职责。

3）设置系统操作人员权限，根据相关人员操作职责设置操作权限，避免失误操作导致数据泄露。

（2）加强技术支持

构筑数据系统云环境中隐私数据风险控制策略体系应注重建立云隐私数据跨境转移的法律调控机制、健全云服务格式合同的限制规则、出台新型多维密匙标准并形成云隐私影响评估制度等等。

3. 风险控制

中国邮轮港大数据平台网络攻击的主要步骤是收集远程的信息、进行数据分析、进行远程的攻击、收集本地的信息。但是网络安全风险评估的过程却是收集数据、处理数据和分析数据，它的主要步骤是收集本地信息、分析本地数据、收集远程信息、分析远程数据和综合评估。

邮轮港口大数据的平台网络的安全风险检测是识别系统网络内外部环境中存在的风险，对风险进行评估和综合分析。识别、评估、分析风险的原理如图 8 所示。它涉及的主要基本要素包括资产识别、脆弱点识别和威胁识别。

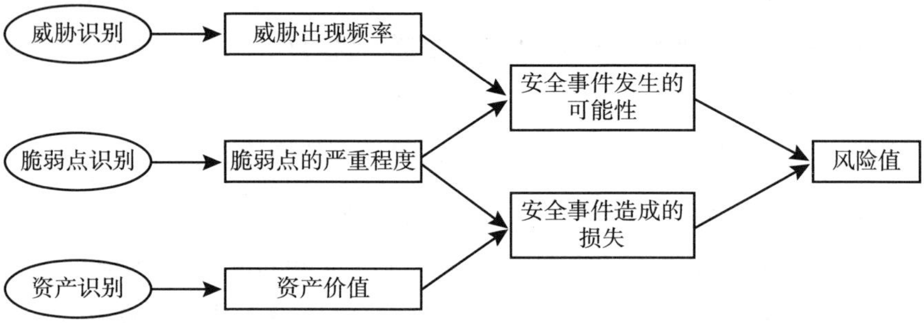

图 8　网络安全风险评估原理

五　中国邮轮港大数据的应用空间与发展前景

（一）中国邮轮港大数据的应用空间

与国外邮轮行业相关公司相比，中国邮轮行业相关公司在应用大数据上虽还未系统化，但是在诸如营销、客户服务等业务领域进行了许多尝试，取得了良好的效果。此外，在邮轮产业链上，已有很多合作伙伴尤其是互联网公司推动着大数据应用，深刻地影响着整个邮轮生态系统。而邮轮行业未来的定位将取决于其如何有效地利用大数据。

1. 固化管理

确保各口岸管理单位一线执勤人员对管理事件描述的统一化、程式化，需要各单位固化信用管理事件规则，对各类事件进行统一标准的定性，以便于日后查询、统计、评估等工作的开展。固化信用管理规则，实现信息采集标准化。

2. 乘客流程监控

实时显示每班航次的游客登船过程数据，包括办票的人数，行李托运的人数，经过安检的人数，经过安检时间（首次，最后），登船的人数，登船的时间。这个功能主要用于协助运营管理的人员来监控邮轮，时刻保护乘客的安全，及时识别问题并处理。

3. 信息共享

依托邮轮港大数据平台，实现管理信息数据共享，既有利于管理单位横向评估邮轮通关质量，又有利于上级单位实时掌握邮轮通关中存在的各类问题，便于迅速调整口岸管理政策。

4. 提升游客旅游体验

邮轮业引入大数据应用，将围绕提升邮轮游客旅游的体验目标，通过运用大数据技术，揭示应用于营销、销售及服务环节等有价值的信息。结合线上平台及移动客户端的应用，与港前服务、港区服务和离港服务等线下服务，通过各个方面增强客户体验，实现增量销售和交叉销售，获得更高的客户价值。

（二）中国邮轮港大数据的发展前景

1. 智慧邮轮港的高效率运营

通过运用邮轮港口的传感器网络和业务系统搜集邮轮港口的运行大数据，采用大数据的监控运行和预测，从而更有效地协调使用港口资源。

2. 精确营销及个性化的服务

使用大数据来确定哪些新的个性化服务应该部署，优化业务运营，以提升游客的体验感；将游客在互联网上的体验整合到邮轮旅游过程的隔离数据中，采用数据分析方法确立游客的需求及爱好，了解游客真正的兴趣点和行为属性，从而开发和定制更具特色的产品与服务，并向游客推广产品。

3. 邮轮港运行态势感知系统

涉及政府监管部门、邮轮港、邮轮公司、旅行社等，具有运行主体多样化、尺度多样化、变化多样化、信息来源多样化以及数据海量性等特点，分析探讨了在大数据的环境下，邮轮港口运行态势感知系统的运用模式和运营机制。

六　中国邮轮港大数据建设相关政策建议

（一）提高对邮轮港大数据工作重要性的认识

国外邮轮产业发展经验表明，邮轮产业对区域经济带动效应很强，经济贡献很大，不仅是区域经济发展的增长剂，而且成为区域经济转型升级的新引擎。因此邮轮港大数据要能够反映出邮轮相关企业内部和外部环境的状况，及其在运行的过程中所反映出问题的各种信息，还要具有市场调查、预测信息、综合判断、出谋献策、实施督察、参加管理的职能。因此，需要各级政府部门重视邮轮产业大数据工作，保证邮轮大数据建设所需的经费，落实相关工作人员，赋予邮轮大数据建设工作以相应的地位，为邮轮统计发挥作用提供必要的条件。

（二）加强邮轮业数据共享和行业的配合

邮轮产业包含船舶制造、港口服务、交通运输、旅游观光等相关产业。不同的部门有不同的工作性质，导致大数据的收集方式和来源不同，且有关部门的数据没有实现有效的共享。因此需要不同的政府部门、港口和企业的配合才能得以完成。而目前属于邮轮产业内的很多信息资讯不公开透明，也缺乏相关政府部门和企业的邮轮数据统计合作，加大了邮轮大数据平台建设的难度和不准确性，从而阻碍了邮轮大数据平台建设工作的推进。但之所以数据搜集耗时耗力，非常困难，主要是目前还没有一个统一的机构和平台来负责邮轮数据的搜集和汇总，获取数据的成本较高且准确性、效率性不高。因此在邮轮大数据平台建设工作过程中需要与很多部门、单位进行沟通和调研。

（三）建立邮轮大数据平台的保障机制

邮轮大数据平台的顺利建设，需要一定的保障机制予以管理和监督。大数据的质量评价检查机构应该在各级邮轮相关单位成员中建立，运用现代统计学分析方法，比如运用聚类分析、主成分分析、回归分析、一致性检验等方法，采用计算机的技术，使用大数据纵向延伸和横向关联特性，来评估数据的质量，及时识别问题，进行跟踪和验证。

（四）出台合理的邮轮大数据平台扶持政策

邮轮大数据平台建设需要很大的投资，所需周期也很长，但是效果缓慢，因此，为了更好地对平台进行建设，需要专项资金的投入、财政补助、相关企业的认可等政策，使企业更加有效地推进有关项目。

参考文献

牛虎：《大数据时代下的机场旅客数据价值挖掘》，《综合运输》2015 年第 11 期，第 90 ~ 93、133 页。

徐英超：《运维数据的大数据分析和前瞻性展望》，《综合运输》2015 年第 11 期，第 94 ~ 99 页。

李茜燕：《大数据背景下旅游信息与区域旅游合作的耦合研究》，《情报科学》2016 年第 4 期，第 129 ~ 132 页。

杨瑞、郑明、王志军：《大数据助力“互联网 + 旅游”解决方案研究》，《电信技术》2016 年第 3 期，第 17 ~ 20 页。

汪永旗：《旅游大数据商业化应用中的个人隐私保护》，《中南林业科技大学学报（社会科学版）》2016 年第 2 期，第 44 ~ 49 页。

陆露：《大数据在民航空管的应用及展望》，《冶金丛刊》2016 年第 4 期，第 97 ~ 98 页。

林奇富、贺竞超：《大数据与公共生活：冲击、风险及治理反思》，《探索与争鸣》2016 年第 7 期，第 86 ~ 90 页。

王宗宝、智文燕、刘晓娜、曹宁：《大数据时代传统 OTA 面临的挑战及应对策略》，

《现代商业》2016 年第 24 期，第 140 ~ 141 页。

任红：《邮轮旅游体验价值对旅游者重游意愿影响的实证研究》，兰州财经大学硕士学位论文，2015。

远龙：《机场智能移动终端的设计与实现》，电子科技大学硕士学位论文，2015。

吕利云：《基于智慧旅游平台的婺源乡村旅游提升研究》，江西师范大学硕士学位论文，2015。

禹露：《大数据时代的科技风险研究》，哈尔滨师范大学硕士学位论文，2015。

程芳：《论数字化管理在首都机场运行控制中的应用》，北京邮电大学硕士学位论文，2009。

G.14

我国邮轮人才信息库建设路径分析

闫国东　刘双双　王 微　沈文璐　沈 静*

摘　要： 邮轮人才是邮轮产业发展的重要基石，邮轮产业的快速发展迫切需要邮轮人才做支撑。首先，本文介绍了新加坡、美国、英国等地的邮轮人才信息库建设状况，通过对国内外邮轮人才信息库建设的经验对比分析，发现国外的邮轮旅游系统分类清晰、内容完整；然后，归纳了我国邮轮人才信息库建设取得的成效及面临的问题和瓶颈，主要表现在邮轮人才培养单位不断增加、邮轮人才培养模式不断创新，有邮轮人才培养供给趋稳、邮轮人才信息库建设模式初现、邮轮人才信息库呈现分散性与独立性等特点，并且存在邮轮人才信息库建设不均衡、邮轮人才信息库建设标准不一致等问题。在此基础上，要设计科学合理的组织架构、优化邮轮人才信息库的使用体验、优化信息库数据采集效率等，以推动我国邮轮人才信息库建设。

关键字： 邮轮人才　人才信息库　数据采集　建设路径

引　言

邮轮是高资本、高技术、高人才、高管理的行业，随着我国邮轮产业的

---

* 闫国东，博士，上海工程技术大学副教授，研究方向：邮轮经济；刘双双，上海工程技术大学硕士研究生，研究方向：邮轮经济；王微，上海工程技术大学硕士研究生，研究方向：邮轮经济；沈文璐，上海工程技术大学硕士研究生，研究方向：邮轮经济；沈静，上海工程技术大学硕士研究生，研究方向：邮轮经济。

高速发展，我国邮轮市场容量不断扩大。国际邮轮协会（CLIA）研究表明，2018 年邮轮旅游发展态势良好，预计全年邮轮乘客将达到 2580 万人次，相比 2017 年的 2470 万人次乘客有所增加。而邮轮乘客的增加，也带来邮轮人才的紧缺。据估算到 2020 年，我国邮轮人才供应缺口会达到 28 万人。邮轮人才是邮轮产业发展的重要基石，邮轮产业的快速发展迫切需要邮轮人才做支撑。目前，我国邮轮人才建设存在建设标准不一致、管理模式有待转变、创新不足等问题，邮轮人才建设任重道远。自 2006 年起，上海每年接靠邮轮从 50 艘次增长到 500 艘次，实现了十倍多的增长，不仅在我国邮轮市场中居首位，也是亚洲接待邮轮最多的港口。2016 年，上海国际邮轮旅游服务中心开启邮轮服务与邮轮人才培养新航道，2017 年，上海邮轮旅游领队专业知识技能培训班针对近 100 名职业领队开展了系统培训，上海通过一系列实践，不断探索邮轮人才的培育路径，成为邮轮人才信息建设突破口。

一　国内外邮轮人才信息库经验借鉴

（一）国外邮轮人才信息库建设

新加坡构建了政务网站和商业化网站互为补充的邮轮旅游信息双平台模式。政务网主要推广新加坡的名胜景点和旅游项目，并开设有专题频道介绍邮轮旅游产品，可以查询到更详细的邮轮航线信息并提交预定订单。商业网站隶属淡马锡集团，主要负责新加坡渡船和邮轮码头运营管理；美国邮轮旅游信息平台属于专业化（垂直型）商业网站，具有专业化程度高、市场化运营的特点，其依靠丰富的内容、友好的界面、促销优惠等吸引了大量用户；英国旅游信息平台融合了旅游政务信息和景点、景区信息，为游客提供一站式的信息查询服务。此外，欧美发达的邮轮市场很大程度得益于一批有竞争力的、高效率的邮轮电子商务信息平台的存在。这些平台主要有艾玛迪斯邮轮电子商务平台、全美最大邮轮旅游服务商 CruisesOnly 和在欧洲具有领先优势的 Traveltek 公司邮轮在线预订信息平台等。

（二）国内邮轮人才信息库建设

上海国际邮轮旅游服务中心始终重视邮轮人才的培训及邮轮工作员工的个人成长，与厦门、浙江、福建等多地合作，践行邮轮人才培训实践，寻求邮轮人才培养最佳路径。2017 年约 100 名职业领队顺利通过培训；邮轮通综合平台已经在上海、三亚、青岛等城市开发了以游艇为交通工具的多旅行目的地观光模式，采取游艇联营，既节约了能源又保护了当地人的权益；中国邮轮设计联盟由造船行业、交通运输行业及配套行业参与的专家级团体组成，是以邮轮为中心组建的信息交流、技术合作和项目咨询的跨行业专家团队，目前有国内外 400 多名专家，为邮轮界非官方技术交流合作平台，有国内外邮轮供应商、设计师和有经验的专家参与。

（三）邮轮人才信息库经验借鉴的启示

通过对国内外邮轮人才信息库建设的经验对比分析，发现国外的邮轮旅游系统分类清晰、内容完整。国内网站主要分为两类，一类是将邮轮作为其中的一小部分，包括售卖船票、查询航线等集中信息，功能多、信息杂乱；另一类是邮轮专用网站，这类网站规模小，不普及，信息更新不及时。中国邮轮网站与国外相比还有较大差距，创建一个完整的邮轮旅游信息系统任重而道远。未来在邮轮人才信息库建设方面重点要将整个产业链连接起来，实现信息的共通和及时的更新。

二　我国邮轮人才信息库建设现状

（一）邮轮人才信息建设初步成效

为实现邮轮人才的聚拢，填补邮轮人才大缺口，助力邮轮产业转型升级，不少地方都进行了邮轮人才培养的积极尝试，并且取得了一定的成效。

1. 邮轮人才培养单位不断增加

自2013年天津联合国际著名的皇家加勒比游轮公司在我国成立首个邮轮人才培训中心起，我国邮轮人才培养在全国逐渐蔓延。2015年，中国成立首个旅游智库，2016年，浙江交通职业技术学院成立邮轮人才培训中心。2017年，烟台市旅游人才供需平台上线，上海国际邮轮经济研究中心成为上海首批设立青年（大学生）职业训练营的二十四家单位之一。

2. 邮轮人才培养模式不断创新

邮轮人才培养模式在不断创新，更加多样化，除了邮轮人才培训中心，还有国际邮轮人才培养合作联盟、国际旅游学院、旅游智库、旅游人才电子平台、人才数据库等模式。邮轮人才培养模式的不断创新，提升了邮轮人才培育效率，为邮轮人才培养提供了新的路径。

3. 邮轮人才满意度提升

本文以调查问卷的形式，对邮轮旅游行业人才进行调查，分析可以实现邮轮人才信息库优化的方法。通过邮件、纸质等方式发出300份问卷，经筛选处理后形成282份有效问卷。在调查问卷中大部分人员对工作比较满意，但是仍有10%左右的人员对于自己的工作不是很满意，希望可以得到提升，所以企业应给每个员工培训的机会，发现每个员工的闪光点，做到人尽其用。

（二）邮轮人才信息库建设特点

1. 邮轮人才培养供给趋稳

从专业设置上看，我国邮轮人才专业主要是以研究生教育及本科教育层次的“邮轮经济”、“邮轮经济与管理”、“邮轮游艇管理”以及高职高专层次的“国际邮轮乘务”、中等专业学校的“邮轮服务与管理”为主。从地理空间分布来看，我国邮轮旅游人才培养相关院校分布较为广泛。从数量上来看，开设邮轮旅游相关专业院校数量和招生人数逐年递增，邮轮旅游人才供给数量逐渐递增。

2. 邮轮人才信息库建设模式初现

我国邮轮人才信息库建设中，信息库平台建设的运营机制、监督机制、

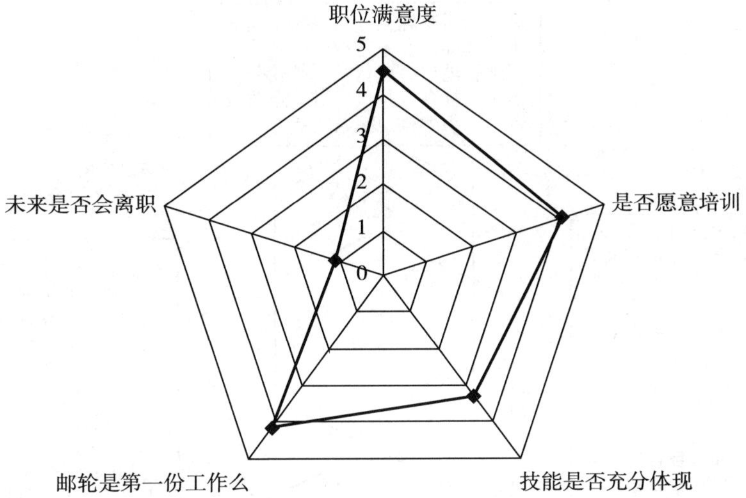

图1　邮轮旅游人才调查结果

管理机制等不同层面分别呈现出不同程度的机制雏形。首先是信息更新速度快，降低信息壁垒、实现人才信息的及时更新，对邮轮企业和邮轮行业发展很重要；其次是检索路径多，能够从各个方面和角度检索到邮轮人才的相关信息；最后是查询高效，可以快速准确地搜索到邮轮人才和企业相关信息，实现高效查询。

3. 邮轮人才信息库呈现分散性、独立性特点

各个邮轮港口、邮轮公司、旅行社等相关企业均有自己的人力资源管理系统，邮轮人才信息均在各自建立的数据库中，企业的分散导致了邮轮人才数据的分散性，同时，各个企业的数据库彼此独立，有各自的人才信息管理规则，不会将数据和信息进行共享，以便为各自邮轮人才提供相对安全稳定的数据信息环境。邮轮人才信息库的分散性及独立性，实际上降低了资源的使用效率，背离了邮轮产业快速发展的潮流。

（三）邮轮人才信息库建设发展瓶颈

1. 邮轮人才信息库建设不均衡

全国范围内的邮轮港口聚焦在10个港口城市，这10个港口城市的地域

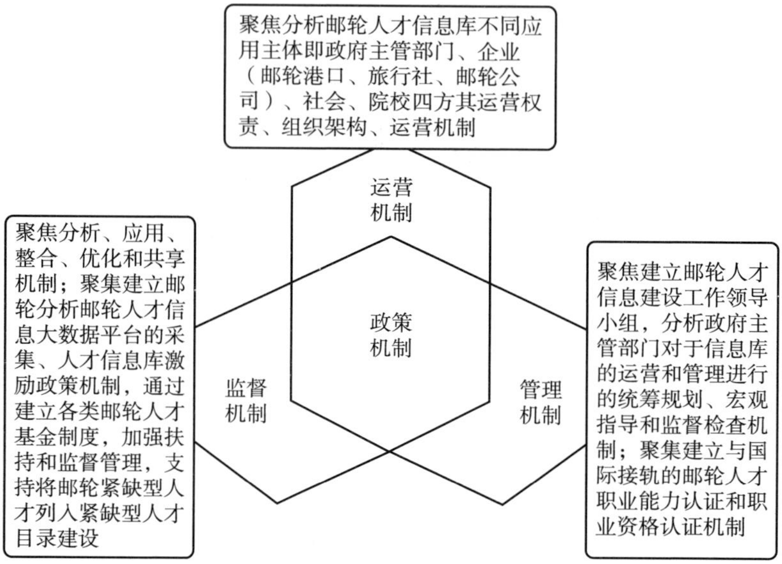

图 2　我国邮轮人才信息库建设模式

经济发展不平衡，且其他非邮轮港口城市在邮轮人才信息库建设方面涉及不多，无法提供专业的邮轮人才信息建设渠道、建设管理机构等，造成各地信息库建设的硬件发展差距明显，各个邮轮公司对于各自的邮轮人力资源信息建设也因为其企业营收的多少呈现出不均衡性发展的特点。

2. 邮轮人才信息库建设标准不一致

邮轮企业、邮轮公司、邮轮港口等邮轮人才使用和培训的主体在建设各自的邮轮人才数据库时间不同，数据库建设的系统版本不一，且各个企业的数据库之间不存在相关的逻辑结构、数据信息、应用模式、信息管理等，导致各个邮轮人才数据库的信息很难实现数据共享和数据交换，没有统一的标准，相关数据汇总和统计很难实现，也没有相应的建设标准进行参考，导致了呈现不一致性。

3. 邮轮人才信息库管理模式有待转变

现阶段，我国的邮轮人才信息建设依然保留着人力资源管理和人事档案管理的模式，人事档案管理缺乏信息化，虽然一些企业和部门开始尝试使用电子档案，但是由于软硬件的问题以及投入资源不够从而无法及时有效地进行信息更新。此外，管理人员缺乏专业知识和技能，也会导致信息检索混乱、档案系统不健全、分类管理不当等问题。因此，实现从人力资源的档案实体管理向人才信息的人才库建设需要更加明显的数字化和网络化进行支撑，并在人事档案管理上采取开放式，物尽其用，人尽其才，协调发展人才信息库功能的最大化。

4. 邮轮人才信息建设缺乏创新

首先是信息建设重复与信息单一，没有形成邮轮人才信息建设的互利合作和资源的共享机制。其次是邮轮人才信息更新慢，邮轮旅游是一个发展迅速的行业，它的信息一直在不断变化，包括旅游人才。但是目前人才信息系统的数据更新缓慢，导致错过了许多合适的邮轮人才。最后是邮轮人才信息采集困难，邮轮旅游人才来自不同的地方，涉及面十分广泛，导致信息采集困难。

三　我国邮轮人才信息库建设路径分析

（一）我国邮轮人才信息库建设基础

1. 人才政策支持力度较大

邮轮人才是邮轮产业不断创新发展的源泉，为更好地吸引邮轮人才、留住邮轮人才、用好邮轮人才，各地均出台相关支持政策。比如海南在2018年制定了《百万人才进海南行动计划（2018—2025年）》，是更加开放的人才引进政策、更加积极的人才培养政策。2017年11月，上海市工商行政管理局出台《关于支持宝山区邮轮产业发展的若干意见》，2018年2月，宝山区推出《关于加快宝山邮轮经济发展的实施意见》。上海在邮轮机构、企业、社会三个层面均制定奖励政策。

2. 基础设施建设较为完善

目前我国的邮轮人才信息库建设还处于起步阶段，但是我国的电子商务、电子政务、旅游公共服务类平台等建设成绩突出。如上海市旅游公共服务中心开展旅游资讯服务，中国（上海）高技能人才公共实训中心可提供近百个职业类别、覆盖近200个岗位工种的实训，对打造上海高技能人才队伍起到引领示范作用。此外，上海拥有全国一流的信息研究机构，具备人才信息库建设的指标体系构建、运营维护及建库软件的开发等条件，为上海旅游人才信息库建设提供了便利。

3. 邮轮人才市场需求较大

随着我国邮轮产业的崛起和发展，邮轮市场的人才需求也在日益增加。据保守估算，到2020年，我国邮轮、游艇、游船和水上旅游的人才需求量将超过30万，而到时，我国培养出的邮轮人才为2万人左右，邮轮人才供应缺口将达到28万。由此邮轮需要大规模从业人员。基础性的工作岗位如物流附注、现场指引、票务办理等人员可以通过短时培训快速适应岗位，但是高层次的管理人才，研发人才、技术人才的培养周期长，对人员素质要求高，十分缺乏。

（二）我国邮轮人才信息库建设路径分析

邮轮人才信息库的建设当然不单单是为了打造一个人才资源信息系统，同时也是为了实现邮轮旅游资源人才聚拢，打造一个良好的邮轮旅游市场。

1. 邮轮人才信息库系统组成

邮轮人才信息库系统要打造一个邮轮人才公共服务平台，推进邮轮人才公共服务体系建设，主要包括政府、运营企业、服务企业和邮轮人才四个参与主体。政府的职能是监督平台的营运和人才服务系统的建设，保障非营利性业务的资金供给和平台秩序。运营企业的职能是建设和运营平台，维护系统稳定。服务企业是平台的企业用户，可以在平台上查询到其所需邮轮人才。邮轮人才是平台的个人用户，可以在平台上找到适合他们的企业。邮轮人才信息库的子系统包括邮轮人才就业服务系统、人才引进系统、培训教育系统、管理咨询系统等。

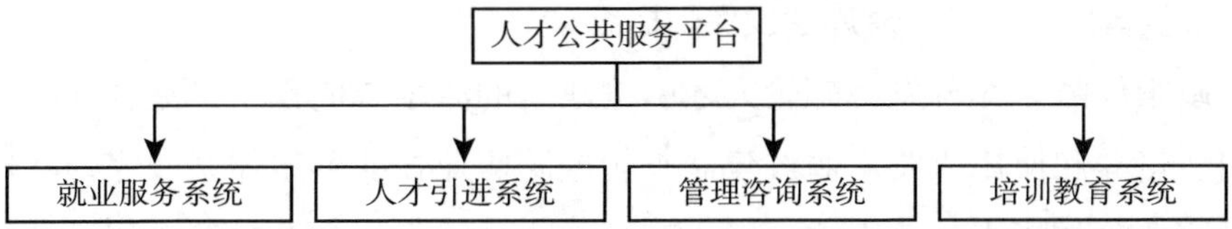

图3　邮轮人才信息库子系统组成

2. 邮轮人才信息优化重点任务

2017 年 11 月，在 SEATRADE 亚太邮轮大会上，上海国际邮轮经济研究中心发起的国际邮轮人才教育联盟和国际邮轮研究机构联盟举行签约仪式，联盟是由高等院校、科研单位组成，以自身发展需求和各方共同利益为基础，以提升产业研究创新能力为目标，通过国际联盟这个平台，重点聚焦在构建邮轮人才交流平台、加强邮轮人才信息沟通、推动邮轮人才专业培训、促进邮轮人才国际交流合作、健全邮轮人才培养体系、建立邮轮人才交流机制、推动邮轮人才资源共享共七个方面，重点内容见表 1，为提升邮轮人才信息数据收集和优化提供良好路径。

表1　国际联盟促进邮轮人才信息和优化重点

重点目标	重点内容
构建邮轮人才交流平台	为邮轮产业提供需要的各种邮轮人才、广大邮轮专业就业提供针对性的服务
加强邮轮人才信息沟通	邮轮研究机构联盟成员单位通过成员定期集会、会议论坛等方式实现邮轮人才信息的经验交流和资源共享
推动邮轮人才专业培训	举办各种邮轮讲座学术活动,提高邮轮从业人员素质和发展管理水平
促进邮轮人才国际交流合作	邀请国际高层次邮轮人才开展邮轮发展座谈会,定期举办国际邮轮交流合作会议论坛,并组织邮轮人才积极参与并互动交流
健全邮轮人才培养体系	在明确自身办学定位基础上拓展思路,以学科、专业建设为落脚点,设置适合自身发展的邮轮人才培养道路,建立健全邮轮人才培养体系。
建立邮轮人才交流机制	根据联盟成员提议对共同关心的邮轮人才重大议题组织不定期的专项交流研讨活动,通过联盟网站、论坛会议等方式实现共同发展与资源共享,逐步优化建立邮轮人才交流机制
推动邮轮人才资源共享	联盟成员通过互相开放教育培训、生产研发、设备设施、人力资源、就业(创业)岗位等综合资源,以优惠条件实现对方资源的交换和共享

3. 我国邮轮人才信息库建设保障措施

政策保障。充分发挥邮轮人才引进政策的激励导向作用，健全国际人才吸引、培养和使用机制。通过建立邮轮旅游职业技能鉴定体系、完善邮轮人才类职业分类探索邮轮人才开发示范试点。加强邮轮专业教育改革、教学改革，完善邮轮教育、邮轮人才教育体系建设。

制度保障。编制实施邮轮产业人才发展规划，在“十三五”旅游人才规划编制中突出邮轮产业发展对人才的核心需要。同时利用人才联合培养战略及优化邮轮旅游企事业单位内部分配自主权等来完善邮轮人才激励机制。建立邮轮人才档案、社会化邮轮人才评价机制，完善邮轮人才市场化配置和开发机制等。

组织保障。加强邮轮人才工作监督和管理，加强对目标责任制的指导、督查和考核。协调组织部门要加大对邮轮人才工作的管理力度，抓好技能型邮轮人才队伍建设，协调好邮轮旅游企业经营管理人才的开发和使用。

资金保障。加大邮轮人才开发和培养的财政投入。通过实施积极的人才引进政策、协调使用财政部门拨出专款、建立“邮轮旅游优秀人才表彰奖金”、建立“邮轮人才引进专项基金”等保障邮轮人才开发的资金支持。

四 我国邮轮人才信息库建设对策建议

（一）设计科学合理的组织架构

邮轮人才信息库建设首先应建立完善的组织管理体系，构建专门的人才信息库领导小组，建议由旅游局分管人才培养的领导兼任领导小组组长，并下设各区旅游局相关人才信息化科室，由专门人员组成，对相关院校、科研机构、旅游行政管理人员、相关旅游企业等部门的老师、专家、企业家、管理人员等邮轮人才进行信息化采集与管理（见图4）。另外，还应强化行政管理干部队伍建设。加强机关干部学习培训工作，促进机关干部加强理论学习，坚定理想信念，强化党性锻炼，提高政治素质。

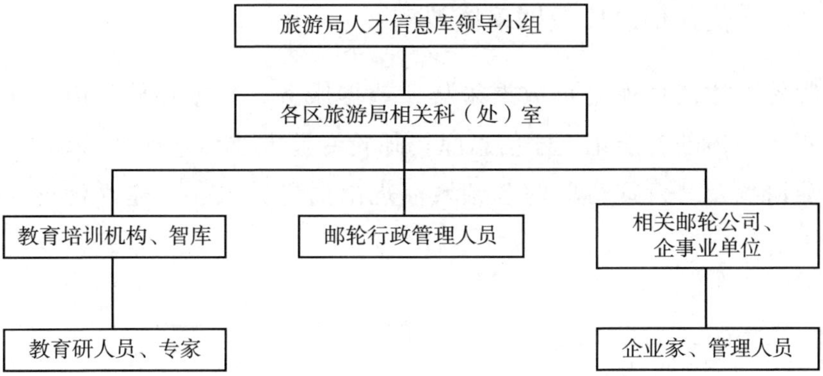

图4　邮轮人才信息库组织架构

（二）优化邮轮人才信息库的使用体验

开展邮轮全产业链人才就业服务活动。企业将岗位需求、专业技能等要求传送到邮轮人才信息库，邮轮人才信息库将不同企业的需求信息进行分析汇总，然后形成邮轮人才需求报告传送到邮轮人才培养机构，邮轮人才培养机构根据需求信息，制定培养计划，将培养合格的邮轮人才输送到企业，形成邮轮人才供需的闭环；还可以根据邮轮人才的求职需求，汇总分析，然后以1~3个月为周期，联合邮轮企业举办多种主题的线上专项招聘活动，邮轮人才信息库作为线上中间平台，实现邮轮公司和邮轮人才的专业对接，简化招聘流程，提高工作成效。

（三）加快培养新型紧缺型邮轮人才

建设人才信息库的前提是加大邮轮人才的培养力度，培养新型邮轮人才，尤其是在邮轮产业链上游的邮轮制造、邮轮维修、邮轮物资供应、邮轮船供物流等方面的紧缺型人才。一方面是高校培养，另一方面，进一步提升邮轮人才培训基地建设水平以及实践教学水平，培养出更加符合行业需求、专业化技能水平更高的邮轮人才队伍。

（四）优化信息库数据采集效率

邮轮人才信息库是集数据采集、数据服务、数据存储、信息库运行及维护为一体的智能化人才信息库。邮轮专业人才信息库实行动态管理，各区旅游局及时发现行业内各领域涌现出的优秀人才，建立优秀人才报告制度。

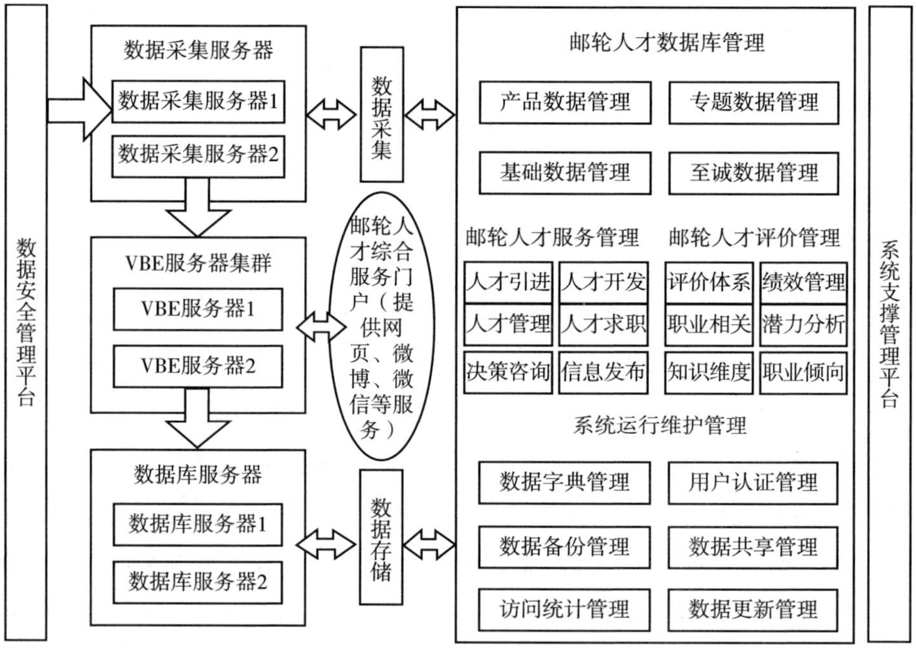

图5　邮轮人才信息库架构

（五）重视邮轮人才信息数据安全

构建的信息库对外发布过程中，为了便于信息搜索及查询，应建立专门化的邮轮人才信息库服务门户界面，包括人才基本信息、学历信息、岗位信息、奖励信息等。但信息化平台目前普遍存在着操作系统和数据库版本低、用户口令强度不高、更新频率低、防火墙及入侵检测系统等存在安全隐患等问题。邮轮人才信息涉及个人隐私，要实现邮轮人才信息库的正常运转，降低数据风险提升数据库安全管理十分必要。

（六）重视邮轮人才档案信息数据库建设

我国的电子政务、电子商务经过多年发展，相关技术、管理已经比较成熟，在建设我国邮轮人才信息库时应取其长避其短，充分利用电子信息，提升行业生产及服务效率。对于邮轮人才档案的管理不仅要“有重点、保准确”，更要全面、完整、实时更新，确保邮轮人才档案能够全面准确地反映个人情况，成为人才的“信息库”。

五　结语

本文通过对国内外邮轮人才信息库建设的经验借鉴，分析了我国邮轮人才信息库建设的现状、特点以及瓶颈和问题，由此进行了建设路径分析，最后提出对策，我国邮轮人才信息库建设应该从组织架构、数据采集、信息数据、使用体验、档案信息数据库建设等方面进行优化，此外，我国还要加快培养新型紧缺型邮轮人才，输送新鲜血液，填补邮轮人才大缺口。

参考文献

张洁：《邮轮招聘视角特殊性对邮轮人才培养制定的建议》，《教育教学论坛》2017年第42期，第233～235页。

黄梅、姜仕倩：《中国邮轮产业发展与人才培养研究——以青岛远洋船员职业学院为例》，《青岛远洋船员职业学院学报》2017年第3期，第61～65页。

胡顺利：《我国邮轮乘务专业人才培养的思考与对策》，《港口经济》2017年第8期，第42～44页。

黄梅：《浅谈我院国际邮轮乘务专业人才培养的现状与对策》，《青岛远洋船员职业学院学报》2015年第2期，第44～48页。

刘艳：《基于行业标准的高职国际邮轮乘务专业人才培养方案优化研究》，《职教通讯》2015年第14期，第13~16页。

巩文丽：《我国邮轮旅游人才培养机制创新研究》，大连海事大学硕士学位论文，2015。

姜颖：《邮轮运营管理人才供需对接机制的研究》，上海工程技术大学硕士学位论文，2015。

Zhang J. Suggestions on the Development of Cruise Personnel Training from the Perspective of the Particularity of Cruise Recruitment [J]. *Education Teaching Forum*, 2017.

Shi J, Ye X, Mei J. *The Development and Changes of Cruise Industry in China Over the Decade* [M] // Report on China's Cruise Industry. 2018.

Zhen Yang. Cruise English Compound Talents Training Pattern Practice Research [J]. *Overseas English*, 2017 (02): 220-221.

附　　录

Appendix

G.15 2017~2018年中国邮轮港口建设运营分析

叶欣梁　梅俊青　陈　珂*

进入21世纪以来，世界邮轮业保持着强劲的发展态势，建设邮轮母港成为许多沿海国家和地区的重要战略选择。邮轮母港是国际旅游者的集散地、邮轮产业链的组织者、规模经济的新引擎、区域经济的增长极。在中国邮轮市场快速发展的过程中，邮轮港口在区域邮轮经济的发展中起着重要的支撑作用。为更好地推动邮轮旅游产业链发展，使得邮轮旅游更好地带动区域经济的发展，我国已经建成多个邮轮港口，并不断扩大邮轮港接待能力，邮轮港口接待能级得到大幅提升，提升邮轮港口的经济发展。

* 叶欣梁，博士，上海工程技术大学副教授，上海吴淞口国际邮轮港副总经理，上海国际邮轮经济研究中心副主任，研究方向：邮轮经济；梅俊青，硕士，上海吴淞口国际邮轮港，研究方向：邮轮经济；陈珂，博士，上海工程技术大学，研究方向：地理信息系统。

一 中国邮轮港口总体布局最新情况

（一）总体情况

根据交通运输部对邮轮港口的规划布局，到2030年前，我国将形成2~3个主要邮轮母港，以邮轮始发港为主要组成部分，并以访问港为补充的邮轮港口格局。在始发港布局中，提出辽宁沿海重点发展大连港，津冀沿海以天津港为始发港，山东沿海，以青岛港和烟台港为始发港，长江三角洲，以上海港为始发港，相应发展宁波—舟山港，东南沿海以厦门港为始发港，珠江三角洲近期重点发展深圳港，相应发展广州港，西南沿海以三亚港为始发港，相应发展海口港和北海港。2018年我国正在使用的邮轮港口共15家，其中邮轮专用码头8家。目前全国邮轮专用码头有上海吴淞口国际邮轮港、天津国际邮轮母港、上海港国际客运中心、蛇口邮轮母港、青岛邮轮母港、三亚凤凰岛国际邮轮港、厦门国际邮轮中心等8家，进而有通过将货运码头改造的广州国际邮轮母港、海口秀英港、烟台港、温州邮轮港、大连邮轮港、防城港港、北海港等7家港口，未来还要继续规划建设大连国际邮轮母港、广州南沙邮轮母港、北海国际邮轮港、海口南海明珠国际邮轮港、厦门国际邮轮母港等多家新型专业邮轮港口，宁波、秦皇岛计划兴建国际邮轮港，并且大多以母港为发展定位。

邮轮母港建设的基本条件包括地理区位、港口设施、交通运输、旅游资源、商业服务、物资供应、金融保险等多方面因素。随着我国邮轮产业的发展，建设邮轮母港成为许多沿海城市的重要战略选择。邮轮母港可以有效地实现国际旅游者的集散，推动邮轮产业链的发展，促进区域经济转型升级。

（二）中国邮轮港口地域最新分布

目前，我国已经形成东北、华北、华东、东南、华南等五大邮轮港口群，其中华东和华南是我国邮轮港口最为丰富的两大区域，其中华东区域已经拥有 8 个邮轮港口，其中最大母港为上海吴淞口国际邮轮母港，拥有 2 个 22.5 万吨和 2 个 15 万吨泊位，华南区域拥有 11 家国际邮轮港。

表 1　2018 年中国邮轮港口分布

区域	序号	邮轮港口	邮轮泊位	定位	全面完工
东北	1	大连港国际邮轮中心	建设 2 个 15 万吨泊位	母港	2020
华北	2	天津国际邮轮母港	2 个泊位	母港	2010
	3	秦皇岛国际邮轮港	—	—	规划
华东	4	青岛邮轮母港	3 个泊位	母港	2015
	5	烟台国际邮轮母港	1 个泊位	母港	2020
	6	连云港国际客运站	1 个泊位	母港	2017
	7	吴淞口国际邮轮港	2 个 22.5 万吨和 2 个 15 万吨泊位	母港	2018
	8	上海港国际客运中心	3 个 7 万级邮轮泊位	访问港	2009
	9	舟山群岛国际邮轮港	1 个 10 万吨（兼靠 15 万吨）	始发港	2014
	10	温州国际邮轮港	1 个 5 万吨级（兼靠 10 万吨级）	始发港	2017
	11	威海港国际客运中心	3 个 3 万总吨客滚泊位	始发港	2013
东南	12	厦门国际邮轮母港	1 个 14 万吨泊位	母港	2020
华南	13	南沙国际邮轮母港	1 个 10 万吨泊位和 1 个 22.5 万吨泊位	母港	2019
	14	广州港国际邮轮母港	1 个泊位	母港	2016
	15	深圳蛇口国际邮轮母港	1 个 22 万吨和 1 个 10 万吨泊位	母港	2016
	16	湛江国际邮轮港	1 个 3 万吨和 1 个 7 万吨泊位	始发港	2021
	17	北海国际邮轮母港	1 个 5 万吨级、两个 2 万吨级	母港	2010
	18	防城港港	—	始发港	—
	19	海口秀英港	计划 1 个 10 万吨	始发港	—
	20	南海明珠国际邮轮港	1 个 22.5 万吨级和 1 个 15 万吨级	母港	规划
	21	三亚凤凰岛国际邮轮港	1 个 10 万吨级码头，2 个 15 万吨级码头，1 个 22.5 万吨级码头	母港	—
	22	海南海花岛邮轮港	—	—	规划
	23	黄埔国际邮轮港	—	—	规划

二　中国邮轮港口最新建设情况

（一）上海吴淞口国际邮轮港后续工程完工

为更好提升邮轮母港接待能级和提升邮轮港口服务体验，上海吴淞口国际邮轮港后续工程在2015年正式启动建设，客运楼项目在2016年11月正式开工，后续工程建成后，码头总长度将达1600米，共可布置2个22.5万吨级和2个15万吨级总计4个大型邮轮泊位。2018年5月18日，吴淞口国际邮轮港迎来“地中海辉煌号”亚洲首航，吴淞口接待出入境游客量突破1000万人次。六年多来，吴淞口国际邮轮港累计接靠国际邮轮近1800艘次，接待出入境游客1000余万人次。经过三年建设，2018年7月13日正式启动试运营，迎来“三船同靠”，“盛世公主号”、“诺唯真喜悦号”、“地中海辉煌号”3艘大型邮轮先后靠泊，港区日接待出入境游客2.1万人次，接送游客车辆2000多辆次，这一规模在国内邮轮母港历史上尚属首次。

（二）广州南沙国际邮轮母港全面开建

2017年7月14日，广州南沙国际邮轮码头工程环境影响评价报告成功获批，该项目已完成前期所有报批报建工作。广州南沙国际邮轮母港位于南沙湾板块，距离虎门大桥下游640～1410米。项目岸线总长770米，建设规模为1个10万总吨邮轮泊位、1个22.5万总吨邮轮泊位和建筑面积3.5万平方米的航站楼，邮轮港规划接待游客量75万人次/年，规划设计在2019年建成完工。南沙邮轮母港配套综合体建设分为一期与二期，一期项目的1、2块地占地13.78万平方米，建筑面积可以达到近51万平方米，主要建设内容涵盖邮轮航站楼、邮轮商业配套及住宅区域等，二期3号地块占地10万平方米，建筑面积可以达到36万平方米，主要涵盖免税店及休闲娱乐设施。南沙邮轮母港建设之后，将成为华南区域最为重要的邮轮母港之一，推动华南邮轮市场规模的扩大。

（三）湛江国际邮轮港预计2021年建成

2018年3月，招商局蛇口工业区控股股份有限公司联合湛江港竞得湛江市国际邮轮港综合体WGC2018003地块，成交总价17.9亿元。湛江国际邮轮港综合体项目拟充分利用湛江市原霞海港区约1120米的岸线资源，码头拟使用岸线共570米，建设可停靠2个3万～7万总吨的邮轮泊位，依托“广州湾”特色海洋资源，建设集口岸服务、交通保障、商业、旅游、办公和公寓等为一体的大型综合体，打造湛江未来CBD片区以“邮轮港口”为主题形成集“商业办公、文化娱乐、休闲旅游、生态居住”于一体的极具海洋特色的港口复合型活力城市中心。综合体项目拟对港区约26万平方米的用地进行综合开发，建筑面积约90万平方米，项目预计总投资约70亿元人民币。

（四）烟台国际邮轮母港2020年建成

烟台国际邮轮母港工程2019年5月开工建设，2020年建成投产。烟台港将建立邮轮泊位3个，为邮轮的停靠提供良好地条件。烟台国际邮轮港的设计为“突堤式”码头，其中一侧可以用于停靠邮轮，另一侧用于停靠客运船舶等，规划设计年接待游客量为60万人次/年。在交通运输部公布的《全国沿海邮轮港口布局规划方案》中，明确提出“山东沿海以青岛港和烟台港为始发港”，烟台市被交通运输部确定为全国12个邮轮始发港之一。

（五）温州国际邮轮港通过启用验收

2017年12月9日上午，温州国际邮轮港开港首航仪式举行，2517名游客乘坐地中海“抒情号”邮轮，运行前往日本长崎的邮轮航线。温州国际邮轮港项目2015年底启动，于2016年9月建成7号泊位，2017年6月交通部批复增加邮轮功能，9月联检大厅通过交工验收。2018年7月17日，温州港口岸状元岙港区国际邮轮码头通过对外开放启用验收，温州国际邮轮港项目选址于温州港状元岙港区。项目总投资约3亿元，建设内容包括7号泊位、旅检大厅、封闭通道及辅助设施设备。7 号泊位长 340 米、宽 50 米，靠泊等级为 5 万吨级兼靠 10 万吨级。旅检大厅总建筑面积 6200 平方米，年设计旅客吞吐量 22 万人次。目前邮轮使用的 7 号码头为过渡性码头，未来温州国际邮轮港要新建一个 15 万吨级邮轮码头。

三　对邮轮港口建设运营的思考

邮轮港口是不可移动的，但邮轮却具有较强的可移动性，使得邮轮公司可以灵活地实现战略性转移和调整，在不同的区域甚至国际市场中灵活调整，这就使得邮轮港口的发展面临着一定的市场风险问题，而大量的投资，不少是银行贷款，借款到期后再延长期限，但由于大部分是国有资产，所以财务风险较低。目前国内邮轮港口的收入主要是在靠泊费和人头服务费，以及一定的船供服务收入，较低的邮轮靠泊量、其他商业收入较低，使得不少邮轮港的发展面临困境。建造邮轮港口对于我国已经不是问题，港口越来越大、越来越豪华。

我国也在大力推进豪华邮轮的建造，使得中国在邮轮建造领域掌握更多的话语权。但邮轮产业的发展核心在于市场，而不在于产业本身，如果一个区域缺乏足够的邮轮客源，邮轮产业的发展将无从谈起，所以在对邮轮产业链延伸的重视程度加大的过程中，更为重要的是更好地培育邮轮市场，推进邮轮文化的传播，扩大邮轮客源。邮轮旅游是邮轮产业发展的核心和最根本的原动力，当前的中国邮轮市场，最为重要的是提升邮轮市场的渗透率和开发速度，提升邮轮旅游品质，创新发展模式，推进亚洲邮轮港口联动，从而使得不同区域的市场客源进行联动。所以，在发展邮轮产业链过程中，更多的是做好邮轮旅游，这才是原动力。

G.16

2017 ~2018年中国邮轮设计建造发展分析

梅俊青　邹　琳*

船舶建造的竞争力是推动海洋强国战略实施的重要基础。2017 年，我国位居全球造船业领域的先进水平，在船舶建造新技术掌握、船舶设计、船舶制造等环节全球领先，船舶建造订单数位居全球首位，世界上已有船只类型的95%以上我国船舶建造企业都可以建造。为充分发挥我国在造船业的技术优势和管理优势，发展中国本土邮轮制造产业，打造国产大型豪华邮轮，培育发展本土邮轮产业链，进一步提升我国在全球船舶建造领域的核心竞争力，提升我国在世界船舶建造领域的话语权。

一　我国发展国产邮轮制造的基础和优势

（一）逐步完善邮轮制造政策体系

《中国制造 2025》提出，加快推进豪华邮轮建造技术的突破，为我国推进邮轮设计建造提供了重要的指导方向和指导思想。在我国的“十三五”旅游业发展规划中，提出鼓励更多的投资资本进入邮轮旅游产业，强化与外资邮轮相关的企业合作，推动本土邮轮企业快速发展，形成自身邮轮产业链。国务院在促进旅游业改革发展的政策中提出，继续支持国产邮轮设计建造，推动邮轮旅游业发展。国务院办公厅在促进旅游投资和消费的政策中提

* 梅俊青，硕士，上海吴淞口国际邮轮港，研究方向：邮轮经济；邹琳，博士，上海工程技术大学，研究方向：邮轮旅游。

出，支持建立国内大型邮轮研发设计、建造以及邮轮建造的自主配套体系，鼓励有条件的国内造船企业研发制造大中型邮轮。工信部联合其他相关部委在船舶工业深化结构调整加快转型升级行动计划中提出，适应国内邮轮旅游消费潜力不断增大的发展趋势，加快推进邮轮设计建造，实现邮轮设计制造的国产化。

（二）我国国产邮轮建造技术基础分析

与一般的客船、客滚船相比，邮轮要求的技术更高、更为复杂，建造的风险更大，技术难度高、工程量十分庞大，是现代造船业高精尖技术的集成体，并且需要执行国际海事领域关于邮轮舒适性、安全性、环保性的要求，制造难度远远高于航空母舰和大型 LNG 船。我国虽是全球船舶建造强国，但在豪华邮轮建造方面依然尚未有建造邮轮的经验和核心技术，所以邮轮是我国唯一未攻克的高技术船舶。在我国的船舶建造厂商中，仅有广船国际有限公司在客滚船、豪华游船建造方面具有丰富的经验，位于上海崇明岛的上海华润大东船务工程有限公司拥有一定的大型邮轮维修以及改装方面的经验，并且中船旗下一些科研院所在邮轮建造技术研究、水动力等方面也有了一定的基础，并且多年设计客滚船也对邮轮建造有一定的辅助作用。国产大型邮轮的建造放在上海外高桥造船有限公司，首艘邮轮预计在 13.5 万吨级，可以容纳 4980 名游客，2000 ~ 3000 名船员，总价值约 10 亿美元，这也会成为上海迄今为止建造最贵的船舶。

（三）我国建造国产邮轮的优势分析

一是具有良好的客源基础，当前我国邮轮旅游市场快速发展，市场规模增长较快，2016 年已经以 228 万人的客源量成为全球第二大邮轮市场，2017 年全国邮轮客源市场规模达到 239 万人，在世界邮轮市场的地位不断提升。随着中国国际旅游市场的逐步扩大，邮轮旅游市场的规模也将逐步扩大，成为中国国际旅游业中重要的组成部分，成为我国参与国际旅游市场竞争与合作的重要部分。

二是中国邮轮建造具备高起点的优势，强大的资源优势。与日本三菱重工完全自主建造邮轮不同，我国国产邮轮建造是“集中力量办大事”，集中国内外多方优势资源。我国国产邮轮建造由中船集团主导，中船集团是我国技术、资本、管理等实力非常强大的央企，有着悠久的造船历史，首艘大型国产邮轮由上海外高桥造船有限公司建造，此船厂被称为“中国第一船厂”，拥有良好的造船技术、设备、专业技术人员等。有强大的国资背景，有强大的资源实力，2016 年 12 月，中船集团联合中国建设银行、中国农业银行、中国银行等设立国内首支邮轮产业发展基金，首期规模达到 300 亿元。总之，中船集团是在邮轮产业进行了广泛地布局，以中国邮轮产业投资公司为平台的邮轮产业投资业务，以中船芬坎蒂尼邮轮公司为平台的邮轮建造业务，以中船嘉年华邮轮公司为平台的邮轮运营业务，以中船邮轮产业园为平台的邮轮产业配套业务。

三是国际风险共担有效减低了国产邮轮建造的风险。中船集团此次建造国产邮轮，与全球第一大邮轮企业嘉年华集团合作，有我国全球最大主权财富基金之一中国投资有限责任公司的支持，有劳氏船级社提供邮轮咨询服务，与中国建设银行、中国农业银行、中国银行、中国光大银行、兴业银行共同发起设立国内邮轮产业基金，为首艘国产邮轮的建造提供了良好的基础，有效降低其各类风险。

二　我国国产邮轮建造路径探索

（一）国家打造大型邮轮协同发展平台

2018 年 7 月 17 日，国务院国资委召开中央企业、地方国资委负责人会议，总结了 2018 年上半年工作，并对下半年重点工作做出部署，明确提出 2018 年下半年打造大型邮轮协同发展平台，为我国邮轮设计建造的发展提供良好的基础和信心，使得大型邮轮设计建造的地位不断提升，将更好地促进邮轮建造发展。

（二）中船集团打造邮轮业务平台

2018 年 6 月 4 日，中船集团召开第 1 届董事会第 24 次会议，会议审议通过了《中国船舶工业集团有限公司邮轮产业发展总体方案及下一步工作计划》。外高桥造船拟将所持邮轮科技 43.4% 股权协议转让给公司控股股东中船集团。转让完成后，中船集团向邮轮科技增资人民币 4 亿元，外高桥造船放弃同比例增资的权利。中船集团直接成为邮轮科技控股股东，中船邮轮科技将被打造成为中船集团邮轮业务平台，负责邮轮运营及供应链投资等业务。

（三）招商局重工推动极地邮轮建造

2018 年 3 月 16 日，招商局重工（江苏）有限公司举行极地探险邮轮开工仪式，建造工程主要在中国进行，由乌斯坦公司负责设备组合与工程监理，Makinen 主要进行邮轮内部设计，美国佛罗里达州的 Tomas Tillberg 国际设计公司负责酒店设计。在 2017 年 4 月 27 日，招商局工业集团在法国巴黎与美国 SunStone Ships 公司正式签订了 4 +6 艘极地探险邮轮建造合同，由招商局重工（江苏）有限公司建造，招商局重工（江苏）成为首家建造探险邮船的中国船厂。按照协议，第一艘极地邮轮将于 2019 年 8 月交付，其他极地邮轮将在第一艘邮轮交付后每间隔半年交付 1 艘。豪华邮轮制造基地首期建设面积约 900 亩，配套产业园占地约 1100 亩。规划为豪华邮轮配套制造区域、产业保税仓库、产业研发集群、检测实验室、产业展示区及人才公寓六个功能板块。涉及邮轮船体材料、舾装件制造、船内家居、电气自动化、检验检测、展览展示等多个产业。

三　我国国产邮轮建造的难点分析

（一）邮轮建造政策体系还需完善

中国邮轮产业起步晚，法律政策问题瓶颈多，为加快营造适宜中国邮轮产业发展的环境，从中央到地方制定了诸多邮轮产业政策但目前大都是指导性的意见，尚缺乏专门针对扶持邮轮建造的政策，如财政政策、金融政策、产业配套优惠政策等，这方面尚需进一步地完善。在大力支持国产邮轮建造的同时，邮轮建造的进度却较为缓慢，面临着诸多的难点问题。邮轮制造是高度外向型的产业，直接参与全球最高水平竞争，在缺少综合保税区“保税仓储、出口加工、转口贸易”三大功能支撑的情况下，其发展存在便利度不够、企业成本较高等瓶颈问题。

（二）邮轮设计建造技术储备不足

邮轮设计建造与传统海上船舶的设计有着显著的差异，我国虽然在传统货船、客滚船等方面具有良好的技术储备，但在邮轮设计建造方面却有着明显的不足。传统运输船与现代邮轮是面向不同的客群市场，在设计理念等方面有着明显的不同，传统运输船更多的是注重安全、运量，设计建造是以船动的要求为主，而邮轮面向的客群是参与海上旅游的游客，更加注重的旅游体验，设计建造是以游客市场需求为根本目标。邮轮的建造需要邮轮设计、建造技术、建造产业配套等多方面的强力支撑，难度比现在的航空母舰建造都要困难，技术储备的不足导致邮轮设计建造推进难度较大。

（三）邮轮建造配套本土化率较低

我国目前邮轮建造核心零部件技术缺失，尚未形成成熟的邮轮配套，邮轮建造需要强大的供应链管理能力。在过去的多年中，我国船舶企业参与更多的全球船舶产业链分工，但大部分分布在低成本扩张和低附加值部分，而高技术零部件的研发、生产、销售及售后服务环节基本均掌握在国外企业，我国船舶企业在这方面的主导权较弱，所以我国在邮轮产业配套方面几乎空白。在长期的船舶工业发展中，我国在高端船舶的研发、投入的主动性有待进一步的提升，邮轮总包、设计能力较弱，对邮轮建造核心技术的研发成果较少，使得在短时间内建造邮轮成为一种非常困难的事情。如果在十年或十五年前甚至更早就已对邮轮建造掌握了大量的研究，会对当前邮轮建造提供大量的文献基础。

四　推进国产邮轮建造路径分析

（一）我国国产邮轮建造的差异化分析

对于我国邮轮建造的理念，不少人也提出将邮轮打造成具有中国文化元素的邮轮，打造主题邮轮，如佛教邮轮、婚庆邮轮、美食邮轮，打造海上会议中心等等，当然还有很多新奇的理念。但到底哪些是中国文化元素适合邮轮必须研究清楚，中国文化元素更多的是体现一种精神的传承，将大量的中国元素集中在一艘邮轮上，无疑会让人感觉很压抑。邮轮的发展具有明显的国际性、文化融合性，所以在我国邮轮建造的过程中，要在国际化的基础上体现本土化特征，而不是在本土化的基础上体现国际化特征。

邮轮本身是国际旅游产品，体验的就是不同地域风情，更要跟上时代的步伐，不能将大量的历史文化元素融入国产邮轮或本土邮轮中。总之，建议以更高的视野看待中国本土邮轮品牌，本土邮轮的发展必然走向国际化、全球化，要以全球视野、国际标准、本土优势的理念建造本土邮轮，组建本土邮轮船队，力争成为全球邮轮市场供给的重要组成部分。即使中资邮轮品牌也应该尝试着走出去，以国外邮轮港口为母港，以国外邮轮港口为目的地港，在不断学习中学会更多的经验和教训，向全球化发展。

（二）加大对国产邮轮建造的财政金融政策支持

加快推进大型国产邮轮设计制造，制定大型邮轮制造行动计划，设立邮轮设计制造专项扶持资金，力争 2023 年首艘国产大型邮轮交付使用。搭建邮轮产业金融体系。支持建立上海邮轮产业发展基金，重点扶持邮轮设计制造及配套产业。在保险、信贷等方面开设邮轮产业专项目录，支持邮轮领域创新创业。将符合条件的邮轮相关企业和项目纳入有关专项资金的扶持范围，加大对邮轮经济重点区域、重点项目发展的扶持力度，发挥服务业发展引导资金、旅游发展专项资金以及航运产业基金等资金的引导功能，推动更多的社会资本参与邮轮产业投资。

（三）完善邮轮设计建造的配套产业体系

建立和完善邮轮制造配套功能，发挥邮轮产业园和邮轮产业基金资源优势，加大对邮轮制造基地建设投入力度，提升整体合力，构建世界领先的邮轮制造产业集群。对于邮轮制造及配套企业取得工业用地给予专项支持和倾斜。集聚邮轮设计制造服务平台。推进国际级、国家级邮轮相关的各类协会组织、科研院所、检测认证平台、邮轮设计建造平台、邮轮交易服务机构等功能性平台集聚，建成国内领先的邮轮设计制造服务平台。实施邮轮制造技术创新专项行动，主动对接全球邮轮制造领先技术，强化邮轮制造自主创新，加强对邮轮设计制造核心技术的攻关，不断提升邮轮制造国产化能力。加强引导和鼓励各类企业参与邮轮设计制造的研发投入，支持国内外船舶制造科研院所、企业联合开展邮轮设计制造技术攻关和成果转化。构建区域世界级邮轮制造配套产业集群，建设邮轮制造协同创新示范基地，推动区域船舶制造能力整体提升。

（四）大力推进本土邮轮企业的发展

积极向国家部委争取出台支持中国邮轮品牌发展的专项政策，对本土企业以购置、租赁、制造等方式组建本土邮轮船队给予低息贴息和各项税费优惠政策的支持。在本土邮轮企业邮轮购置方面给予低息贴息和各项税费优惠的政策支持，给予本土邮轮品牌特别鼓励支持政策。建立邮轮专门强制报废年限制度，延长二手邮轮购置年限限制和母港邮轮运营年限限制。争取放开在本土邮轮品牌的船员国籍限制，符合邮轮旅游的高度国际化特点。争取本土邮轮品牌运营内河及近海航线，为本土邮轮品牌发展提供更加良好的培育空间。

G.17
2017～2018年国际邮轮市场经济贡献分析

孙瑞红　刘　笑*

当前，我国已经从旅游短缺型的国家向旅游大国、强国跨越，在政府与市场的双重强力推动下我国邮轮旅游业也实现了从无到有，逐渐实现向邮轮大市场、全球影响力的强市场转变，2017年我国在世界邮轮市场以240万人次的游客量位居全球第二，上海更是成为亚太第一、全球第四大邮轮母港，在全球邮轮产业格局中的地位大幅度提升，是区域经济转型升级的重要驱动力。随着中国邮轮市场规模的扩大，邮轮经济效应也会随着逐渐凸显，从区域性的经济转型到大区域的经济转型升级，从而对我国区域经济发展的贡献会有大幅地提升。

一　邮轮产业经济界定

邮轮产业主要由邮轮的设计建造、邮轮运营管理及邮轮服务等环节构成，三个环节涉及较多的方面。由于邮轮产业涉及的行业内容较为多样，使得邮轮产业链的经济贡献较为分散，在不同的环节推动社会经济的发展。在全球造船业不景气的情况下，邮轮公司的船队规模却日益庞大。近年来，下水的豪华邮轮数量有增无减，新船的投放呈现较高的增长趋势。

邮轮产业经济是指依托邮轮并通过其产业的延长作用，拉动各自上下游的相关产业，形成相互依托、共同发展的经济现象，也可表述成与邮轮经营

* 孙瑞红，博士，上海工程技术大学副教授，研究方向：邮轮经济；刘笑，博士，上海工程技术大学，研究方向：科技创新管理。

有关的经济价值链效应。广义上的邮轮产业经济，除了包括船舶建造及其维护、邮轮运营、码头服务、中介代理、餐饮住宿、景点观光、综合交通、金融保险、文化娱乐、教育培训等一系列直接相关的产业外，还包括政治文化形态、法律制度、劳动就业、环境保护等对社会和人们生活品质能够产生直接和间接影响的多种无形经济要素。

二　邮轮产业经济贡献

（一）邮轮产业对当地经济贡献

进入20世纪90年代以后，现代邮轮产业进人了快速发展的黄金期。经济贡献分析包括三个要素：直接经济贡献、间接经济贡献和诱导产生的经济贡献。邮轮业及其乘客和船员的直接支出，是该行业对全球经济贡献的推动力，这些支出产生直接就业和雇员收入，以支持提供邮轮及其乘客和船员购买的货物和服务。间接收入是从对商品和服务的后续需求产生的直接影响企业的间接贡献的结果。例如，食品加工厂必须购买加工的原材料、电力和水等、经营设备和加工原料；向邮轮或批发商运送成品的运输服务，以及财产和雇员的保险。诱发的贡献是由邮轮公司及其供应商的员工支出产生的。这些雇员的收入用于购买各种各样的消费品和服务，包括汽车、食品、服装、家具、医疗保健等商品。因此，诱导的贡献集中在最终需求为最终产品为家庭部门。

（二）邮轮产业对当地经济直接贡献

邮轮产业对当地经济的直接贡献，是指邮轮产业对当地经济的初始或第一轮影响。邮轮旅游产生的直接支出包含三个部分：邮轮游客、船员及邮轮本身。邮轮游客旅行前及旅行消费、纪念品购买以及其他零售商品，而船员们则追逐着一套类似的商品和服务，更集中在零售商品上。此外，邮轮公司购买各种各样的货物，以支持他们的邮轮业务，包括在港口内的食物和饮料、酒店用品、燃料和设施。邮轮公司还支付各种服务，以支持其全球邮轮业务，包括旅行社佣金、广告和推广支出以及其他业务服务。

在这类贡献中，邮轮产业的产值将直接进入当地经济的总产值，在数值上相当于邮轮消费所带来的其他产业的收益。对国家财政收入的直接贡献包括税金、关税、各种许可费以及游客直接支付的其他税款，如建设费、游客服务费等。对社会的贡献大致分为两部分：一部分是船舶本身的消费，如邮轮建造维修费用、日常经营费用、油料添加费用、码头泊位使用费、进出港引航费用、船上消费品采购费用、淡水添加费用等；另一部分是游客及船员的消费，包括饮食（餐馆、酒吧、快餐店）、区域内交通（公共汽车、出租车、轮渡）、观光游览、娱乐（剧院、迪斯科舞厅）、景点参观（博物馆、主题公园、动物园）、购物等。

（三）邮轮产业间接贡献

邮轮产业的间接贡献，是指邮轮产业通过其相关产业对当地经济的贡献，即对该地区产生第二轮消费之后的经济影响具体表现在两个方面：一是获取邮轮、游客消费的公司和机构还会接受其他各类供应商和第三产业的服务；二是这些相关产业为了满足邮轮产业的要求还需要雇用一定数量的人员，从而产生更多的就业岗位。这些间接影响不断地向上和向下传递。间接和诱导贡献是由直接影响的企业和他们的员工所产生的。这些影响在全球和区域经济中蔓延。具体的间接和诱导的非负性行为是由各个经济体的结构决定的，因此从区域到区域的结果会有很大的差异。

三　中国邮轮经济贡献提升路径分析

2017 年欧洲邮轮产业经济贡献达到 479 亿欧元，其中邮轮公司在欧洲造船厂的花费达到 56 亿欧元，比 2015 年增长了 22.4%，并且到 2021 年，欧洲船厂将为邮轮公司建造 66 艘新型邮轮，总价值达到 294 亿欧元。2017 年，欧洲邮轮产业新提供的就业岗位达到 4.3 万个，使得邮轮从业人员总数达到40.3万人，由邮轮游客和船员所产生的经济贡献达到197欧元。2017年全球邮轮市场收入方面，加勒比海地区依然占据全球第一，占比为35.6%。

目前，国际邮轮公司在上海邮轮市场占有主导地位，船票收入、船上消费、国外港口城市购物消费等绝大部分收益转入国外，上海国际邮轮港口的收入来源主要集中在靠泊费、服务费、场地租赁、船供退税等方面，并且靠泊费占比较大，尤其是吴淞口国际邮轮港在2015～2017年靠泊费收入占到总营业收入的70%。上海在产业链中上游的邮轮设计、制造、维修等依然未有重大突破，邮轮企业总部经济邮轮产业链发展尚处起步阶段，需要实现更大的战略创新。

（一）推进国产邮轮设计建造

产业链延伸，重点推进本土邮轮船队建设和邮轮建造。中央及地方对国产邮轮建造给予重要的支持，工信部、交通运输部、国家发改委等中央单位提出大力推动国产邮轮设计建造，为邮轮建造提供良好的政策环境。豪华邮轮的建造需要在财政政策、金融政策、产业配套优惠政策等给予更大的支持。邮轮建造需要强大的供应链管理能力，发挥上海在全球资源配置中的作用，推进邮轮建造供应链的发展。结合中国及上海的发展基础资源和国家及上海市邮轮产业的政策导向，集聚全球优势资源，发挥上海本土创新优势，要大力推进本土邮轮船队的组建，重点扶持本土邮轮品牌打造。发挥上海在推进国产邮轮建造的政策和资金优势，推进豪华邮轮的本土建造，掌握自主知识产权。

（二）大力推进邮轮入境旅游发展

为推进邮轮入境旅游的发展，推行“江浙沪144小时过境免签政策”和“国际邮轮旅游团入境15天免签政策”，但对邮轮入境旅游发展效果并非十分理想，要放宽免签期间的活动范围。当前，美国依然是全球最大的邮轮旅游目的地，占据全球邮轮旅游目的地份额近50%，需要对比上海与其他国际邮轮城市旅游目的地的建设情况，明确优势，寻找差距，建设上海邮轮旅游目的地。如长三角有 946 处旅游景点，占全国的 22. 9%，其中有 27 个国家 5A 级旅游景区，占全国的 20. 8%；254 个国家 4A 级旅游景区，占全国的 22. 9%。有效整合上海及周边旅游资源，加快推动上海邮轮旅游目的地的建设，培育邮轮市场，提升人民群众对邮轮旅游的获得感。

（三）推进邮轮运力供给与市场需求的均衡发展

在当前中国邮轮市场的发展中，短期供给的大幅度提升与缺少强大的分销网络支撑和市场需求的增长降缓，短期的供大于求使得邮轮价格大幅度下降。并且为吸引邮轮停靠，各地为邮轮公司提供高额的奖励政策，只为短期靠泊量的提升，但效果并不明显。在市场价格下降的情况下，“海洋水手号”、“盛世公主号”等邮轮纷纷退出中国市场，使得容易出现潮起潮落的现象。在邮轮市场的发展中，我们过于注重数量的提升，追求亮眼的数据，大量的邮轮涌入中国市场，但也容易出现潮起潮落的现象。同时助推了大量邮轮港口等重资产的发展，目前邮轮港口对邮轮靠泊的大起大落却无能为力，并积极推出补贴政策吸引邮轮靠泊，缺乏市场主动权。在有效控制总量的情况下，也可以更为有效地实现供给与需求的平衡发展，避免低价导致本土邮轮生存压力剧增。

（四）推进多母港邮轮航线发展

多母港运作在地中海区域十分成熟，前提是此类航线必须稳定运作数月，合理调配各港口旅客舱位数量。在地中海、东南亚海域、波罗的海沿岸国家众多，港口分布较为集中，邮轮客源分布较分散，适合开发多循环航线、母港航线。游客可以在两个港口选择登船、离船，改变现有邮轮港口之间以始发港/母港为单纯定位的竞争关系。“中日韩”互为母港的邮轮旅游将有力地推动区域经济的发展，不再只是外籍邮轮承载中国游客前往日韩进行旅游，而是更多将日韩游客吸引到中国进行旅游，并且将吸引更多的欧美游客前往中国开展邮轮旅游，来到中国开展旅游观光、消费等，更好地促进入境旅游的发展。

Abstract

Annual Report on China's Cruise Industry (2018) "China Cruise Industry Development Report (2018)" is an annual research report compiled by experts and scholars in the cruise industry at home and abroad organized by Shanghai International Cruise Business Institute. It is an important part of the "Book Series" of China Social Sciences Literature Publishing House. This year's "Cruise Green Paper" is the fifth edition of this series of publications. It consists of a general report, quality tourism report: a special report on common values and government governance, an industry, a policy proposal, an appendix five parts. It is richer and more perfect than the previous version of the content system. This book first analyzes the domestic and international cruise industry development environment, development situation, strategic path and future trend from 2017 to 2018 in the form of a general report, and introduces the latest development trends of China's cruise industry through ten hot spots. Following the development trend of China's economy from high-speed growth to high-quality development, this book adds the special topic of "Quality Tourism: Common Value and Government Governance" to discuss the development mode and path of cruise tourism quality in China, the high-quality development mechanism of cruise tourism, and the cultivation and standardization system of cruise tourism market, so as to better promote it. The quality of China's cruise market development. This book is the leading industry and policy recommendations, showing the economic outlook of China's cruise industry under the background of the new era, and based on the analysis of the problems of industrial development, put forward corresponding countermeasures and suggestions.

On the basis of reviewing the achievements and problems of China's cruise industry from 2017 to 2018, the general report makes a systematic and scientific forecast for the development of China's cruise industry in 2018. The sub-report focuses on the high-quality development of the cruise economy, the upgrading and optimization of the cruise industry structure and policy recommendations. The industry section mainly focuses on the integration of cruise tourism and regional tourism in the Yangtze River Delta, the development model of global cruise economic circle, the design and construction of "oasis-level" luxury cruise, and the global cruise economy dynamic information system under the Internet background. In the section of policy suggestions, constructive suggestions are put forward mainly from the aspects of the construction of the credit system at cruise ports, the construction of the cruise port data base and the construction of the cruise talent information database, so as to clarify the responsibilities and obligations of the main parties involved in the development of the cruise industry and improve the management mechanism of each link so as to ensure the stability of the cruise industry in China. Healthy development.

In 2018, the scale of China's cruise market slowed down and the cruise market entered a period of adjustment. However, China's cruise market is still full of vigor and great potential because of the favorable promotion of China's steady economic development, the improvement of people's consumption level and the prosperity of tourism. In the development of China's cruise market, the policy system of cruise industry has been constantly improved, the cultivation system of cruise market has been gradually improved, and the management system of cruise market has been strengthened to provide a solid foundation for the healthy development of China's cruise industry. Generally speaking, opportunities and challenges coexist in the development of China's cruise industry. In order to promote the further development of China's cruise industry, we should increase the investment in the cultivation of China's cruise tourism market, promote the orderly development of Shanghai cruise tourism market competition, create favorable conditions for the development of cruise inbound tourism and strive for favorable conditions. Policy on new cruise line development. In the future development, China's cruise industry chain will accelerate its extension, the cruise market will maintain a high-quality direction of development, the contribution of the cruise economy will be significantly enhanced, and the important influence of the world's cruise economy will be enhanced first class.

Contents

I General Reports

Abstract: In 2018, the global economic growth rate has been significantly improved, providing a good foundation for the development of the cruise industry. Cruise will continue to maintain a positive development trend in 2018, with 26.9 million passengers taking cruise, and is expected to reach 37.6 million in 2025. Cruise market concentration remained high, with 35.4 per cent in the Caribbean and 15.8 per cent in the Mediterranean in 2017, respectively. The trend of large-scale and mega-scale cruise construction is more obvious. The newly built cruise ships are basically over 100, 000 gross tons, and there are 91 cruise ships under construction before 2026. Throughout the development of the global cruise industry, although North America's share in the global cruise market has declined, the advantage has been maintained for a long time, and due to the headquarters of cruise enterprises and the economy of the cruise home port has made greater economic contributions. The demand of European cruise market is stronger than that of North America, which makes it have a strong position and development potential in the development of cruise industry chain. Due to its good economic development situation and relatively stable international environment, Asia – Pacific has a strong potential for the development of the cruise market. In the future, the Asia – Pacific region will witness volatile growth in the process of maintaining a high-speed growth trend. China's cruise market has good basic conditions for development and good prospects for development.

Keywords: Cruise Industry Chain; Emerging Market; Economic Contribution; Market Prospect

Abstract: At present, China is in the crucial stage of building a well-off society in an all-round way and entering a new era of socialism with Chinese characteristics. China's cruise market has changed the world's cruise tourism landscape and become an important aspect of transmitting Chinese culture, lifestyle and promoting tourism diplomacy to the world. In order to enhance the economic effects of cruise tourism, cruise industry chain is extended everywhere, and the economic and social effects of cruise industry are constantly promoted. In the development of China's cruise market, the policy system of the cruise industry is constantly improving, providing a good business environment for the development of the cruise industry. After more than ten years of development, China's cruise market has been developing rapidly. Tourists'awareness of cruise tourism has been increasing. However, there are still many problems, such as higher vacancy rate of cruise ports, lower profitability, narrow and long distribution channels, slower development of direct selling mode, high-seas cruise routes, and so on. There are still policy bottlenecks and low concentration of cruise industry in offshore routes and "multi point affiliation" routes. Despite the reduction of cruise market size in 2018, China's cruise market is still full of vigor and great potential for development, mainly due to China's sound economy, the improvement of people's consumption level, the prosperity and development of tourism and other

channels; the world's first theme cruise was born to promote the development of cruise product differentiation.

Keywords: Cruise Industry; Policy Innovation; Important Comments on Events; Ten Hotspots

Ⅱ Quality Tourism: Common Values and Government Governance

G. 4 Research on the High Quality Development Mechanism of Cruise Tourism in the Context of All-for-one Tourism

Shi Jianyong, Qiu Ling and Ye Xinliang / 090

Abstract: At present, the construction of socialism with Chinese characteristics has entered a new era, the macroeconomic development has changed from "high-speed growth" to "high-quality" development, people's demand for a better life is more intense, and the social development is unbalanced and inadequate. Cruise tourism, as a high-end form of leisure and vacation tourism, has become the fastest growing component of international tourism. With an annual compound growth rate of 8%, cruise tourism continues to grow, and will continue to maintain a good development prospects in the future. In the past 12 years, China's home port cruise market has been well developed, cruise market size, cruise culture dissemination, cruise tourism industry chain extension has been well developed. In the new era, we should adhere to the new concept of development, promote the coordinated development of cruise tourism and global tourism, speed up the development of cruise tourism in the whole area, and promote the cruise industry from rapid growth to high-quality development.

Keywords: New Era; Cruise Tourism; Global Tourism; High Quality Development

G. 5 Research on Quality Development Mode and Path Upgrading of Cruise Tourism in China

Su Ping, Shen Shaojun and Mei Junqing / 101

Abstract: Cruise tourism is a high-end form of modern tourism, the pursuit of high-quality tourism experience becomes the real demand of more tourists, so that cruise tourists experience a more quality-assured cruise tourism products, is to consolidate and enhance the international competitiveness of China's cruise market an important aspect. At present, there are some problems in China's cruise tourism market, such as unbalanced market supply and demand, unstable attraction of inbound cruise tourism, low interaction between cruise tourism and other tourism resources, etc. To promote the development of cruise product quality and specialization, to promote the transformation of cruise tourism to quality service, and to construct characteristic cruise tourism. The cruise market product system, the construction of a new order for the healthy development of the cruise tourism market, the creation of good basic conditions for inbound cruise tourism, the construction of a new cruise tourism market development system to further enhance.

Keywords: Cruise Tourism; Competitiveness; Quality Tourism; Sustainable Development

G. 6 Research on the Cultivation and Standardization System of Cruise Tourism Market in China

Ye Xinliang, Wang Younong / 113

Abstract: In the process of China's cruise market changing from high-speed growth to steady growth, it is necessary to make joint efforts to standardize the cruise tourism market, to standardize the international cruise tourism development practices, to properly solve the main responsibility of cruise tourism market is not in place, cruise sales channels are not smooth, cruise tourists'rights and interests protection mechanism is not perfect. We should standardize the development of the cruise tourism market, release the vitality of the cruise market, realize the orderly competition in the cruise market, construct a standardized, orderly, active and competitive cruise tourism market, construct a new system to cultivate and standardize the cruise tourism market, and promote the sustainability of the cruise market in China. Healthy development.

Keywords: Cruise Tourism; Market Cultivation; Standard System

Ⅲ Industrial Parts

G. 7 Research on Global Cruise Economy Dynamic Information System Under the Internet Background

Abstract: The cruise economy information system involves many aspects, such as urban public service system, cultural service system, education service system, health service system and safety service system, etc. It needs the collaborative support of relevant departments, cruise upstream and downstream industries. With the rapid development of new Internet technology, the integration of information platform and technical resources will greatly increase the efficiency of cruise economic information services and promote the development of cruise economy. This paper studies the cooperation and coordination among the relevant organizations of the cruise industry based on dynamic information, artificially controls and manages the dispersed, closed and isolated cruise information resources, realizes the full utilization and maximum value-added of the cruise economic information resources, and realizes the sharing of the cruise economic information resources on a broader and open platform. . The paper also puts forward the corresponding countermeasures and suggestions by discussing the challenges and opportunities, policy bottlenecks, value evaluation and measurement methods of the implementation of the cruise industry informatization strategy.

Keywords: Cruise Economy; Dynamic Information; Information Strategy

G. 8 Comparative Study of the Development Mode of the Global Cruise Economic Circle

Wu Mingyuan, Wu Xiyan and Liu Daofei / 136

Abstract: The trend of economic globalization is accelerating, and the division of labor between industries and regions is more clear in terms of geographical location, resource availability, and socio-economic development level, and economic interaction is closer. It is almost impossible for any country or region to develop the cruise industry based on its own strength. The development of cruises to take the road of regional cooperation is the common experience of the development of the cruise industry. At present, the development of the cruise industry presents new features of market, information and resources. The resource endowments, industrial conditions, cultural history, development mechanism, and growth path of different continents have formed a characteristic cruise economy circle with strong regional characteristics. The cruise development model has great enlightenment and reference significance for the construction and development of China-Northeast Asia cruise economic circle. This paper reveals the internal structure and development momentum of the cruise economic circle through a comparative study of the global cruise economic circle. In order to create a Northeast Asia cruise economic circle with resource sharing, complementary advantages, and division of labor, it will provide theoretical support for the rationalization of the cruise circle economic structure and the development of a more stable development.

Keywords: Cruise Economic Circle; Internal Structure; Model Comparison

G. 9 Study on the Development of Cruise Tourism in Shanghai Under the Background of Tourism Integration in Yangtze River Delta

Huang Huang / 149

Abstract: At present, the Yangtze River Delta region is one of the regions with the highest level of economic development in China. The development status of regional tourism integration in the Yangtze River Delta is mainly manifested in that the Yangtze River Delta is an important tourist source and destination in China, the scale of tourism industry in the Yangtze River Delta tends to be balanced, Shanghai is the tourist distribution and service center of the Yangtze River Delta and the Yangtze River Angle tourism integration has laid a good foundation, Shanghai cruise port and tourism city integration has made remarkable progress, but there are still some problems such as the Yangtze River Delta has not yet formed a perfect cruise port system, the Yangtze River Delta cruise port and tourism hinterland integration still need to be developed. In the aspect of integrated development path, it is proposed to form a perfect cruise port system, form multiple single port cruise tourism destinations, and form a single multi-port cruise tourism destination. Based on detailed data analysis and government investigation, this paper will study the development path to promote the integration of cruise tourism destinations in the Yangtze River Delta.

Keywords: Yangtze River Delta Cruise; Cruise Tourism; Tourism and Tourism Integration; Destination Integration

G. 10 Integration of Cruise Tourism and Regional Tourism Integration in Yangtze River Delta

Sun Xiaodong, *Ni Rongxin and Hou Yating* / 162

Abstract: Cruise tourism has its own advantages of openness and interconnection, depending on multi-regional and multi-level synergies of "port-

port, port-hinterland, hinterland-hinterland", to motive regional tourism integration. "The 2018 Action Plan for Promoting the Integration of Tourism in the Yangtze River Delta Region" signed in Huangshan in December 2017 proposed that, the Yangtze River Delta should rely on "big plan", "big brand", "big promotion" and "big supervision" to promote regional tourism integration to a new level, and enhance the inbound tourism industry by expanding source markets of countries along the "One Belt One Road". Recently, The Yangtze River Delta has become the vanguard and leader in Chinese cruise tourism industry. Building a cruise tourism economic circle with solid foundation, active market, openness and tolerance, and identical service standardization is conducive to the region to maintain its leading edge in tourism section and enhance global competitiveness of the whole region. This report focuses on how the Yangtze River Delta region realize the integration of cruise tourism. After analyzing experiences from both domestic regions (the Beijing-Tianjin-Hebei Region, the Bohai Sea Ring Area and the Pearl River Delta) and international tourism development (the European Tourism, the Florida Cruise Tourism and Viking River Cruises), the report proposes some suggestions and implications for the Yangtze River Delta to establish integration of cruise tourism.

Keyword: Cruise Tourism; The Yangtze River Delta Region; Regional Tourism Integration

Ⅳ Policy Recommendations Section

Abstract: The rapid development of cruise economy and the eastward movement of cruise industry have put forward an urgent demand for the development of cruise industry in China. In recent years, China's shipbuilding industry has developed rapidly; however, the experience of luxury cruise ship construction is not yet available for china. The development of luxury cruise industry is of great significance for China to transform into the world-shipbuilding power and upgrade the chain of shipbuilding industry. At present, the trend of large-scale of international cruise ship construction is becoming more and more obvious, and the total tonnage of the world's largest cruise ships has reached 228, 000 tons. Not only do its type and the characteristics of internal facilities put forward a strict requirements for the construction of Ship's functional equipment, but also challenge the speed, safety, comfort and individuation configuration of the whole ship. This paper reviews the characteristics, construction difficulties and core construction techniques of the "oasis-class" luxury cruise ship in the world, and hopes to bring enlightenment to the development of luxury cruise industry in China.

Keywords: "Oasis-class" Cruise; Cruise Ship Building; Key Technology; Cruise Industry

Abstract: With the rapid development of the cruise industry, the credibility and integrity of the cruise companies has been an important issue gradually. The administrative departments of Shanghai government and port authorities have enacted a series of policies and regulations for this issue and achieved positive effects. However, the development of each unit is not synchronous. Based on the existing research findings, the development of China's credibility and integrity, the characteristics of cruise industry and current status of credibility and integrity management at the Shanghai Cruise Port, this report aims to construct a systematic credibility and integrity management system of Shanghai Cruise Port under the principles of thoroughness and accurateness, science and reasonability, quantization and operability. The management system will promote the establishment of the credibility and integrity and the sustainable and healthy development of the Shanghai cruise industry. Moreover, this system will build up a reproducible and publicized experience and model for the whole country, contribute to the growth of the cruise economy, Shanghai economy and the national economy in the future.

Keywords: The Cruise Port; Credibility and Integrity Management System; Construction; Application

Abstract: With the in-depth development of the domestic and gradual maturity of the cruise tourism market, based on the rapid development of the domestic Internet and the demand o smart services for tourists, the development focus of China's cruise terminals has shifted from "hardware platform" construction to "information level". As an important development point, "intelligence cruise terminal" urgently needs cruise big data as the core to support the construction of intelligence cruise terminal. This paper draws on the experience of the construction of smart tourism big data platform, analyzes the development status of big data in domestic cruise terminal, and through the analysis of the demand for big data platform of domestic cruise terminal, proposes the main implementation path and risk control plan for the construction of big data of cruise terminal, so as to play an important role of the efficient operation, precise marketing, personalized service and the operation of the situational , awareness system in the national intelligence cruise terminal

Keyword: Big Data; Intelligence Cruise Terminal; Risk Control

Abstract: Cruise talent is an important cornerstone of the development of the cruise industry, and the rapid development of the cruise industry urgently needs the support of cruise talent. Firstly, this paper introduces the construction of the cruise talent information database in Singapore, the United States, the United Kingdom and other places. Through the comparative analysis of the experience of the construction of the cruise talent information database at home and abroad, it is found that the foreign cruise tourism system has a clear classification and a complete content. Then, it summarizes the achievements and the face of the construction of the cruise talent information database in China. The problems and bottlenecks are mainly manifested in the increasing number of cruise personnel training units, the continuous innovation of cruise personnel training mode, and the stabilization of cruise personnel training supply, the emergence of cruise personnel information database construction mode, the decentralization and independence of cruise personnel information database, and the existence of cruise personnel letter. The problem of uneven construction of interest library and inconsistent standards of information database construction for cruise personnel. On this basis, we should design a scientific and reasonable organizational structure, optimize the experience of using the cruise talent information database, optimize the efficiency of data acquisition of the information database, and promote the construction of the cruise talent information database in China.

Keywords: Cruise Talents; Talent Database; Data Collection; Construction Path

V Appendix

皮书起源

“皮书”起源于十七、十八世纪的英国，主要指官方或社会组织正式发表的重要文件或报告，多以“白皮书”命名。在中国，“皮书”这一概念被社会广泛接受，并被成功运作、发展成为一种全新的出版形态，则源于中国社会科学院社会科学文献出版社。

皮书定义

皮书是对中国与世界发展状况和热点问题进行年度监测，以专业的角度、专家的视野和实证研究方法，针对某一领域或区域现状与发展态势展开分析和预测，具备原创性、实证性、专业性、连续性、前沿性、时效性等特点的公开出版物，由一系列权威研究报告组成。

皮书作者

皮书系列的作者以中国社会科学院、著名高校、地方社会科学院的研究人员为主，多为国内一流研究机构的权威专家学者，他们的看法和观点代表了学界对中国与世界的现实和未来最高水平的解读与分析。

皮书荣誉

皮书系列已成为社会科学文献出版社的著名图书品牌和中国社会科学院的知名学术品牌。2016 年，皮书系列正式列入“十三五”国家重点出版规划项目；2013~2018 年，重点皮书列入中国社会科学院承担的国家哲学社会科学创新工程项目；2018 年，59 种院外皮书使用“中国社会科学院创新工程学术出版项目”标识。

中国皮书网

（网址：www.pishu.cn）

发布皮书研创资讯，传播皮书精彩内容
引领皮书出版潮流，打造皮书服务平台

栏目设置

关于皮书：何谓皮书、皮书分类、皮书大事记、皮书荣誉、
皮书出版第一人、皮书编辑部

最新资讯：通知公告、新闻动态、媒体聚焦、网站专题、视频直播、下载专区

皮书研创：皮书规范、皮书选题、皮书出版、皮书研究、研创团队

皮书评奖评价：指标体系、皮书评价、皮书评奖

互动专区：皮书说、社科数托邦、皮书微博、留言板

所获荣誉

2008 年、2011 年，中国皮书网均在全国新闻出版业网站荣誉评选中获得“最具商业价值网站”称号；

2012 年，获得“出版业网站百强”称号。

网库合一

2014 年，中国皮书网与皮书数据库端口合一，实现资源共享。

S 基本子库
UB DATABASE

中国社会发展数据库（下设 12 个子库）

全面整合国内外中国社会发展研究成果，汇聚独家统计数据、深度分析报告，涉及社会、人口、政治、教育、法律等 12 个领域，为了解中国社会发展动态、跟踪社会核心热点、分析社会发展趋势提供一站式资源搜索和数据分析与挖掘服务。

中国经济发展数据库（下设 12 个子库）

基于"皮书系列"中涉及中国经济发展的研究资料构建，内容涵盖宏观经济、农业经济、工业经济、产业经济等 12 个重点经济领域，为实时掌控经济运行态势、把握经济发展规律、洞察经济形势、进行经济决策提供参考和依据。

中国行业发展数据库（下设 17 个子库）

以中国国民经济行业分类为依据，覆盖金融业、旅游、医疗卫生、交通运输、能源矿产等 100 多个行业，跟踪分析国民经济相关行业市场运行状况和政策导向，汇集行业发展前沿资讯，为投资、从业及各种经济决策提供理论基础和实践指导。

中国区域发展数据库（下设 6 个子库）

对中国特定区域内的经济、社会、文化等领域现状与发展情况进行深度分析和预测，研究层级至县及县以下行政区，涉及地区、区域经济体、城市、农村等不同维度。为地方经济社会宏观态势研究、发展经验研究、案例分析提供数据服务。

中国文化传媒数据库（下设 18 个子库）

汇聚文化传媒领域专家观点、热点资讯，梳理国内外中国文化发展相关学术研究成果、一手统计数据，涵盖文化产业、新闻传播、电影娱乐、文学艺术、群众文化等 18 个重点研究领域。为文化传媒研究提供相关数据、研究报告和综合分析服务。

世界经济与国际关系数据库（下设 6 个子库）

立足"皮书系列"世界经济、国际关系相关学术资源，整合世界经济、国际政治、世界文化与科技、全球性问题、国际组织与国际法、区域研究 6 大领域研究成果，为世界经济与国际关系研究提供全方位数据分析，为决策和形势研判提供参考。